世界销售大师秘而不宣的高效读心术

不懂心理学就做不好销售，拿来就用的客户操纵心理学

我最想学的
销售心理学

| 盛安之◎著 |

销售新人的成长路线图，销售精英的奋斗说明书

让你不交学费，少走弯路，驶入职场快车道，直达销售巅峰

立信会计出版社
LIXIN ACCOUNTING PUBLISHING HOUSE

图书在版编目（CIP）数据

我最想学的销售心理学 / 盛安之著. —上海：立信会计出版社，2014.7

（去梯言）

ISBN 978-7-5429-4255-5

Ⅰ.①我… Ⅱ.①盛… Ⅲ.①销售-商业心理学-通俗读物 Ⅳ.①F713.55-49

中国版本图书馆CIP数据核字（2014）第121039号

策划编辑　蔡伟莉
责任编辑　蔡伟莉
封面设计　久品轩

我最想学的销售心理学

出版发行	立信会计出版社			
地　　址	上海市中山西路2230号		邮政编码	200235
电　　话	(021) 64411389		传　　真	(021) 64411325
网　　址	www.lixinaph.com		电子邮箱	lxaph@sh163.net
网上书店	www.shlx.net		电　　话	(021) 64411071
经　　销	各地新华书店			

印　　刷	固安县保利达印务有限公司			
开　　本	720毫米×1000毫米		1/16	
印　　张	21		插　　页	1
字　　数	275千字			
版　　次	2014年7月第1版			
印　　次	2017年4月第4次			
书　　号	ISBN 978-7-5429-4255-5/F			
定　　价	36.00元			

如有印订差错，请与本社联系调换

前言
Preface

作为千万销售大军中的一员，你或许有过这样的困惑：为什么满怀信心走近客户，客户却对自己不理不睬？为什么无论自己怎样一再保证，客户仍然对你持怀疑态度？为什么苦口婆心说了一大堆，客户就是不买账？为什么满脸堆笑向客户推荐产品，客户还是产生抗拒心理？为什么有时先期都沟通得很顺畅，但一到要最后成交时客户却反悔？为什么每天劳碌奔波，最后仍一无所获？

要解答其中的原因，请先看下面一则推销小故事。

一位妇女走进一家鞋店，试穿了一打鞋子，没有找到一双是合脚的。营业员甲对她说："太太，我们没能有合您意的，是因为您的一只脚比另一只大。"

这位妇女走出鞋店，没有买任何东西。

在下一家鞋店里，试穿被证明是同样的困难。最后，笑眯眯的营业员乙解释道："太太，您知道您的一只脚比另一只小吗？"

这位妇女高兴地离开了这家鞋店，腋下携着两双新鞋子。

不同的服务人员会给顾客以不同的感受。不同的销售方式能导致不同的销售结果。营业员甲之所以失败，是因为她不懂得顾客的心理——女性爱美，不喜欢别人说自己的脚大。

销售是一门人际交往的心理学问，每一次销售都是双方心理活动演变的过程。销售中的种种行为、各种问题，都与人的心理有着千丝万缕的联系。只要窥破了心理学的奥秘，销售就会变得轻松很多；一旦掌握了相关的攻心技巧，许多销售难题就会迎刃而解。

俗话说："知己知彼，百战不殆。"了解对方的心理和想法对于自己做出正确的判断和应对措施有着不可言喻的作用。对于销售员来说，在推销之前和推销过程中充分了解顾客的消费心理和购买动机，是促成生意的关键一步。顾客在成交之前和成交过程中，都会产生一系列复杂、微妙的心理活动，包括对商品成交的质量、数量、性能、价格等问题的一些想法及如何与你成交、如何付款、订立什么样的支付条件等。顾客的心理对成交的数量甚至交易的成败，都有至关重要的影响。因此，优秀的销售人员都懂得对顾客的心理予以高度重视。

如果推销中不注重研究和揣摩顾客的心理，即使你花费精力也难奏效，即使是说了一连串的话客户也不同意购买你的产品。你的推销如同盲人摸象，在暗夜中行走，找不到门径，不得要领，不得其法，费尽周折，总是事倍功半。

营销人员不仅要了解客户的目的、意图、打算，还要及时掌握不断出现的新情况、新问题。要想得到这些，就必须认真倾听，察言观色，通过客户的言语、表情、眼神、手势、走姿等其心理和情感活动的表现，来透析客户的心底秘密和思想状态，并成功引领顾客的心理和行为朝着自己所期望的方向前进，进而最终实现成交。

本书巧妙地将心理学与推销学融为一体，并综合消费学、人际学、口才学等知识，深入浅出地阐明了读心术、说服术、倾听术、掌控术、暗示术、攻心术、博弈术等各种销售中的心理策略和战术，并结合诸多生动活泼的营销案例和小故事加以说明，旨在帮助每一位推销员掌握销售活动中的心理规律，巧妙利用心理学的技巧在推销中百战百胜。

兵法云："攻心为上，攻城为下"，战争中强调心战为上，对于销售来说也莫不如此。先读顾客心，后学生意经。读懂了顾客的心理需求，天下就没有难做的生意。突破了顾客的心理防线，就能把任何东西卖给客户。

目录

Contents----------

第一篇
要想钓到鱼，就要像鱼那样思考

第二篇

销售就是察言、观色、读心

第三篇
卖什么都成交

第一篇
要想钓到鱼，就要像鱼那样思考
——不可不知的销售心理学关键词

　　作为一名销售员，你是否有过这样的经历——迟迟不能签单，客户产生心理抗拒，业绩不尽如人意……遇到这些问题，有时候并不是因为你的商品不好，也不是因为你的服务态度不好，而是因为你没有把握顾客的心理。在销售过程中，你要想成功签单，就不能站在自己的角度去揣度客户，而要以客户的心理去揣度他。就像钓鱼，要想鱼上钩，就不能站在渔夫的角度思考，而要像鱼那样思考。

销售中不可不知的9条心理定律

哈默定律

　　哈默定律源自犹太人阿曼德·哈默1987年完成的《哈默自传》，哈默为美国历史上最富传奇性的商人之一，1898年他出生于美国纽约，1917年在医学院学习期间继承了父亲的一家制药工厂，从制药业起家，在经营制药厂期间，他成为了百万富翁。随着财富的不断增长，他又涉足了很多其他的领域，如艺术品、食品、石油、养殖业等。

　　人们常说在自己的领域内要下足工夫，人人都要有一项特长，而哈默却在自己的一生中诠释了如何将不同类别的生意做到极致，这是源自于他对经商的深刻理解。哈默在他的自传中强调：天下没什么坏买卖，只有蹩脚的买卖人。这也就是我们现在所说的哈默定律。

　　翻看中国古代的典故时，看到这样一个小故事：有个鲁国人擅长织葛，他的妻子擅长织绢。在当时，葛一般用来做草鞋，而绢一般用来做帽子。有一天，这个鲁国人决定举家搬到千里之外的越国去谋生计。鲁国人刚一做出这个打算，身边便有人取笑他说，越国是少数民族之地，那里的人出门是从来不穿鞋、不戴帽子的，像你们夫妇这样编鞋做帽子的人到越国去干什么呀？写这个故事的人的用意主要是为了嘲笑鲁国人的愚昧无知。数千年来，看到这个故事的人们也都会对故事中的鲁国人报之轻蔑的一笑。

还有一个与上面这个故事很类似的一个国外小故事，是关于两个推销员的。有两个推销员分别被各自的公司派往太平洋上的一个岛国去开拓公司的鞋业销售市场。两个推销员到达那个岛国以后，惊奇地发现，原来那个岛国上面的居民是赤脚走路的，他们还不知道鞋子究竟是什么东西呢。于是一个推销员给自己的公司发了一条电报过去说："这个国家的居民出门不穿鞋，我们的产品在这里没有销售市场。"而另一个推销员则给自己的公司发电报说："太好了，这个国家没有一家卖鞋的公司，居民也不穿鞋，我们的产品可以在这里推广继而普及了。"写这个故事的人的用意主要是为了赞赏那个善于发现潜在商机的推销员，而读者也会在心中暗自叹服那位推销员的销售眼光。

然而，这两个故事在我们中国竟然就是那样并行不悖地传播着，从来没有人感觉到其中的不妥，鲁国人继续处于被众人嘲笑的地位——在我们教育孩子的文学读本中，在我们的哲学政治考试试题中……而那位推销员却处在被众人推崇的很高的位置上，被当作优秀推销员的典型，被当作众多商家眼中善于发现商机的典范，而继续风光无限着。可是我们是否认真思考过：鲁国人的做法和那位推销员的做法是一样的呀，为什么他在我们数千年的历史中却始终处于被嘲笑的地位呢？因此写下这两个故事，算是为那个被嘲笑的鲁国人正名吧。

从这两个故事可以看出：或取或舍显高下，一买一卖见智愚。请相信，能够看到常人所不能看到的商机，你就能取得常人所不能取得的成功。

➤➤ **定律释义：** ◄◄

天下没什么坏买卖，只有蹩脚的买卖人。

不值得定律 ●

不值得定律最直观的表述是：不值得做的事情，就不值得做好。这个定律再简单不过了，重要性却时时被人们忽视遗忘。不值得定律反映人们的一种心理，一个人如果从事的是一份自认为不值得做的事情，往往会保持冷嘲热讽、敷衍了事的态度，不仅成功率低，而且即使成功，也不觉得有多大的成就感。

因此，对个人来说，应在多种可供选择的奋斗目标及价值观中挑选一

种，然后为之奋斗。"选择你所爱的，爱你所选择的，才可能激发自己的斗志，也可以心安理得。"而对一家企业或组织来说，则要很好地分析员工的性格特性，合理分配工作，如让成就欲较强的员工单独或牵头完成具有一定风险和难度的工作，并在其完成时，给予及时的肯定和赞扬；让依附欲较强的员工，更多地参加到某个团队中共同工作；让权力欲较强的员工，担任一个与之能力相适应的主管职位。同时，要加强员工对企业目标的认同感，让员工感觉到自己所做的工作是值得的，这样才能激发员工的热情。

哪些事值得做呢？一般而言，这取决于三个因素。

1. 价值观

关于价值观我们已经谈了很多，只有符合我们价值观的事，我们才会满怀热情去做。

2. 个性和气质

一个人如果做一份与他的个性气质完全背离的工作，他是很难做好的，如一个好交往的人成了档案员，或一个害羞者不得不每天和不同的人打交道。

3. 现实的处境

同样一份工作，在不同的处境下去做，给我们的感受也是不同的。例如，在一家大公司，如果你最初做的是打杂跑腿的工作，你很可能认为是不值得的，可是，一旦你被提升为领班或部门经理，你就不会这样认为了。

总结一下，值得做的工作是：符合我们的价值观，适合我们的个性与气质，并能让我们看到期望。如果你的工作不具备这三个因素，你就要考虑换一个更合适的工作，并努力做好它。

当代美国著名推销员乔·吉拉德相信，成功的起点是首先要热爱自己的职业。无论从事什么职业，世界上一定有人讨厌你和你的职业，那是别人的问题。"就算你是挖地沟的，如果你喜欢，关别人什么事？"

他曾问一个神情沮丧的人是做什么的，那人说是推销员。吉拉德告诉对方："销售员怎么能是你这种状态，如果你是医生，那你的病人会杀了你，因为你的状态很可怕。"

他也被人问起过职业。听到答案后对方不屑一顾："你是卖汽车的。"但吉拉德并不理会："我就是一个销售员，我热爱我做的工作。"

美国前第一夫人埃莉诺·罗斯福曾经说过："没有得到你的同意，任何人也无法让你感到自惭形秽。"吉拉德认为在推销这一行尤其如此，如果你把自己看得低人一等，那么你在别人眼里也就真的低人一等。

工作是通向健康、财富之路。吉拉德认为，它可以使你一步步向上走。全世界的普通记录是每周卖7辆车，而吉拉德每天就可以卖出6辆。

有一次他不到20分钟就卖出了1辆车。买方告诉他："其实我就在这里工作。来买车只是为了学习你销售的秘密。"吉拉德把订金退还给对方。他说他没有秘密。非要说秘密的话，那就是"如果我这样的状态能够深入到你的生活，你会受益无穷"。

所以，既然你选择了推销工作，那么最好在这个职业上待下去。因为，所有的工作都会有问题，明天不会比今天好多少，但是，如果频频跳槽，情况会变得更糟。他特别强调，一次只做一件事。以树为例，从栽上树苗，精心呵护，到它慢慢长大，就会给你回报。你在那里待得越久，树就会长得越高大，回报也就相应越多。

推销这件事并不一定和嬉笑、饮酒有关。这之中也没有逢迎谄媚，以及贿赂和私下交易的事情，千万不要认为一名推销员需要向别人打躬作揖才能完成一笔生意，如果有了这样的想法，那就大错特错了，这是没有把握住销售人员应该具有的良好的心态。

身为一名推销员应该以推销业为荣，因为它是一份值得别人尊敬并会使人有成就感的职业，如果有任何方法能使失业率降到最低，推销即是其中最必要的条件。你要知道，一个普通的推销员可为30位工厂的员工提供稳定的工作机会。这样的工作，怎么能说不是重要的呢？

吉拉德说："每一个推销员都应以自己的职业为骄傲，因为推销员推动了整个世界。如果我们不把货物从货架上和仓库里面运出来，整个社会体系的钟就要停摆了。"

有的时候，当业务看起来似乎大势已去时，平庸的推销员常为了不想一事无成地失望回家而降格以求，他或许会向客户请求说："××先生，请你帮帮我吧，我必须养家糊口，而且我的推销成绩远远落后于别人，如果我拿不到这一笔生意，我真的不知道该如何面对我的老板了。你可以帮我这个忙吗？"

这个方式不但对推销员本身有害，它也是这个行业的致命伤。当一名推销员提出那样的要求时，只能导致客户看不起他，再也不会欢迎他了。

乞求别人购买你的产品是一种绝望的征兆。它勾勒出一幅不安全、不稳定和欺骗的画面，这是失败者才干的勾当。优秀的推销员绝不会去乞求别人的施舍，他们只会努力地使自己的工作变得更好、更优秀，他们以自己的工作为荣，以满足客户的需求为他们的工作目标。

➤➤　**定律释义：**　◂◂

任何一个推销员和客户都是平等的关系，推销员不要把自己看得低下，要保持自己的尊严，只有这样才能使自己充满信心。

1%定律 ●

1986年，美国职业篮球联赛开始之初，洛杉矶湖人队面临重大的挑战。在前一年湖人队有很好的机会赢得冠军，当时所有的球员都处于巅峰，可是决赛时却输给了波士顿凯尔特人队，这使得教练派特·雷利和所有的球员都极为沮丧。

雷利为了使球员相信自己有能力登上冠军宝座，便告诉大家："只要能在球技上进步1%，下个赛季便会有出人意料的好成绩。"

1%的成绩似乎是微不足道的，可是，如果12个球员都进步1%，整个球队便能比以前进步12%，湖人队便足以赢得冠军宝座。结果，在后来的比赛中，大部分球员进步不止5%，有的甚至高达50%以上，这一年就是湖人队夺冠最容易的一年。

如果一个人每天进步1%，则一年进步了多少，连你自己都无法想象。如果一个民族里的每个公民都这样做，那么这个民族在世界中的地位将是什么样子，这更叫人难以想象。

乔·吉拉德曾经说过："成功的人有时候也是被逼出来的。我想大多数人都会承认，他们之所以成功，是因为他们的坚忍不拔，不断追求成功，事实上，坚忍不拔便是成功的保证。"

每个人从小到大一定都听过许多坚持不懈最后取得成功的故事。那么现在，你需要去学习这些经过艰苦奋斗最后获得成就的名人。曾经在杂志上看到一个年仅十几岁的女孩子的故事。活泼可爱的她很不幸，因为一次病痛，头部以下整个瘫痪了，这样的打击对于一个十几岁的孩子来说几乎是致命的。所有的人都觉得这个女孩的一生注定要和悲惨及无止境的病痛联系在一起，那些曾经用在她身上的"活泼、可爱、聪明"将远离她，辉煌的字眼将抛弃她。然而，一个意志坚强的人，一旦对于心中的理想有着恒久的坚持，就一定能够创造奇迹。就是这样一个女孩，在床上自己学习了电脑，用嘴巴含着电子笔，一笔一画地做网络动画Flash。当她拿到第一笔自己用生命和意志换回来的稿费的时候，她的生命从此再度精彩！如今，她已经是网络上一个有名气的网络动画作者了。

你可曾想过为什么一个身体残疾的人能够做到这样的坚持不懈。为了自己的理想，为什么你不能？请记住我们的忠告：坚持不懈，直到成功。

在《羊皮卷》里有这样一则故事："在古老的东方，挑选小公牛到竞技场格斗有一定的程序。它们被带进场地，向手持长矛的斗牛士攻击，裁判以它受戮后再向斗牛士进攻的次数多寡来评定这只公牛的勇敢程度。"事实上，在每个人的生命的每一天都要接受很多的考验。如果能够坚忍不拔，勇往直前，迎接挑战，那么你一定会成功。

希望你坚持不懈，直到成功。要相信自己天生就是为了成功才降临世间，自己的身体中只有成功的血液在流淌。你不是任人鞭打的耕牛，而是不与懦夫为伍的猛兽。千万不要被那些懦夫的哭泣和失意的抱怨所感染，你和他们不一样，你要意志坚定地做你的猛兽，才能笑傲在自己的领域！

希望你坚持不懈，直到成功。要相信生命的奖赏只会高悬在旅途的终点。你永远不可能在起点附近，找到属于自己的钻石。也许你不知道还要走多久才能成功，而且当你走到一多半的时候，仍然可能遭到失败。但成功也许就藏在拐角后面，除非拐了弯，否则你永远看不到成功近在咫尺的景象。所以，要不停地向前，再前进一步，如果不行，就再向前一步。事实上，每次进步一点点并不太难。或许你这次考试只有50分，而你的目标是90分，如果要求下一次就得到90分，显得不现实而且太残酷了，但是如果要求你得到55分或者60分，并不是太难。你每次只需要比上一次好一点点，那么成功就越来越近。

希望你坚持不懈，直到成功。从现在开始，你要承认自己每天的奋斗就像一滴水，或许明天还看不到它的用处，但是总有一天，滴水穿石。你每一天奋斗不止，就好似蚂蚁吞噬猛虎，星辰照亮大地，只要持之以恒，什么都可以做到。不要小看那些仿佛微不足道的努力，没有它们，就没有你最后的辉煌。

希望你坚持不懈，直到成功。每个人都必然会面临失败，但是在勇者的字典里不允许有放弃、不可能、办不到、没法子、行不通、没希望这类愚蠢的字眼。你可以失败，也可以失望，但是如果真的还想成为优秀的推销员的话，请记住你已经不再有绝望的权利！为什么要绝望，想想自己是多么得独一无二！你需要辛勤耕耘，或许必须忍受苦楚，但是请你放眼未来，勇往直前，不用太在意脚下的障碍，在哪里跌倒，就在哪里爬起来。要相信，阳光总在风雨后。

希望你坚持不懈，直到成功。你应该牢牢记住那个流传已久的平衡法则，不断鼓励自己坚持下去，因为每一次的失败都会增加下一次成功的机会。这一刻顾客的拒绝就是下一刻顾客的赞同。命运是公平的，你所经受的苦难和你将会获得的幸福是一样多的。今天的不幸，往往预示着明天的好运。深夜时分，当你回想今天的一切，你是否心存感激？要知道，或许命运就是这样，你一定要失败多次，才能成功。

希望你坚持不懈，直到成功。你需要不断地尝试，尝试，再尝试。无论什么样的挑战，只要你敢面对，就有战胜的希望。因为你的潜能无限。

希望你坚持不懈，直到成功。你应该借鉴别人成功的秘诀。把过去的那些荣耀或者失败都抛到脑后。只需要抱定一个信念——明天会更好。当你精疲力竭时，你是否可以抵制睡眠的诱惑？再试一次。坚持就是胜利，争取每一天的成功，避免以失败收场。当别人停滞不前时，你不可以放纵自己，你要继续拼搏，因为只要你的付出比别人多一点点，有一天你就会丰收。

希望你坚持不懈，直到成功！

➤➤ **定律释义：** ◄◄

既然你已经选择了推销，那么你职业的目标只能确定一个，这样才会凝聚起人生的全部合力。确定了职业目标，坚定信念、脚踏实地走一条道路，哪怕这条路崎岖不平，同行者寥寥无几，只要你甘于忍受孤独和寂寞，在诱人的岔路口仍不改初衷，就会苦尽甘来，如愿以偿。

金斧头定律

一个工人把斧头掉进了河里，他坐在河边伤心地哭起来。财神便跳进水中帮他打捞，很快拿出了一把金斧头，工人却摇头说："这不是我的。"财神又拿出一把银斧头来，工人还是摇头。最后，他拿出一把铁斧头，工人说："这才是我失去的斧头。"财神就把金斧头和银斧头一起送给了他。

一个贪心的家伙知道了，他故意把斧头扔进河里。很快，财神拿出一把金斧头来，没等财神问他，他马上说："这就是我丢失的那一把。"财神恨他不诚实，便与金斧头一起消失了。贪心人最终连自己的斧头也找不到了。

没有诚实，哪里来金斧头？甚至连自己的老本也会赔上。诚实是一个社会的话题，诚实赋予人公平处世的品格，使人生诚实可靠，使灵魂之间不会彼此利用、互相欺骗。

这个故事就是我们所说的"金斧头定律"。作为一个优秀的推销员，在商品经济越加完善的今天，必须具有很强的职业道德规范意识，它不但是企业形象的制约因素，也是推销员自我管理中应特别注意的事。不要说成为优秀的推销员了，就是只把目标集中于做好自己的本职工作的一般推销员，也应该具备下述道德规范。

1. 以最好的外观呈现产品

不能够做出对自己、公司或产品不正当的陈述。即便在你心中对公司存有抱怨，也不能在客户面前抱怨。

2. 说话算数

即便是很小的事，也要守信。譬如，说过要打电话就一定要打，你说过会什么时候在哪里出现就一定要去。不要轻易承诺，但一旦做出承诺就必须信守诺言。不要有一次失约的事情发生。因为，你准时赴约200次才能树立起来一个诚信，而它却可能因为一次失约轰然崩塌。

3. 要懂得拒绝

如果潜在客户对产品或服务的应用不理解或理解不对，优秀推销员应当及早告知，而不是利用潜在客户的不理解促成交易。负责任的推销员应当在销售达成之前主动提出，这么做可以省去双方很多时间，而且会给对方留下好的印象，并且使其成为你忠实的潜在客户。否则，待客户发现问题后，会认为你有欺瞒行为。

4. 懂得负责善后

如果潜在客户确实买了用途不对的产品的话，推销员不要把黄金销售时

间浪费在更正上，而更应该懂得如何善后，否则会给客户留下永远除不去的坏印象。

5. 要培养对客户的个人责任感

你的客户因有信心和对你的信任而选择购买你推荐的东西。那么你的回馈就是让那些答应过的承诺一一兑现。做一个成功的人，首先要能够履行自己的诺言。

6. 不要自作聪明搞隐瞒

当发生在你能力所能控制的范围之外的情况时，要立刻通知客户。诸如，生产线损坏导致工厂完全无法按照交货进度完工等，你的能力不能处理或者控制的情况发生的时候，一旦会影响出货时间，就要尽早告知客户。记住下面的忠告："最后必须透露的，应该立刻透露。"如果你坦白，你的客户也可能会通情达理，会有耐心。记住，一旦遇到事故，你又想隐瞒，那么除非你有2倍的把握能够在曝光之前完全解决，否则千万不要自作聪明搞隐瞒。

7. 不要提供回扣

千万不要提供回扣给客户的决策者以换取订单，也许有的同事是这样做的。但是，作为一个优秀的推销员，首先应该是一个守法的人。偶尔可请客户吃顿午饭或喝杯咖啡，在过年过节的时候，赠送一些不是过于贵重的礼品。但每一分佣金还是留给你自己。提供回扣给客户的决策者和你的业务工作无关，并且，它有个不好听的名字，叫做贿赂。

8. 不贬抑竞争对手

因为这样做的话可能会招致相反效果。优秀的推销员在做简单陈述的时候要专心强调自己公司的能力和产品线的正面特点。你的潜在客户给你的时间很少，所以，不要浪费在谈论其他公司的身上。

9. 先描述自己是个好的推销方式

因为，潜在客户不只向公司购买，也在向业务代表购买。同时，你不能以"为了公司好"而有不道德的行为。因为，不道德的行为绝对不符合公司的长期利益，只会破坏公司的形象，产生长久的负面效应。

10. 始终不放松道德标准

因为月底近了，而还没达到业绩配额，也应该用道德标准严格要求自己。放松道德标准，在任何时候都是错误的事，月初或月底没有区别。

➤➤ 定律释义：◀◀

作为一个优秀的推销员，在商品经济越加完善的今天，必须具有很强的职业道德规范意识，它不但是企业形象的制约因素，也是推销员自我管理中应特别注意的事。

250定律

乔·吉拉德是美国历史上最伟大的汽车推销员。在他刚刚任职不久，有一天他去殡仪馆，哀悼他的一位朋友谢世的母亲。他拿着殡仪分发的弥撒卡，突然想到了一个问题：他们怎么知道要印多少张卡片，于是，吉拉德便向做弥撒的主持人打听。主持人告诉他，他们根据每次签名簿上签字的人数得知，平均来这里祭奠一位死者的人数大约是250人。

不久以后，有一位殡仪业主向吉拉德购买了一辆汽车。成交后，吉拉德问他每次来参加葬礼的平均人数是多少，业主回答说："差不多是250人。"又有一天，吉拉德和太太去参加一位朋友家人的婚礼，婚礼是在一个礼堂举行的。当碰到礼堂的主人时，吉拉德又向他打听每次婚礼有多少客人，那人告诉他："新娘方面大概有250人，新郎方面大概也有250人。"这一连串的250人，使吉拉德悟出了这样一个道理：每一个人都有许许多多的熟人、朋友，甚至远远超过了250人这一数字。事实上，250只不过是一个平均数。

因此，对于推销人员来说，如果你得罪了一位顾客，也就得罪了另外250位顾客；如果你赶走一位买主，就会失去另外250位买主；只要你让一位消费者难堪，就会有250位消费者在背后使你为难；只要你不喜欢一个人，就会有250人讨厌你。

这就是吉拉德的250定律。由此，吉拉德得出结论：在任何情况下，都不要得罪哪怕是一个顾客。

在吉拉德的推销生涯中，他每天都将250定律牢记在心，抱定生意至上的态度，时刻控制着自己的情绪，不因顾客的刁难，或是不喜欢对方，或是自己情绪不佳等原因而怠慢顾客。吉拉德说得好："你只要赶走一位顾客，就等于赶走了潜在的250位顾客。"

这就是说，人与人之间的联络是以一种几何级数来扩张的。无论是善于交际的公关高手，还是内向木讷之人，其周围都会有一群人，这群人大约是250个。而对于推销员来说，这250人正是你的客户网的基础，是优秀的推销员的财富。

　　建立良好的客户网络，与客户成为知心朋友。与客户交往过程中要以诚相待，同客户交朋友，分担他们的忧愁，分享他们的喜悦。他们可能会向你介绍他的朋友、他的客户，这样，你的客户队伍将不断扩大。

　　同时，当你在和他们谈你工作上的困难时，他们很可能会主动地帮助你，介绍新的客户给你认识或者帮你直接把生意做成。

　　与客户交朋友，不要只谈生意，不谈交情，对客户要关心、爱护和体贴，使交易双方不单纯是一种商业关系，而是富有"人情味"的，使顾客产生一种亲切感，在得到物质需求满足的同时，还得到精神情感上的满足。

　　美国有位叫玛丽·凯的女士，曾叙述她买轿车的经历和感受。她想买一辆黑白相间的轿车，就去汽车店挑选。在第一家店里，由于推销员没有把她当一回事，她觉得受到了冷遇，转身就走了。进了第二家汽车店，推销员对她十分热情，向她仔细介绍各种型汽车的性能与价格，使她感到这位推销员是真正为她着想。当她偶然谈到那天是她的生日时，这位推销员马上请她稍候一会儿，15分钟后，一位秘书拿来一束鲜花，这位推销员把鲜花送给她，并祝她生日快乐。当时，她感动万分，觉得那束鲜花的价值超过百万美元。于是，她毫不犹豫地购买了那位推销员向她推荐的一辆黄色轿车，而放弃了购买黑白相间轿车的打算。

　　一束鲜花成了沟通交易双方心灵的桥梁，使商店里充满了友善和温馨的气息，使顾客不由得产生了深深的信任感。此时的生意当然好做了。

　　碰到顾客过生日当然很偶然，但这种"人情"意识每时每刻都可以在日常工作中表现出来。推销员应该与每一位客户交朋友。因为每一位客户都有许多亲朋好友，而这些亲朋好友又有同样数目的亲友关系。失去一位客户就会相应失去几十乃至上百位客户，而若得到一位客户情况就会相反。因为这些人会用自己的亲身感受去影响他的亲友。如果在交易中与客户交朋友，推销员的业绩会取得令人满意的成果。

　　对推销员来说，顾客是上帝，是推销员的衣食父母，是一切业绩与收入的来源。因此，顾客至上，顾客是王，顾客永远是对的。

日本的大阪商人精于做生意，他们对顾客非常重视和尊重，甚至在晚上睡觉时都不敢朝向顾客住处，以示敬重。

今天我们从事推销工作，唯一的任务就是把产品或服务销售出去，基于此，必须牢记下列几点：

（1）情绪低落时勿推销，以免得罪顾客。

（2）越是难缠的顾客，越要设法接近，因为他们购买力强。

（3）对你讨厌的顾客，也要从内心感激他，否则你的言行会不自觉地表露出你对他的反感。

（4）当顾客不讲理时，要忍让，因为顾客永远是对的。

（5）绝不要逞口舌之快得罪顾客，因为他们是我们的衣食父母。逞一时之快，就得付出失去顾客的惨痛代价。

➤➤ **定律释义：** ◄◄

不得罪一位顾客。在每位顾客的背后，都大约站着250个人，这是与他关系比较亲近的人：同事、邻居、亲戚、朋友。

梅菲定律

有一天，著名管理大师梅菲正在伏案写作，初稿出来后，感觉不满意，就一手揉烂，顺手打算扔出自己面前的窗口，但却掷打在窗框上。于是他把纸团捡起来，瞄准窗框一掷，竟然飞出窗口。

一件看似普通的小事，引起了大师的深思，并由此引出一个定律：在你的生活和工作中，你预料之中的事没有发生，而你预料之外的事却发生了。这看起来很没有道理，其实人生中有很多没有道理的道理。

在对梅菲定律进行研究之后，引申出两方面的结论：

（1）"怕什么就来什么"。生活中有很多这样的事情，所以有民间所说的"祸不单行""人在倒霉的时候，喝凉水都塞牙"等。比如，很多人在一起等待测试，而偏偏第一个就是你；平时怎么都不停电，在你正在保存数据时停电了……这似乎都无法解释。

（2）"无心插柳柳成荫"。这是对梅菲定律较为积极的理解。生活中有很多事情并不是按照人们所期望的那样进行的。比如，你看好某球队赢球，而它偏偏输了；偶尔一次因为找零钱买了一张彩票，它却偏偏中奖了……这也许在很多人看来是一种运气。

于是，很多推销员将初次接触的顾客分成等级，开始重点培养一些看上去很好的顾客，这似乎是符合"二八法则"和"客户管理哲学"的。当然，我们承认"二八法则"和"客户管理哲学"的科学性，但这也是建立在重视每一位顾客的基础之上的。

很多推销员应该都有这样一种经历，当你认为某一位客户即将和你签订单时，第二天他却通知你他已经和其他人签了；当你第一次拜访感到失望时，却接到了该客户的要约电话。有时，事情就是这么的不合理。

为了不漏掉一位客户，你唯一能做到的是：重视每一位客户！

大多数推销员都会有这样的经验，在拜访的客户中只有很少一部分会成功，会有随后的成交。也就是说，每个推销员拜访的客户中，肯定有很大一部分是没有带来利益的，或者说，有重要的客户和不重要的客户之分。于是，很多推销员对自己的每位准客户重视程度便不一样了。对一些经过主观判断后不重要的准客户，就不重视甚至不去拜访，也许这样做没有错，因为这样做可以提高工作效率。但最大的问题是，你的这个主观判断是否准确，是否把一些可以成交的业务慷慨地漏了过去。

有这样一个故事：

小李是一家培训咨询公司的电话行销推销员，有一天晚上11点后，他接到一个电话。

这个时候，他已经工作一天了，又困又累。一般的人，在这个时候心情都会有些烦躁，他也一样。他心里想着，赶快结束工作，马上休息。

这个电话就是在这个时候打来的。

打电话来的是一位女士。小李当时问她，这么晚了打电话有什么事，不能等到明天吗？

她说，不行，因为她看了他们在报纸上发的广告，特别感动，所以不能等到明天。

接着，她马上念了一段报纸上的广告词。

听到这段广告词，小李的神经像触了电一样，一下子来了精神。然后仔细地、耐心地听她讲述自己的感受，讲述自己的经历。

这一讲，就是一个多小时。他努力地克制着自己的困倦和劳累，尽力热情地与她相呼应，并认真回答她提出的每一个问题。从她的声音中，小李感觉到，她非常满意。

放下电话，小李看一下表，已经凌晨1点多了。

第二天根本不用我谈什么了，她和她的朋友都报名参加了培训课程。

就是这位在半夜11点后打电话的于女士，在以后的日子里，先后介绍了79位学员报名参加了公司的培训课程。

科技的发达使每个人获取信息如此容易，所以你的客户不会刚和你接触就确定买你的产品；另外，现代人的个性越来越强，一件事情对于不同的人反应肯定不一样，在我们电话行销中也是一样。你无法判断哪一位客户百分百地要购买你的产品或不需要你的产品，所以，最简单，也最有效的办法就是：重视你的每一个行销电话，认真对待每一位潜在客户。

研究成功者身上的特质，我们会发现，他们有一个最大的特点就是敬业。他们身上都有一种极强的敬业精神，而且，他们的敬业精神在人生的方方面面都表现出来，打电话也不例外。只要拿起电话听筒，无论通话的对方是谁都无关紧要，他们一定会认真对待，绝不会随随便便，敷衍了事。

➤➤ 定律释义：◄◄

没有不重要的顾客，只有不恰当的想法。

二八定律

二八定律是由意大利著名经济学家维尔弗雷德·帕累托发现的，1895年他首度发表了有关这一原则的论文。因此，这一定律也被称为"帕累托法则"。帕累托注意到，社会上的人似乎很自然地分为两大类，一类被他称为"举足轻重的少数人"，另外一类则是"无足轻重的多数人"。前者在金钱和地位方面声名显赫，约占总人数的20%；后者生活在社会底层，约占80%。

帕累托后来还发现，几乎所有的经济活动都受二八定律的支配。根据这一定律，20%的努力产生80%的结果，20%的客户带来了80%的销售额，20%的产品或者服务创造了80%的利润，20%的工作能够体现80%的价值等。这意味着，如果你有10件工作要做，其中2件的价值比另外8件加起来还要大。

在你刚刚成为一个推销新手的时候，一定要花出80%的时间和精力去向内行学习和请教，或用80%的时间和精力投入一次强化培训。否则，你花了80%的时间和精力，也只能取得20%的业绩。

在你去推销的时候，"勤奋"才是你的灵魂。唯有80%的勤奋和努力，才能有80%的成果。20%的付出，只能有20%的回报。付出和所得永远是均等的。所以，在你的推销生涯中，80%的时间是工作，20%的时间是休息。你可能花80%的精力，得来20%的业绩，但绝不可能花20%的精力，得来80%的辉煌。

如果你对目标顾客能够了解80%，并对其个性、爱好、家庭阅历有更多的掌握，那么在你对他面对面推销的时候，只要花20%的努力，成功的把握就可以达到80%。如果你对推销对象茫然无知，尽管你在客户面前极尽80%之努力，也只有20%的成功希望。

在你推销的市场上，真正能够成为你的客户、接受你的推销的人，只有20%。但这些人却会影响其他80%的顾客。所以，你要花80%的精力来找到这20%的顾客。如果能够做到，则意味着成功。因为80%的业绩，来自20%的老顾客。这20%的老顾客，才是最好的顾客。

上帝给了我们两只耳朵、一个嘴巴，就是叫我们少说多听，推销的一个秘诀，就是使用80%的耳朵去倾听顾客的话，使用20%的嘴巴去说服顾客。如果在顾客面前，80%的时间你都在唠叨个不停，推销成功的希望将随着你滔滔不绝的讲解，从80%慢慢滑向20%。顾客的拒绝心理，将从20%慢慢爬到80%。八成你将从那里灰溜溜地退出去。

推销员没有第二次机会在顾客面前改变自己的第一印象。第一印象80%来自仪表。所以，花20%的时间，修饰一番再出门是必要的。在顾客面前，你一定要有80%的时间是微笑的。微笑，是友好的信号，它胜过你用80%的言辞所建立起的形象。如果在顾客面前，你只有20%的时间是微笑的，那么，会有80%的顾客认为你是严肃的，不易接近的。

推销的成功，80%来自交流、建立感情的成功，20%来自演示、介绍产品的成功。如果你用80%的精力使自己接近顾客，设法与他友好；这样，你只要花20%的时间去介绍产品的利益，就有八成的成功希望了。但假如你只用20%的努力去与顾客谈交情，却用80%的努力去介绍产品，那么八成是白费劲。

推销，是从被顾客拒绝开始。在你的推销实践中，80%的将是失败，20%的将是成功。除非是卖方市场，否则不可能倒置。在刚刚加入推销这一行列的人当中，将有80%的人会因四处碰壁畏难而退，留下来的20%的人将成为推销界的精英。这20%的人，将为他们的企业带来80%的利益。

作为推销员，在你的一生中，你可能只有20%的时间是在推销产品，但是，这为你80%的人生创造财富，取得成功。

在你推销的过程中，你会发现，你推销的顾客当中，会有80%的人众口一词，说你的产品价格太高，但是，机会大量地存在于这80%的顾客中。

➤➤ **定律释义：** ◄◄

在做每一项工作前思考二八定律，真正领悟如何选择与放弃。

墨菲定律

1949年，一位名叫墨菲的空军上尉工程师，认为他的某位同事是个倒霉蛋，不经意间开了句玩笑："如果一件事情有可能被弄糟，让他去做就一定会弄糟。"这句话迅速流传，并扩散到世界各地。在流传扩散的过程中，这句玩笑话逐渐失去它原有的局限性，演变成各种各样的形式，其中一个最通行的形式是："如果坏事情有可能发生，不管这种可能性多么小，它总会发生，并引起最大可能的损失。"这就是著名的"墨菲定律"。

随着人们对墨菲定律的深入理解，又出现了很多精妙的推论。比如，"别试图教猫唱歌，这样不但不会有结果，还会惹猫不高兴。"

"别跟傻瓜吵架，不然旁人会搞不清楚，到底谁是傻瓜？"

"不要以为自己很重要，因为没有你，太阳明天还是一样从东方升上来。"

"笑一笑，明天未必比今天好。"

"好的开始，未必就有好结果；坏的开始，结果往往会更糟。"

"东西久久都派不上用场，就可以丢掉；东西一丢掉，往往就必须要用它。"

"你丢掉了东西时，最先去找的地方，往往也是可能找到的最后一个地方。"

"你往往会找到不是你正想找的东西。"

"你出去买爆米花的时候，银幕上偏偏就出现了精彩镜头。"

"排队时，另一排总是动得比较快；你换到另一排，你原来站的那一排，就开始动得比较快了；你站得越久，越有可能是站错了队。"

"一分钟有多长，这要看你是蹲在厕所里面，还是等在厕所外面。"

不论是墨菲定律本身还是后来的推论，都是基于一个对人性的观点——害怕犯错、害怕被拒绝是人们在做一件事情前的统一反应。这对推销工作是有很大启示的，推销员几乎是每天都要和拒绝打交道，有的人为此心灰意冷，有的人只是淡然一笑，还有的人会积极与顾客沟通，创造更多的机会，这三种不同的反应终究会取得不同的成绩。

从事推销工作的人，可以说是与顾客的拒绝打交道的人。战胜拒绝的人，便是成功的推销员。推销员从举手敲门，与顾客的应答，直至成交，每一关都是荆棘丛生，没有平坦的大道可走。推销员应了解推销工作的这些特点，树立工作神圣观念，面对困难，坦然相迎。

应当记住，逃避不能有第一次，第一次便是第二次、第三次的开始。这好似婴儿一次被抱，就会期待着另一次被抱的安慰。一名心理学家曾说："犹豫不决、踌躇不前的心理是对自己的叛逆。如果害怕尝试，那么此人绝对无法掌握住一生的幸福。"所以与其说是一次次地逃避困难，不如说是一次次地赶走了成功。

为此，推销员必须切断自己的退路，背水一战，也就是要求推销员在精神上战胜"自我"，排除心理障碍，逼迫自己去迎接顾客的拒绝，接受挑战。

在工作中，优秀的推销员无不以"勤"为"径"。

➤➤　**定律释义：** ◄◄

每一个人都会遇到困难，千万不要逃避，要有面对困难的勇气。要知道，每一次对困难的挑战都是向着优秀推销员的方向迈进了一大步。

麦吉尔定理

"麦吉尔定理"的提出者是美国罗思莱尔德风险公司前总经理 A·麦吉尔。他说："每一位顾客都用他自己的方式看待服务。"这也是麦吉尔定理的完全解释，更形象一点的说法是："有千只舌头，就有千种口味。"

对于不同的客户，应该采用不同的方法。推销员在进行推销的过程中，要仔细分析客户的类型，然后再采取有效的方法来和客户达成交易。一般来说，客户可以分为以下几大类：

一是拖延型客户。这类客户的特点是能拖则拖，直到万不得已的时候才做决定。这类客户也许有购买的意愿，但是不到有迫切需求的时候，是不会购买的。因此，推销员应该强调产品的重要性，唤起客户的购买意识，让他们自觉地意识到机不可失，时不再来。在针对这类客户所做的说服工作中一定要注意投其所好，要弄清楚客户拖延的真正原因或者目的。

二是当机立断型客户。这类客户往往是遇到危急情况，实在没有多余的时间搜集和分析相关资料，只能立即做出决定。针对这类客户的要诀就在于，在平时和他们保持联系和良好的关系，以使他们在一产生产品需求时，便想到了本推销员，进而购买产品。吉尼斯世界纪录最高推销成就创造者乔·吉拉德就有这样一个习惯：他经常把名片送给陌生人。因为对于他来说，一张名片的成本相当得低，但是对于客户来说，一张名片意味着在产生需求时，有一个可以满足需求的途径，所以他最后能够取得巨大的成功。

三是人情型客户。这类客户往往因为人情关系而购买产品，即使产品价格并不低。对于这类客户推销员所采用的最基本办法就是和他们保持良好的关系，最好的办法就是让客户欠你人情。比如，当客户有某种产品需求时，你告知他怎样做可以满足这种需求，或者即使客户不买你的产品，你仍然送给客户小礼物，表示感谢或者仅为了维持一种关系。这种做法在日本比较普遍。

四是主观型客户。这类客户的主观意识非常强，对产品往往有一定的了解，知道产品的质量或者价格等相关因素，也对推销员所推销的产品的竞争对手产品了解比较透彻。遇到这种客户，推销员千万不要自作主张，认为自己非常专业，对产品的了解远非客户所能比。对于这类主观型客户，推销员只有先认同该客户的某些看法，然后恭维他，适机提出自己的见解，以求和客户达成共识。在这种情况下，千万不要和客户发生争执，这样对销售并没有什么好处。

五是比较型客户。这类客户对购买哪位推销员的产品常常表现得犹豫不决，虽然他们有产品的需求，有时候需求也十分急迫，但是他们仍然试图通过不断地搜集信息，来决定应该购买什么产品和向谁购买。针对这类客户，推销员应该准备好充分的资料，尤其是竞争对手的资料。在产品介绍的过程中，也不适宜一个劲儿地贬低竞争对手的产品，应该给予适度的褒扬，但是这种褒扬只局限于产品的次要方面。

六是流行型客户。这类客户为了不落人后，喜欢购买流行性商品。面对这类客户，推销员对产品的最好介绍办法就是证明该产品的人气相当旺。可以通过报纸报道和电视广告来佐证推销员的说法。针对这些客户，推销员还应该告知客户，现在已经有很多客户都在购买，这样往往会让客户产生"赶流行"的想法。

七是利益型客户。这类客户在购买产品时，往往考虑其产品的背后利益。他们所看重的是该产品能否满足自己的需求，能否有助于自己完成一个很特别的目标。针对这类客户，推销员所要做的说服工作是基础说服工作，要将产品的性能和质量进行详细介绍，而且在介绍的过程中，应该重点强调产品确实能够满足客户的需求。

八是疑心病型客户。这类客户之所以犹豫不决，是因为害怕承担做出决定后的后果。他们担心万一购买不当，会遭到别人的奚落或者责备。针对这类客户，推销员所要做的事情就是要向他们说明产品的基本功能，绝对能确保安全。一般来说，推销员要和此类客户建立友好的、稳定的和长远的关系。推销员一旦与这类客户形成了稳定的关系以后，产品销售就不成为问题了，因为这类客户往往对熟悉的推销员产生很强的依赖。

当面对客户时，推销员首先应该注意的是判断该客户是什么类型的客户，然后才能针对该客户采取相应的措施。

➤➤　**定律释义：**　◄◄

　　每一位顾客都用他自己的方式看待服务。

第二章

销售中不可不知的13个心理效应

投射效应

宋朝著名才子苏东坡，与一位叫佛印的和尚相识。有一天，东坡在路上碰见佛印，见他身披黄袍袈裟，身材魁伟，遂灵机一动，笑呵呵地对他说："佛印啊，你知道你看上去像什么吗？"佛印一下愣住了，傻傻地问他："东坡兄，你看我像什么？"东坡哈哈大笑一声，说："你呀，看上去像一堆大粪。"佛印微微点头，说："东坡兄，你知道你看上去像什么吗？"东坡闻声，以为佛印要以牙还牙，忙收敛了笑容，很小心地问："你看我像什么？"只见佛印一字一句地说道："东坡兄，你一袭学士长袍，满面红光，活像一尊佛啊！"话毕，深深一鞠躬。东坡听完，好不高兴，心里揣摩："这和尚傻不傻，连我对他的贬损之言都听不明白，还修行个啥呀！"东坡找来苏小妹"分享战果"，小妹听完直跺脚，连声说道："哥哥，你上当了，你被大和尚'涮'了！"东坡一惊，忙问"到底怎么了？"小妹娓娓道来："哥哥呀，你真糊涂！难道你不知道佛教里有句话叫'心中有佛，见人是佛'；'心中有大粪，见人是大粪'吗？"东坡顿时满面羞愧，无言以对。

这就反映了心理学上的"投射效应"。所谓"投射"是一个人将内在生命中的价值观与情感好恶影射到外在世界的人、事、物上的心理现象。

一位心理大师曾说，人们往往错误地以为我们生活的四周是透明的玻

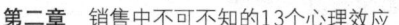

璃，我们能看清外面的世界。事实上，我们每个人的周围都是一面巨大的镜子，镜子反射出我们生命的内在历程、价值观、自我的需要。

心理学研究发现，人们在日常生活中常常不自觉地把自己的心理特征（如个性、好恶、欲望、观念、情绪等）归属到别人身上，认为别人也具有同样的特征，如自己喜欢说谎，就认为别人也总是在骗自己；自己自我感觉良好，就认为别人也都认为自己很出色……心理学家们称这种心理现象为"投射效应"。

"投射效应"对推销来说重要的一条启示是：保持与客户思维的同步，只有你的想法、你的行动与客户的想法相一致，才能让客户更容易接受你。

根据心理学的研究，人与人之间亲和力的建立是有一定技巧的。我们并不需要与他认识一个月、两个月、一年或更长的时间才能建立亲和力。如果方法正确了，你可以在5分钟、10分钟之内，就与他人建立很强的亲和力。优秀的推销员懂得，其中一个特别有效的方法是：在沟通时与对方保持精神上的同步。

首先是情绪同步，也就是你能快速地进入客户的内心世界，能够从对方的观点、立场看事情、听事情、感受事情，或者体会事情。做到与客户情绪同步最重要的是"设身处地"这四个字。

许多平庸的推销员也明白，每天都要保持活力，要有自信心，笑容常挂在脸上，碰到客户一定要兴奋，要有活力，一定要保持笑容。可为什么有时不奏效呢？优秀的推销员会告诉你，因为你所碰到的对象，未必也是常常笑容满面、很兴奋、很有行动力的人。当同一位客户谈事情，发现这位客户比较严肃、循规蹈矩、不苟言笑，若要和他建立亲和力，你需要和他在情绪上比较类似。假设碰到另一个人，他比较随和，爱开玩笑。你在情绪上也要和他同步，同他一样比较活泼，比较自然。

另外，在语调和速度上也要同步。这要求先学习和使用对方的表象系统来沟通。

所谓表象系统，分为五大类。每一个人在接受外界讯息时，都是通过五种感官来传达及接收的，他们分别是视觉、听觉、触觉、嗅觉及味觉。而在沟通上，最主要的乃是通过视、听、触三种渠道。由于受到环境、背景及先天条件的影响，每一个人都会特别偏重于使用某一种感官要素来作为头脑接收处理讯息的主要渠道。

1. 视觉型的人

这种人的头脑在处理讯息的时候，大部分通过视觉画面的储存来处理。所以，视觉型的人特别容易回忆起图像或在头脑里看到的画面。因为视觉图像的变化速度一般较说话速度快，所以视觉型的人说话为了能跟上头脑的图像变化速度就会比较快。视觉型的人第一个特征是说话速度快。第二个特征是音调比较高。因为，通常当一个人说话速度越快，相对的音调也就比较高一些了。第三个特征是胸腔起伏比较明显。第四个特征是肢体语言比较丰富。

2. 听觉型的人

这种人的头脑在处理讯息的时候，大部分通过声音来处理，声音变化没有视觉画面变化快。相对来讲，听觉型的人比视觉型的人讲话速度慢，比较适中，音调有高有低，比较生动。听觉型的人对声音特别敏感。另外听觉型的人在听别人说话时，眼睛并不是专注地看对方，而是耳朵偏向对方的说话方向。

3. 感觉型的人

与以上两种人都不同。感觉型的人第一个特征是讲话速度比较慢；第二个特征是音调比较低沉、有磁性；第三个特征是讲话有停顿，若有所思；第四个特征是听人讲话时，视线总喜欢往下看。

对不同表象系统的人，优秀的推销员会使用不同的速度、语调来说话。换句话说，就是用客户的频率来和他沟通。以听觉型的人为例，如果你想和他沟通或说服他去做某件事，但是却用视觉型极快的速度向他描述恐怕收效不大。相反，你得和他一样用听觉型的说话方式，不急不缓，用和他一样的说话速度和语调，他才能听得真切；否则你说得再好，他也是听而不懂。再以视觉型的人为例，若你以感觉型的方式对他说话，慢吞吞而且不时停顿地说出你的想法，不把他急死才怪。

所以优秀的推销员对不同的客户会用不同的说话方式，对方说话速度快，就跟他一样快；对方说话声调高，就和他一样高；对方讲话时常停顿，就和他一样也时常停顿，这样才不会出现"各说各话"的尴尬情景。因为能做到这一点，所以优秀的推销员很容易和客户之间形成极强的亲和力，对各种客户应付自如。

➤➤ **定律释义：** ◄◄

要想快速地进入客户的内心世界，就要从对方的观点、立场看事情、听

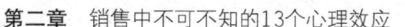

事情、感受事情，或者体会事情。做到与客户情绪同步最重要的是"设身处地"这四个字。

首因效应

如果汽车交易商准备卖一辆旧汽车的话，他会怎样做呢？首先，他把车送到车间里，将表面的擦痕都磨光，并重新喷漆。然后，再将车内装饰一新，换上新轮胎，调整好发动机，总之，使车重新焕发光彩。为什么要这样做呢？因为汽车交易商知道外表鲜亮的汽车一定能卖个好价钱的——比其原值要高出几千元。这与你做销售工作是一样的。要记住仪表不凡和风度翩翩将使你在客户的眼中身价倍增，为成功打下基础。

当别人注视你时，他们将看到什么呢？请站到镜子前面看一下，你所见到的也恰是你的客户所见到的。要保证你自己能够对这个"镜中人"满意，如果你都不喜欢"他"，那可别指望你的客户能够感兴趣。

第一印象是非常重要的，一定要注意保持一种良好的第一印象，因为你不可能再有第二次机会了。客户对你的第一印象是依据外表——你的眼神、面部表情等。你可以认为外表就是一种表面语言，正如声音所表达的一样。

服饰对于推销员的作用正如产品的包装一样。良好的感觉和品位是推销中成功的关键。服装应该与推销环境相适合，也要能与所拜访的客户类型相一致。例如，一个向农民推销饲料的推销员的服饰就应该与向医生推销药品器材的推销员的服饰不同，这就叫因人而异。

一项研究表明，客户更青睐那些穿着得体的推销员，而另一项研究表明，身着商务制服和领带的推销员所创造的业绩要比身着便装，不拘小节的推销员高大约60%。现在想一想，你的服装看来怎样呢？或许添置衣服要花一些钱，但它就像一项高明的投资一样，迟早要为你带来丰厚的回报。

在服饰中，除了服装，装饰也是很重要的一项，如香水、发型和面部化妆等都必须精心选择，力求与环境相配，令人感觉协调舒适。在通常的距离以内，客户不仅看见你、听到你，同时还会嗅到你身上散发出来的气息，因此，应非常得体地装饰自己。不要因为自己的仪表、面容给顾客留下不好的印象而制造不必要的障碍。

作为推销员，应不停地与客户进行交流，哪怕无话可说时。例如，微笑一下或耸肩、皱皱眉头。惬意而自然地微笑是你的外表中不可缺少的重要组成部分，会拉近你与客户的情感距离，而且立竿见影。良好的举止对于留下积极的印象也是至关重要的。要知道，客户是通过观察你的外部表情和举止神态来观察你的内心思想的。

最后，一定要避免做出有损你的形象的举止，如不要嘴里叼着香烟、烟斗等走进客户的办公室。如果客户不喜欢抽烟，那么你会给他留下一个极其讨厌的印象，再想挽回就很难了。

衣服的穿着应与所做的工作相配合。原则上无论是西服还是便服均忌讳奇装异服和过于花哨。衣服的穿着要整洁体面，打扮要干净利落，这样行动起来才会显得中规中矩，胡乱穿着显得粗野，给人一种不信任感。

年轻的推销员，一般来讲应该穿着清雅、朴素，使人看起来稳重踏实，但个性不太活泼的年轻人则最好穿得花哨一点，以弥补性格方面的缺失。

而中年的推销人员，服装的颜色和款式可以新颖一点，如果衣服稍嫌朴素，则可系条别致的领带或穿件时髦的衬衫来弥补。

要避免穿着显眼的高级服饰。客户可能会认为，一个普普通通的推销员都穿得这么高级，那么他所经销的产品一定很赚钱，价钱也一定贵得不合理。所以，给人过分讲究穿戴的印象对推销人员并没有什么好处。

推销人员的服装虽说不要太高级，但也不能随便。即使低薪的推销人员也不能老穿同一套衣服去拜访客户，那会显得你太寒酸，像个穷光蛋。对于推销人员来说，衣服是其推销产品的工具，根据不同季节起码应该备三四套衣服，每天更换，而且经常更换衣服也会给人一种新鲜感。

一个人的长相有美丑之分，这是无法选择的，客户也不会责怪。但是，在社交场合，完全不修边幅，蓬头垢面，就会给客户留下不良印象，会直接影响推销谈判的进行，甚至会导致推销的失败。

修饰仪容就以中庸、大方为原则：

照照镜子，面对自己的影像，仔细观察端详，针对自己仪容的特点，做出修饰计划并付诸实行。

男推销员：头发不可太长，也不可过短；发型不要太新潮，也不要太老式，如平头或光头；头油和香水要少用或不用；胡子要刮净，鬓角要剪齐。

女推销员：发型也以中庸为原则。比如，不要梳理过高的发髻和其他怪异形状；头饰、耳饰、项链不可华丽，珠光宝气会使人觉得俗不可耐；眉毛、睫毛的描画，脂粉、口红、香水的使用，总以淡雅清香为宜，切不可浓妆艳抹，香气袭人，这样会使客户望而却步，生意当然也就谈不上了。

不要戴墨镜和变色镜，因为只有让客户看得见推销员的眼珠，才能使他相信你的言行。

上衣和裤子、领带、手帕、袜子等最好能相配。

衣服颜色不可太鲜艳夺目，素色会使人感觉清爽。

衣服大小要合身，太宽太窄均不宜。

配合季节：夏天穿淡色，冬天穿深色。若冬天穿件白色短棉袄，会使人觉得太寒碜；夏天若穿黑西服，系黑领带，会给人以压迫感。

因地制宜：访问办公室的客户与工厂的客户，所穿的服装就不同。前者适宜穿西装系领带，后者适宜穿夹克。

如果可能，推销员应该穿正统西服或轻便西式上装。绝不可穿轻佻的奇装异服，或是穿着过分暴露的服装。

不要佩戴一些代表个人身份或宗教信仰的标记，如社团徽章、宗教标记等，除非推销员十分准确地知道自己所拜访的对象与自己具有同一种身份或信仰。

推销员不要穿绿色的衣服。

不要佩戴太多的饰品或配件。戒指、手镯等都是绝对禁忌的物品。

可以佩戴某一种能代表公司的标记，或者穿上某一种与产品印象相符合的衣服，使顾客加深对本公司和产品的联想。

如果可能，推销员可以携带一个大方的公事包。

要带一支比较高级的圆珠笔、钢笔或铜笔，不要使用那种粗俗的圆珠笔。

如果可能，系一条质地良好的领带。

尽可能不要脱去上装，以免削弱推销员的尊严。

推销员在拜访顾客之前，应该对镜自照，检查一下领带是否整齐，扣子是否扣好，衣服是否已经干净、挺括，皮鞋是否已经擦亮，鞋带是否已经系好。

➤➤ **定律释义：** ◀◀

第一印象是非常重要的，一定要注意保持给人以一种良好的第一印象，因为你不可能再有第二次机会了。

羊群效应

"羊群效应"来源于这样一个现象：一个羊群（集体）是一个很散乱的组织，平时大家在一起盲目地左冲右撞。如果一只羊发现了一片肥沃的绿草地，并在那里吃到了新鲜的青草，后来的羊群就会一哄而上，争抢那里的青草，全然不顾旁边虎视眈眈的狼，或者看不到其他地方还有更好的青草。

"羊群效应"最主要的指导意义在于一个竞争非常激烈的行业上，而且这个行业上有一个领先者（领头羊）占据了主要的注意力，那么整个羊群就会不断模仿这只领头羊的一举一动，领头羊到哪里去吃草，其他的羊也跟随去哪里。

同样，在推销工作中，如何寻找客户，寻找什么样的客户是一个很值得研究的课题。常见的形式是：公司给出一些准客户名单或者大家从一个资料来源中寻找准客户，于是出现了这样的现象，一个客户出现了，会有很多的推销员一哄而上，而其他很有潜力的客户却无人问津。

多年以前，一个年轻人询问一个名叫豪雷斯·格瑞雷的报纸编辑，问他哪里能寻找到机会。格瑞雷回答到："向西走，青年人，向西走。"这一回答现在已家喻户晓。如果格瑞雷是一个销售经理，那么他的回答可能会是："搜寻一下，年轻人，搜寻一下。"

搜寻在推销中的作用越来越重要。很明显，如果要进行销售，一个推销员必须能吸引潜在顾客。但是，潜在顾客从何处来，他们会主动送上门吗？有时候可能是这样。例如，对于一家零售店的推销员而言。但是，对于保险、复印机、机器设备和大百科全书的推销人员来讲，仅靠等顾客上门则几乎什么都卖不出去。这些推销人员必须走出去，主动寻找顾客。

即使在个人素质和外表上有所欠缺，推销技巧有些问题，并且知识比较贫乏，但如果能拜访到足够有潜力的客户，则仍然能获得一定的销售额。换一个角度讲，如果没有任何潜在顾客，那么即使拥有超人的素质、突出的外

表、理想的表现和丰富的知识，你也不可能销售出一件商品。因此，必须主动找出潜在顾客，这一过程被称为搜寻。对于一个推销员而言，寻找顾客就如同过去一个淘金者寻找黄金一样重要。

潜在顾客是指对产品或服务有需求或购买愿望的个人或公司。很多有经验的推销员认为，寻找到相当数量的潜在顾客是他们工作中非常重要的方面。"搜寻"不仅增加了销售机会，而且对于维持一个稳定的销售量起着极为重要的作用。

所有的推销人员都会因为时间的推移而失去一些客户。

那些不持续寻找新顾客的推销员将发现他们的销售额与日俱减。

搜寻如同操作一个"费氏转轮"。这就如同在一个游乐园里，一个大转轮旁边等着想要上去的人。操作者每隔一段时间停下转轮，让坐在轮上的一些人下去，并让另外一些人上来。用这种方法可以保证转轮始终是满的。一名好的推销员必须用类似的方式来不断地寻找新顾客以替代失去的老顾客。

如果你未能找到充足的新顾客，那么你将面临一个类似于"费氏转轮"操纵者所要面临的局面，即允许乘坐者离开，但又不代之以新的乘坐者，最后转轮上很快便空空如也。

搜寻新顾客的方法有很多，采用何种方法取决于你所销售的产品和服务以及所要接触的客户类型。例如，挨家挨户上门推销适用于推销百科全书但却不适合推销飞机发动机。

你所在的公司是最容易使用的资源而且它肯定能为你提供帮助。销售人员应充分利用公司内部的各种对搜寻有帮助的信息、人员和手段：

当前顾客。公司的其他部门可能正在向你不知道的一些顾客进行销售。你可以从这些部门获得顾客目录清单以及与这些顾客有关的有价值信息。这些目录清单可能包括一些你以前忽略掉的潜在顾客。由于这些顾客是你公司的老主顾，所以非常有理由相信他们会对你提供的商品或服务感兴趣。

财务部门。公司的财务部门能帮你找到那些不再从公司买东西的从前的顾客。如果你能确定他们不再购买的原因，那么就有机会重新赢得他们。这些潜在顾客熟悉你提供的商品或服务，而且公司的财务部门对其信用也表示认可。另外，公司的财务部门可能还有与这些潜在顾客签订信用合同的各种记录。现在正是利用这一资源的大好机会。

服务部门。公司服务部门的人员能向你提供新的潜在顾客的信息。因为，他们经常与从公司购买产品并需要维护或维修的顾客进行接触，因此，他们更容易识别出哪些顾客需要新的产品。专业销售员要学会鼓励服务部门的人员提供有关潜在顾客的各种信息，并且当在他们帮助下销售成功时，要给予一定的回报。公司的送货员也容易发现潜在顾客的需求。最后，别忘了与非竞争对手企业的服务部人员进行合作。

公司广告。很多公司订货增加是因为它们做了大量电视和广播广告，或是在报纸杂志上做了大量宣传，还有就是在特定区域内寄送了大量优惠卡。人们对这些措施的反应值得注意——他们为什么会有这样的反应呢？一般地，有这些反应的人被称为活跃的潜在顾客。要在你的销售过程中尽量发挥公司广告所带来的好处。

展销会。每年要有成千上万次展销会举行。有汽车展销、旅游用品展销、家具展销、电脑展销、服装展销、家庭用品展销等，名目繁多。公司要记下每个到展销柜台的参观者姓名、地址和其他有关信息。然后，把这些信息交给销售人员，以便他们进行跟踪联系。公司一定要迅速找到并吸引这些潜在顾客，因为展销会上的其他公司同样会对这些潜在顾客感兴趣。所以，你一定要争取先拥有他们。

电话和邮寄导购。很多公司寄出大量的回复卡片，或是雇人进行电话导购联系。用这一方法可以获得大量潜在顾客，而且，几乎所有的公司都可以用这一方法吸引感兴趣的潜在顾客。因此，要努力使你能通过应用这一方法获得好处。

除了本公司内的资源以外，在公司外还有很多资源可以用来寻找潜在顾客。选择何种方式取决于你所销售的商品或服务。

其他销售人员。其他非竞争公司的销售人员经常可以提供有用的信息。在与他们自己的顾客接触时，可能会发现对你产品感兴趣的顾客。如果你与其他销售人员有"过硬"的关系，那么他们会把这些信息通知你。所以销售员要注意培养这种关系，并在有机会时给他们提供同样的帮助。

名录。目前市面上有很多带有姓名和地址的特殊目录或数据资料出售，你可以买到需要的名录。例如，你可以买到所有幼儿园名称和地址的目录，全国所有水产养殖场的名称和地址的目录，以及所有汽车销售代理商的名称和地址的目录等。很多行业协会或主管部门有其成员或下属机构的名录。

　　很多商业名录将公司按照规模、地理位置和商业性质进行分类。这些名录是你寻找新的潜在顾客的一个绝好出发点。包含公司管理人员姓名和地址、工厂地址，财务数据及其相关产品的大型名录在大型的公共图书馆或大学图书馆中都可以找到。并且，请注意不要忽略地方出版的人名或商业的名录。像从名录手册中获取信息一样，我们现在也可以从电脑中获取信息。使用计算机数据库非常简单，一旦你进入系统，只要指出想要查询信息的关键字即可。

　　社团和组织。你的产品或服务是否只是针对某一个特定社会团体。例如，青年人、退休人员、银行家、广告商、零售商、律师或艺术家。如果是这样，那么这些人可能属于某个俱乐部或社团组织，因此，它们的名录将十分有用。

　　报纸和杂志。只需留意一下宣传印刷品，就会发现许多潜在顾客的线索。报纸刊登的工厂或商店扩建的新闻对销售人员会很有帮助。在商业杂志以及其他一些杂志上，你可以找到更多的商业机会。专业杂志对于许多产品的销售人员有重要意义，销售员应了解一下本行业的杂志并从中寻找潜在顾客的线索。

➤➤　**定律释义：**　◄◄

　　我们并不缺少合适的客户，只是缺少一双发现客户的眼睛。

印刻效应

　　1910年，德国习性学家海因罗特在实验过程中发现一个十分有趣的现象：刚刚破壳而出的小鹅，会本能地跟在它第一眼看到的母亲后边。但是，如果它第一眼看到的不是自己的母亲，而是其他活动物体，它也会自动地跟随其后。尤为重要的是，一旦这小鹅形成对某个物体的追随反应，它就不可能再对其他物体形成追随反应。用专业术语来说，这种追随反应的形成是不可逆的，而用通俗的语言来说，它只承认第一，无视第二。

　　这种后来被另一位德国习性学家洛伦兹称为"印刻效应"的现象不仅存在于低等动物中，而且同样存在于人类之中。人类对任何堪称"第一"的事物都具有天生的兴趣并有着极强的记忆能力。

　　不经意地，你就能列出许许多多的第一。比如，世界第一高峰，中国第一个皇帝，美国第一个总统，第一个登上月球的人等。可是紧随其后的第二呢？你可能就说不上几个。看来，人类确实像那只小鹅一样，承认第一，却无视第二。

在生活中，人同样对第一情有独钟。你会记住第一任老师，第一天上班，初恋等，但对第二则就没什么深刻的印象，在公司中第二把手总不被人注意，除非他有可能成为第一把手；在市场上第一品牌的市场占有率往往是第二的倍数……

在这里需要重点指出的是：单一顾客往往相信他所满意的产品，并会在很长时间内保持对该产品的忠诚，在这段时间内他不会对其他同类产品产生更大的兴趣和信任。基于这一点，也就是我们通过"印刻效应"需要提示各位推销员的，要在工作中注重对顾客忠诚度的培养，尽量地留住回头客。

许多企业的实践也证实，顾客忠诚度与企业盈利有很大的相关性。美国学者雷奇汉和赛萨的研究结果表明，顾客忠诚度提高5%，企业的利润就能增加25%～85%。美国维特科化学品公司总裁泰勒认为，使消费者感到满意只是企业经营目标的第一步。"我们的兴趣不仅仅在于让顾客获得满意感，更要挖掘那些顾客认为能增进我们之间关系的有价值的东西。"可以发现，培养忠诚的顾客是企业营销活动的重要目的。许多企业运用调查顾客满意程度来了解顾客对本企业产品和服务的评价，就是想通过提高顾客的满意程度来培养顾客忠诚度。然而许多管理者发现，企业进行大量投资，提高了顾客的满意程度，顾客却不断流失。这使很多企业管理人员产生了疑问：如果提高顾客满意程度，无助于培育顾客忠诚度，那么顾客满意度再高又有什么用呢？所以，对于企业和推销员来说，让顾客满意是远远不够的，如何培养顾客对组织、产品或者个人的忠诚才是推销的终极目标。

显然，对于大多数商业机构而言，拥有一个忠诚的顾客群体是有好处的。从心理上讲，顾客忠实于某一特定的产品或商业机构也是有好处的。按照马斯洛的观点，从属感是人类比较高级的一种需要。作为一个物种，人们与其他一些同自己拥有同样想法和价值观的人在一起会感到亲切和有从属感。那些能够向其顾客提供这种从属感的商业机构正是触及到了人们这种非常重要的心理特征。

从企业角度来说，回头客是企业宝贵的财富。新顾客或新用户为企业发展和兴旺带来了新的活力。企业要通过成功的营销手段不断地吸引更多的新顾客，同时也要不懈地努力去巩固和留住老客户，这一点对企业经营是非常

重要的。但在激烈的市场竞争中，如果我们不重视、不努力去做老客户的工作，他们是不会永远留在你的身边的。为了留住回头客，应采取的策略和方法包括以下方面。

（1）访问不满顾客。有时会遇到顾客有意见或不满，离你而去，许多推销员对此不以为然，有的还对离去的顾客不满，这是一种短浅的行为。因为离去的顾客，都是已与公司的业务有过接触的顾客，他们心中肯定已对公司业务和推销员个人素质做出了评价，发现了公司在营销过程中的缺陷，产生了不满。其实离去的顾客的意见，是公司改进营销策略、推销员增强业务能力的宝贵信息，而且能为推销员提供无法得到的看法和评价。推销员一定要把"笼络"不满的顾客的工作当作一件大事来做，做好离去顾客的工作方法有很多。例如，设法记住离去顾客的名字和地址；在最短的时间用电话联系，或直接访问；在不愉快和不满消除后，记录他们的意见，与其共商满足其要求的方案并满足其要求。

（2）向顾客提供服务保证。向用户提供可靠的服务质量保证是使现有顾客和未来顾客对企业产品和推销员产生信心的关键。只有对自己的服务充满自信的推销员才会为用户提供质量保证。

（3）为顾客提供个性化服务。针对特定的目标顾客，提供其需要的服务，使产品或服务体现个性化，并尽可能达到更完善的个性化的服务。个性化的服务会使顾客感到友善亲切，关怀备至，因而产生更大的吸引力。推销员和顾客是长期相互依存的朋友，推销员要时刻记住自己的顾客，为顾客的利益着想，为他们提供长期的服务。顾客才是推销员最大的财富。

（4）尽量弥补自身的缺陷。由于自身原因引起顾客的不满是经常发生的事。对失误进行及时的补救，不仅可以消除顾客的不满，有时还能给推销员带来意想不到的积极影响。出现事故，推销员在了解真相后，一定要加以补救。例如，诚心诚意地向顾客致歉，承认错误或缺点，平息顾客的不满情绪；表示补救的诚意，征求顾客对补救的要求，尽力去满足其合理的要求；提供一定的优惠或附加服务，使顾客消除不满；立即改正错误，可能的话，让顾客感到推销员改正缺点的决心，使顾客改变态度。

留住回头客的关键还在于与顾客保持联系。

与顾客和用户保持定期的联系，表示公司对顾客的关注和尊重，这样，可以增进双方感情交流，加深双方相互理解，也能够经常听到用户意见和反馈信息，及时进行质量改进，从而进一步加深企业与顾客之间的关系。

方便顾客联系也有利于留住回头客。沟通便利使你的重要顾客能够不断地回头。

➡ 定律释义： ⬅

忠诚型客户是推销员最大的财富，你的成绩好坏与你的忠诚顾客的数量是成正比的。

过度理由效应

社会心理学上所说的"过度理由效应"是这样解释的：每个人都力图使自己和别人的行为看起来合理，因而总是为行为寻找原因，一旦找到足够的原因，人们就很少再继续找下去。而且，在寻找原因时，总是先找那些显而易见的外在原因。因此，如果外部原因足以对行为做出解释时，人们一般就不再去寻找内部原因了。

有一位喜欢安静的老人独自生活了很多年，他非常习惯了这种生活，可是有一天这种生活被一群孩子的来临打破了。社区的一群孩子每当放学后都到这位老人的房子周围玩耍，他们大声地尖叫、嬉笑。老人被他们的吵闹声弄得寝食难安、坐卧不宁。

于是，这位聪明的老人想出一个办法。他走出家门对那些孩子们说："如果你们每天都到这儿来玩，我就给每人5元钱。"那天，每个孩子真的都得到了5元钱。在这以后，越来越多的孩子聚集到老人的房子周围玩耍。

可是有一天老人没有出来，自然所有的孩子都没有得到钱，第二天老人还是没有出来，终于心急的孩子们敲开了老人的家门对老人说："既然你不再给我们钱，我们以后再也不到你这儿来玩了，并且告诉我们的朋友都不到你这儿来玩了。"老人和孩子们都胜利地笑了。

老人这就是巧妙地利用了过度理由效应。对于这些孩子，他们如果只用外在理由（得到报酬）来解释自己的行为（吵闹），那么，一旦外在理由不再存在（没有报酬了），这种行为也将趋于终止。相反地，如果我们希望某种行为得以保持，就不要给它足够的外部理由。联系到推销工作中来，如果我们希望顾客对我们的产品产生真正的购买意愿，那最重要的是让客户从心底接受产品，而我们的解释、说明甚至说服只是一个引导的过程。

也就是说，一个优秀的推销员要善于引导，如何让客户说"是"，如何真正地打动客户的心，这才是高超的推销技巧。

所有销售训练都有这句话："如果你想完成推销，一定要按下他的心动钮。"太棒了，心动钮在哪儿？心动钮随处可见，问得到、听得见，只要你提高警觉。

只有在你找到心动钮时，按下它才会管用。这儿有些方法，让你在交谈中发现心动钮：

（1）提出与现况、处境有关的问题。例如，在哪儿度假，孩子就读哪所大学。

（2）询问他得意的事，事业上最感骄傲的事。

（3）提出与个人兴趣有关的问题，空闲时都做些什么事？

（4）问他，假如他不必工作，他会做些什么，什么才是他真正的梦想、抱负？

（5）提出与目标有关的问题。他公司本年度的主要目标是什么，他要如何达到目标？

（6）看看办公室里的每一样东西，找找不寻常的东西。有镶框的、单独放的或是体积较大、较醒目的东西，找找照片和奖状。

开口问和用眼看是容易的部分，困难的部分在于聆听"心动钮"就在客户的反应里！

1. 聆听第一个反应，又提起的或暗示的第一件事

回答问题的第一句话通常是心底最重要的反应，你在找的东西绝大部分都在准客户心里，它或许不是真的心动钮，但它可以让你对心动钮有所了解。

2. 聆听立即的、断然的反应

不假思索的反应是最重要的、错不了的。

3. 聆听冗长的解释或故事

需要仔细解释的事情通常是迫不得已的。

4.聆听不断重复的叙述

会说两次的事情是"心头最在意的事"。

5.聆听情绪上的反应，包括说话的表情及语调

这里有些见解可以引导业务人员发掘心动钮：

（1）你必须观察、聆听第一个反应的原因是，它们发自于潜意识，"重要的"东西经常源自内心。

（2）把每件事写下来，有时候写字可以激发客户滔滔不绝地畅谈某一件事或强调它的重要性；最好捕捉住所有客户说的第一句话或第一个想法。

（3）一篇关于某个忘恩负义的离职员工如何说公司坏话等的故事，表示此人有颗"忠诚"的心动钮。

（4）对于浪费金钱或挥霍无度有立即反应的，表示"认可低价位"与"划算"是心动钮。

客户的心动按钮已经找到了，那么如何按动呢？下面便是按动心动钮的五个技巧：

（1）提出"重要性"的问题。例如，"那对你有多重要？"或"为什么它对你那么重要？"这有助你更加了解情况。

（2）提出你认为重要的问题。如果你记笔记的话，有些地方一经探测便能产生热力。

（3）用高明的方式问问题。让它看似谈话的一部分，然后观察反应；如果你相信它就是心动钮，提出能够满足该情况的解决之道。

（4）不要不敢提起心动钮。确定它，并加强聆听准客户的反应。

（5）使用"如果我提出一个解决方案……会不会承诺或购买……"等有变化的假设说法，此类问题可以得到真正的答案，因为它包含了一个可能发生的情况，且正中红心。

请注意，心动钮有时是非常敏感的事情，其中有很多枝节可能是准客户不愿泄露的。你的工作就是去发掘这个按钮，用它来完成行销，运用你最佳的判断力吧，如果你意识到这个问题很敏感，就不要逼得太紧。

>>> **定律释义：** <<<

如果我们希望顾客对我们的产品产生真正的购买意愿，那最重要的是让客户从心底接受产品，而我们的解释、说明甚至说服只是一个引导的过程。

蝴蝶效应

国王理查三世和公爵亨利准备拼死一战，这场战斗将决定谁统治英国。

战斗进行的当天早上，理查派一个马夫备好自己最喜欢的战马。

马夫对铁匠说："快点给它钉掌，国王希望骑着它打头阵。"

铁匠回答："你得等等，我前几天给国王全军的马都钉了掌，现在我得找点儿铁片来。"

马夫不耐烦地叫道："我等不及了。"

铁匠埋头干活，从一根铁条上弄下四个马掌，把它们砸平、整形，固定在马蹄上，然后开始钉钉子。钉了三个掌后，他发现没有钉子来钉第四个掌了。

铁匠准备砸钉子将马掌钉好，但在马夫的催促下，只好将马掌挂在蹄子下。

两军交锋了，理查国王就在军队的阵中，他冲锋陷阵，指挥士兵迎战敌人。

远远的，他看见在战场另一头自己的几个士兵退却了。如果别人看见他们这样，也会后退的，所以理查快速冲向那个缺口，召唤士兵调头战斗。

他还没走到一半，那只挂着的马掌掉了，战马跌翻在地，理查也被掀在地上。

国王还没有抓住缰绳，惊恐的畜生就跳起来逃走了。理查环顾四周，他的士兵纷纷转身撤退，亨利的军队包围了上来。

他在空中挥舞宝剑，"马？"他喊道，"一匹马，我的国家倾覆就因为这一匹马。"

少了一个铁钉，丢了一只马掌。少了一只马掌，丢了一匹战马。少了一匹战马，败了一场战役。败了一场战役，失了一个国家。

这个故事是"蝴蝶效应"的延伸，"蝴蝶效应"是美国气象学家洛仑兹在1963年提出来的。洛仑兹被称为"现代混沌之父"，他所提出的蝴蝶效应源于这样一个现象：

一场发生在美国得克萨斯的龙卷风是怎么来的呢？竟然是在南美洲亚马逊河边热带雨林中的一只蝴蝶偶尔扇几下翅膀导致的。具体叙述是这样的：蝴蝶翅膀偶尔的一次运动，使它周围的气流产生微弱的变化，而正是这次微弱气流变化又会引起它周围空气以及其他气象系统产生相应变化，由此引起连锁反应，最终导致其他系统的极大变化，于是，在几周后，一场龙卷风产生了。

"蝴蝶效应"的始末听起来有些荒诞，但它说明了与上文的故事相同的一个道理：细小而关键的一些因素，有的时候看起来是毫不起眼的，可是却往往决定着事情的成功与失败。

这种现象同样出现在推销过程中，顾客在与推销员沟通的过程中，肯定会提出各种各样的异议，这是需要推销员密切关注的。而遗憾的是，很多推销员没有把顾客的每一个异议都解决掉，或者无法辨认出这种异议甚至根本没有感觉到这种异议的产生，从而由于一个小的失误丢掉了本来属于自己的生意。

顾客的异议一般来说，有三种：

（1）在销售过程之中，顾客在犹豫不决时会把自己对于商品的否定性意见提出来，乍一听，似乎他不想购买这商品了。

（2）在销售过程之后，由于商品出现质量问题或消费者的兴趣发生转移，他认为那件商品买得不值得。

（3）在销售过程中和销售过程后，顾客都有可能赞扬卖方的商品质量好，价格实在，服务到家。

以上三种意见都是顾客对于推销员的反馈，都应该受到鼓励。不论这些意见是客观公正的，还是主观歪曲的，我们首先要鼓励其提出来，因为顾客有意见就提，这是对我们工作的信任。不管抱怨是多么难听，但当着面提总要比在背后指责我们好。

在上面列举的三种意见之中，第三种属于肯定性的意见，谁都愿听取，所以我们在这里不做过多的分析。有一点需要指出的是，不要被胜利冲昏了头脑，对肯定的意见也要冷静地一分为二地分析，不要被人捧杀了。

前两种意见比较难听，一般顾客也不好启齿对卖方明言，所以卖方必须采取措施鼓励这种意见的提出。对于第一种，可以与推销员在销售过程中鼓励和引导顾客说出来；对于第二种，可以由卖方设立意见箱，发出问卷调查表，大商店可以设专人收集这类意见。

如何处理顾客购物中提出的意见呢？顾客在购物过程中，由于心理处于矛盾状态，所以会把对于商品的不满意的地方说出来的。许多推销员一听到顾客的这种意见，顿时神色紧张，不知所措。其实这些过度的反应大可不必。不管顾客对商品提出了什么问题，推销员都要表现出虚心的态度，不能有任何不耐烦的表示。这时候从鼻子里发出一声"哼——"，从喉头处滚出一声"啊——"都会伤害顾客的感情的。

当然推销员若是装聋作哑，佯作不知，也会使顾客感到受到了冷遇，他的购买热情会迅速消退，结果会奔去其他商店。

对待顾客的不同意见一定要有一个好的态度，这一点无论怎么强调都不过分。当顾客谈起商品的缺点时，要认真地听，表现出对他们的意见十分关注的神情。

推销员对顾客意见的倾听态度越积极，顾客对推销员的信任就越增加；顾客的信任程度越大就越乐于购买店里的商品，推销员销售成功的机会就越大。

➤➤　定律释义：　◀◀

正视顾客的异议和意见，并把它们逐一地解决掉，不留尾巴，不留隐患，这是推销成功的关键。

登门槛效应

美国心理学家弗里德曼和他的助手曾做过这样一项经典实验，让两位大学生访问郊区的一些家庭主妇。其中一位首先请求家庭主妇将一个小标签贴在窗户或在一份关于美化加州或安全驾驶的请愿书上签名，这是一个小的、无害的要求。两周后，另一位大学生再次访问家庭主妇，要求她们在今后的两周时间内，在院中竖立一块呼吁安全驾驶的大招牌，该招牌立在院中很不美观，这是一个大要求。结果答应了第一项请求的人中有55%的人接受这项要求，而那些第一次没被访问的家庭主妇中只有17%的人接受了该要求。

这种现象被心理学上称之为"登门槛效应"。

一下子向别人提出一个较大的要求，人们一般很难接受，而如果逐步提出要求，不断缩小差距，人们就比较容易接受，这主要是由于人们在不断满足小要求的过程中已经逐渐适应，意识不到逐渐提高的要求已经大大偏离了自己的初衷；并且人们都有保持自己形象一致的愿望，都希望给别人留下前后一致的好印象，不希望别人把自己看做"喜怒无常"的人，因而，在接受了别人的第一个小要求之后，再面对第二个要求时，就比较难以拒绝了，如果这种要求给自己造成损失并不大的话，人们往往会有一种"反正都已经帮了，再帮一次又何妨"的心理。于是"登门槛效应"就发生作用了，一只脚都进去了，又何必在乎整个身子都要进去呢？

男子求爱，直截了当会吓跑姑娘，从朋友做起，则易达成目标。

所以，当顾客选购衣服时，精明的售货员为打消顾客的顾虑，"慷慨"地让顾客试一试，当顾客将衣服穿在身上时，他称赞该衣服很合适，并周到地为你服务，在这种情况下，当他劝你买下时，很多顾客难于拒绝。

一位男士遇到一位令自己心仪的女孩子，如果他马上直截了当地要与对方结为夫妻、共度一生，恐怕女孩子会在惊讶之余，对其避之唯恐不及。大多数男士不会这么莽撞冒失，他会邀请她一起吃饭、看电影、逛公园等，这些小要求实现之后，才顺理成章提出求婚。

做父母的望子成龙，但人才的培养只能循序渐进而不能拔苗助长。尤其是对于年龄较小的孩子，可先提出较低的要求，待他按要求做了，予以肯定，表扬乃至奖励，然后逐渐提高要求，逐渐实现他的人生目标。

"登门槛"效应在推销中的应用主要体现在推销过程中时机的把握上，首先，我们必须了解顾客完成消费行为的过程，一般来说，顾客完成购买行为的过程分如下几个阶段：

兴趣阶段。有些消费者在观察商品的过程中，如果发现目标商品，便会对它产生兴趣，此时，他们会注意到商品的质量、产地、功效、包装、价格等因素。当消费者对一件商品产生兴趣之后，他不仅会以自己主观的感情去判断这件商品，而且还会加上客观的条件，以做合理的评判。

联想阶段。消费者在对兴趣商品进行研究的过程中，自然而然地产生有关商品的功效以及它可能满足到自己需要的联想。联想是一种当前感知的事物引起的对与之有关的另一事物的思维的心理现象，消费者因兴趣商品而引起的联想能够使消费者更加深入地认识商品。

欲望阶段。当消费者对某种商品产生了联想之后，他就开始想需要这件商品了，但是这个时候会产生一种疑虑："这件商品的功效到底如何，还有

没有比它更好的？"这种疑虑和愿望会对消费者产生微妙的影响，而使得他虽然有很强烈的购买欲望，但不会立即决定购买这种商品。

评估阶段。消费者形成关于商品的拥有概念以后，主要进行的是产品质量、功效、价格的评估，他会对同类商品进行比较，此时店员的意见至关重要。

信心阶段。消费者做了各种比较之后，可能决定购买，也可能失去购买信心，这是因为：

商品的包装陈列或推销员促销方法不当，使得消费者觉得无论怎样挑选也无法挑到满意的商品；

推销员专业知识不够，总是以"不知道""不清楚"回答顾客，使得消费者对商品的质量、功效不能肯定；

消费者对卖方信誉缺乏信心，对售后服务没有信心。

行动阶段。当消费者决定购买，并对店员说"我要买这个"，同时付清货款，这种行为对推销员来说叫做成交。成交的关键在于能不能巧妙抓住消费者的购买时机，如果失去了这个时机，就会功亏一篑。

感受阶段。购后感受既是消费者本次购买的结果，也是下次购买的开始。如果消费者对本次结果满意，他就有可能进行下一次的购买。

到底怎样才能有效改变顾客的态度呢？以下介绍几种比较常见的方法。

1. 适当的信息重复

重复的真正意义是使人们获得积极的熟悉感，从而更倾向于认同和选择。不过，只有适当的重复才可以增加人们的接受性。过分的重复将产生惯性，会使消费者由于厌倦不再注意那些信息。所以，聪明的广告商总是以丰富、变化的广告画面与创意去重复强调同一主题，而很少以广告的反复播放来获得重复效果。可口可乐就是以独具风情的广告来打开不同国度的市场的。

2. 唤起情绪的信息

大量研究表明，新信息激发的不同情绪状态对人的态度改变效应不同。美好的事物总会唤起人们愉悦的心情。所以，化妆品的推销小姐总是靓丽逼人，其示范行为往往会引起爱美女性的注视。

一天，为了打发等人的无聊时光，我在商场的时装区里闲逛。

"小姐，今年的最新款，您喜欢可以试试。"一位热情的导购小姐向我介绍。

"哦，我只是随便看看。"

"没有关系，不过，我觉得这款特别适合您，您可以试试。""根据您的气质就知道您穿什么样的衣服好看。不信您可以试试看效果怎么样。""没事儿，您试完了不买也没事儿，您就当尝试一下全新的风格，如果真的适合，还可以指导您以后买衣服的方向，是不是？"导购小姐一边说一边将衣服从衣架上摘下来放在我手上，"试衣间在那边。"

"您看，我说得对吧，多好看，简直就像给您量身定做的一样！"……

就这样，在本来并没有购衣计划的情况下，我买了那件衣服。

日常生活中有这样一种现象，在你请求别人时，如果一开始就提出较高的要求，很容易遭到拒绝；而如果你先提出较低的要求，别人同意后再增加要求的份量，则更容易达到目标。

心理实验证明了"登门槛效应"的存在，先得寸再进尺，往往能实现目标。

➤➤ **定律释义：** ◄◄

一下子向别人提出一个较大的要求，人们一般很难接受，而如果逐步提高要求，不断缩小差距，人们就比较容易接受。

鼓掌效应

有一位商人喜欢吃烤鸭，就高薪聘请了一位有名的烤鸭厨师。

有一天，商人奇怪地发现厨师端出来的烤鸭只有一条腿，一连几天都是如此，商人也不好意思问。

这天中午，商人发现鸭子又是只有一条腿，他实在忍不住了，就问厨师："这鸭子怎么只有一条腿，另外一条腿哪里去了？"

厨师回答说："老板，鸭子本来就只有一条腿啊。"

"胡说！"商人生气了。

"不信我带你去看。"厨师说。

于是商人就跟着厨师到后院。当时正值中午，天气很热，鸭子都在树下，缩着一条腿而以单腿站着休息。

"老板，你看鸭子不都是一条腿吗？"

商人实在很生气，就用力拍拍手，鸭子受惊了，就站起来逃了。

这时商人反问道："你看，鸭子不是有两条腿吗？"

厨师回答说："老板，你如果早点拍拍手，那么鸭子早就有两条腿了。"

不吝于赞美别人，把你的掌声和鼓励不失时机地送给那些喜欢它的人。他们受到激励后，也会更加努力地对你，你也将可以得到更多的回馈。

赞美客户有助于推销员和客户形成良好的关系，进而达成交易并保持良好的关系。赞美对于推销员来说是相当重要的，它是一件好事，但绝不是一件易事。赞美客户如果不审时度势，不掌握良好的赞美技巧，即使推销员出于真诚，也会将好事变成坏事。在赞美客户时，以下技巧是可以运用的。

1. 因人而异

客户的素质有高低之分，年龄有长幼之别，因此要因人而异，突出个性，有所指的赞美比泛泛而谈的赞美更能收到较好的效果。年长的客户总希望人们能够回忆起其当年雄风，与其交谈时，推销员可以将其自豪的过去作为话题，以此来博得客户的好感。对于年轻的客户，不妨适当地、夸张地赞扬他的开创精神和拼搏精神，并拿伟人的青年时代和他比较，证明其确实能够平步青云。对于商人，可以赞扬其生意兴隆，财源滚滚。对于知识分子，可以赞扬其淡泊名利，知识渊博等。当然所有的赞扬都应该以事实为依据，千万不要虚夸。

2. 详细具体

在和客户的交往中，发现客户有显著成绩的时候并不多见，因此推销员要善于发现客户哪怕是最微小的长处，并不失时机地予以赞美。一般来说，赞美语言越翔实具体，说明推销员对客户越了解，对客户的成绩越看重。让客户感觉到推销员真挚、亲切和可信，距离自然会越拉越近。试想，如果只是很含糊其辞地赞美客户，说客户很出色或者很优秀，就很难引起客户对推销员谈话内容的关注，有时候还会引起客户的猜疑，甚至产生不必要的误解。

3. 情真意切

说话的根本在于真诚。虽然每一个人都喜欢听赞美的话，但是如果推销员的赞美并不是基于事实或者发自内心，就很难让客户相信推销员，甚至客户会认为推销员在讽刺他。比如，一个其貌不扬的女士，推销员硬要夸她美若天仙，就很可能遭到客户的反感。一旦客户发现推销员说了违心的话，最可能的判断就是这个推销员是不可信的。因此赞美必须出于真诚，确实是客户有可以赞美的地方，才能给予适当的赞美。如果推销员实在找不到客户可以赞美的地方，赞美其所喜爱的事物和人，也不失为一种赞美对方的好方法，如赞美客户的孩子聪明伶俐等。

4. 合乎时宜

赞美客户要相机行事。开局赞美能拉近和客户的距离，到交易达成后再赞美客户就有些为过。如果客户刚刚受到挫折，推销员的赞美往往能够起到激励其斗志的作用。但是如果客户取得了一些成就，已经被赞美声包围并对赞美产生抵制情绪时，再加以赞美就容易被人认为有溜须拍马的嫌疑。赞美客户的时机选择是相当重要的，要选择恰当的时机向客户表示钦佩之情。

5. 雪中送炭

在我们的生活中，受挫折的环境实在是太多。人们往往把赞美给予那些功成名就的胜利者。然而这种胜利者毕竟是极少数，很多人在平时处处受到打击，很难听到一句赞扬的话。推销员所需要面对的客户，很大程度上都是这类人。因此推销员对客户的赞美很可能对于客户来说就是雪中送炭。推销员适时地对客户进行赞美，往往能够让客户把推销员当做知心朋友来对待。在这种环境中，最容易达成交易。当然对于推销员来说，不要心里存在任何愧疚，认为是通过和客户拉关系来推销产品，只要推销员的赞美是出于真心诚意，这种方法就是可行的。

此外，赞美不一定都要表现在言语上，通过目光、手势或者微笑都可以表达对客户的赞美之情。

➤➤ 定律释义：◄◄

不吝于赞美别人，把你的掌声和鼓励不失时机地送给那些喜欢它的人。他们受到激励后，也会更加努力地对你，你也将可以得到更多的回馈。

示范效应

有人做过一项调查，结果显示，假如能对视觉和听觉做同时诉求，其效

果比仅只对听觉的诉求要大8倍。业务人员使用示范，就是用动作来取代言语，能使整个销售过程更生动，使整个销售工作变得更容易。

优秀的推销员明白，任何产品都可以拿来做示范。而且，在5分钟所能表演的内容，比在10分钟内所能说明的内容还多。无论销售的是债券、保险或教育，任何产品都有一套示范的方法。他们把示范当成真正的销售工具。

示范为什么会具有这么好的效果呢？因为顾客喜欢看表演，并希望亲眼看到事情是怎么发生的。示范除了会引起大家的兴趣之外，还可以使你在销售的时候更具说服力。所谓"眼见为实"，因为顾客既然亲眼看到，脑子里也就会对你所推销的产品深信不疑。

平庸的推销员常常以为他的产品是无形的，所以就不能拿什么东西来示范。其实，无形的产品也能示范，虽然比有形产品要困难一些。对无形产品，你可以采用影片、挂图、图表、相片等视觉辅助用具，至少这些工具可以使业务人员在介绍产品的时候，不显得单调。

优秀的推销员一般都喜欢使用纸笔。他们都随身携带纸笔，知道如何画出图表、图样或是简单的图像来加强说明自己的论点。你还可以把你的产品的好处写下来，或者和别的产品的好处相对比，你说明的内容就会一目了然。

优秀的推销员是怎样使他们的示范发挥最大的效用的呢？

（1）先把示范时所用的台词写下来。除了如何讲、如何表达之外，还有动作的配合，有些地方可能没有台词，只有动作，顾客顺便可以松口气。

（2）要预先练习。把设计好的整个示范过程反复演练。请你的家人、同事或营业部经理来观看，提出意见。要一直演练到十分流畅和逼真，而且使观众觉得很自然为止。

（3）要随时记住"给顾客带来的好处"。要以顾客为核心，让他明白你的产品究竟会带给他什么好处。

（4）示范的时候，要用你的产品去迎合顾客的需求，而不是要求顾客去顺应你的主张。

（5）尽量让顾客参与示范。柯达公司常嘱咐自己的业务人员："要把相机递给顾客，好让他们自己亲自查看我们的产品"。

（6）在顾客开始厌倦之前就把产品拿开，这样可以增强顾客想要拥有这个产品的欲望。

（7）在展示说明的时候，要让顾客同意你所提到的每一项产品的好处。

（8）操作产品的时候，要表示出珍重爱护的态度。比如，像鞋店的销售员拿鞋出来给顾客试穿之前，要把鞋子擦亮，珠宝商将展示的珠宝放在天鹅绒上面等。假如你的产品十分轻巧，拿的时候要稍微举高，并且慢慢旋转，好让顾客看得清楚。要不时对自己的产品表示赞赏，也让顾客有机会表示赞赏。

（9）要在示范中尽量使用动作。别只是展示你的机器——要操作机器给对方看；别只是展示图表——要当场画给对方看。

（10）假如你的产品无法展示出来给大家看，可以打个比方或使他联想，使他能获得生动的理解。

也许你的商品很普通，但你如果能用示范动作将商品的使用价值栩栩如生地介绍给客户，也一定会引起其注意。

举个例子，当你向客户推销太阳伞的时候，你干巴巴地说上半天，倒不如轻松地将伞打开，扛在肩上，再旋转一下，充分地展示出伞的风采，会给客户留下很深的印象，从而对你的商品产生好感。

如果你能用新奇的示范动作来展示你很平常的商品，那么效果就会更好。例如，你在推销一种油污清洗剂，一般的示范方法，是用你推销的清洗剂把一块脏布洗净。然而如果一改常态，先把穿在你身上的衣服袖子弄脏，然后用你的清洗剂洗净，那么这样示范的效果当然同前者不大一样。

如果你所推销的商品具有特殊的性质，那么人的示范动作就应该一下子能把这种特殊性表达出来。例如，你在推销一种十分结实的钢化玻璃酒杯，你可以让酒杯互相碰击而不会破碎；同时，你再向客户说明这种酒杯特别适合野餐使用，他们便不会感到吃惊。

常言道：若要顾客对你推销的产品发生兴趣，就必须使他们清楚地意识到他们在接受你所推销的产品以后会得到好处。这一说法是相当富有哲理的，所以人们很容易接受。但在实际推销工作中，它又往往被人们所忽略。为了尽快引起顾客的兴趣，你可以在业务洽谈一开始就向顾客介绍你的产品到底有哪些具体优点，同时，还必须向顾客证明你的产品确实具有这些优点。

陈述某一事实与证实某一事实不能画等号。同样，重复你说过的话是一回事，用事实证实你说的话则是另外一回事。这两者之间不能画等号。做示范是向顾客证实所提供的产品确实具有某些优点的极好方法。熟练地示范

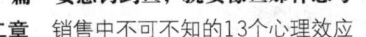

你推销的产品能够吸引顾客的注意力，使他对产品直接产生兴趣。有时候你所推销的产品是不能随身携带的，在这种情况下，你可以借助产品的宣传、资料、数据和其他一些器具，向顾客宣传介绍你的产品。你应尽量少谈论产品而尽可能快地让顾客亲自检验产品的质量。让顾客亲眼看一看、亲手摸一摸，比其他任何一种方法都更具有说服力。

让顾客把千斤顶举起来，用力摔在坚硬的路面上，看他是否能把千斤顶摔坏。这种方法比任何口头宣传都更有说服力。如果你的涂料没有什么味道，那你就不必费口舌，而是让顾客亲自闻一闻，然后再让他闻一闻气味浓重的竞争产品。为了证明你的小型装置坚固耐用，可以让顾客用各种错误的方法进行操作，看他能否把小型装置损坏。在事实面前，顾客只能相信这种小型装置确实质量可靠。为了向顾客说明一辆小汽车加速器的性能特点，你可不必让顾客看那密密麻麻的数据，只需邀请他和你一起外出试车，并且让他拿着秒表，这就足以使他心服口服了。如果你想说服顾客安装空调设备，让他到两间不同的办公室走走，体验一下。其中一间安装了空调设备，室内空气清新，凉爽宜人，而另一间没有安装空调设备，室内空气混浊，大有令人窒息之感。

因此，示范是你向顾客提供的一种证据。在进行业务拜访的准备工作时，你可以经常这样问一问自己：我要向顾客示范些什么呢？只有对这个问题做出了正确回答，做示范的目的才更明确，效果才会更好。

➤➤ 定律释义：◀◀

好产品不但要辩论，还需要示范，一个简单的示范胜过千言万语，其效果可让你在一分钟内，做出别人一周才能达成的业绩。

皮革玛利翁效应

1968年，美国心理学家罗塔尔森和雅各布森做了一次有趣的试验：他们对一所小学的6个班的学生成绩发展预测，并把他们认为有发展潜力的学生名单用赞赏的口吻通知学校的校长和有关教师，并再三叮嘱对名单保密。实际上，这些名单的人名是他任意选取的。然而让人出乎意料的是，8个月以后竟出现了令人惊喜的奇迹：名单上的学生个个学习进步、性格开朗活泼、求知欲强、与教师感情甚笃。

为什么8个月之后竟会有如此显著的差异呢？

这就是期望心理中的共鸣现象。原来，这些教师得到权威性的预测暗示后，便开始对这些学生投以赞美和信任的目光，态度亲切温和，即使他们犯了错误也没有严厉地指责他们，而且通过赞美他们的优点来表示信任他们能改正。实际上他们扮演着皮革马利翁的角色。正是这种暗含的期待和赞美使学生增强了进取心，使他们更加自尊、自爱、自信和自强，奋发向上，故而出现了"奇迹"。这种由于教师的赞美、信任和爱而产生的效应，他们把它命名为"皮革马利翁效应"。

"皮格玛利翁效应"留给我们这样一个启示：赞美、信任和期待具有一种能量，它能改变人的行为，当一个人获得另一个人的信任、赞美时，他便感觉获得了社会支持，从而增强了自我价值，变得自信、自尊，获得一种积极向上的动力，并尽力达到对方的期待，以避免对方失望，从而维持这种社会支持的连续性。然而，遗憾的是，现实生活中人们似乎都已经遗忘"信任""期待"和"赞美"这几个词了，他们对身边那些在生活、工作和学习中一时不理想的人们往往不是给予鼓励和耐心的帮助，而是讽刺、挖苦，并且总是用一种老眼光和轻视的态度冷落他们，使他们的自尊心和自信心大大地受到伤害以至于感到心灰意冷，气馁自卑，甚至性格孤僻、沉默寡言，长此以往，便使他们禀性难移了。

玛丽·凯化妆品公司的创始人玛丽·凯在她的畅销书《玛丽·凯论人事管理》里面写道："每个人都与众不同。我真地相信这一点。我们每个人都会自我感觉良好，但我认为让别人也这么想同样重要。无论我见到什么人，我都竭力想象他身上显现一种看不见的信号：让我感觉自己很重要。我立刻就对此做出反应和表示，于是奇迹出现了。"

这就难怪玛丽·凯能够成为美国历史上成功的女商人之一。她懂得如何让别人自我感觉良好，从而达到推销的目的。

没有人喜欢在别人的面前显得地位低微，即使是在做一件不太大的事情，你也要看到他做的事情的重要性。因为，任何事情都会有智慧的亮点，你要善于抓住那些亮点。

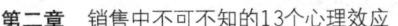

这实际上就是去设法让人们知道你对他们真地很感兴趣。下面是优秀推销员的经历。

当一位满身尘土、头戴安全帽的顾客走进店里，推销员就对他说："嗨，你一定在建筑行业工作吧。"很多人都喜欢谈论自己，于是推销员尽量让他无拘无束地打开话匣子。

"您说得对。"他回答道。

"那您负责什么，钢材还是混凝土？"推销员又提了个问题想让他谈下去。两个人就这样聊了起来。

还有一个推销员问一位顾客做什么工作时，他回答说："我在一家螺丝机械厂上班。"

"那您每天都做些什么？"

"造螺丝钉。"

"真的吗？我还从来没见过怎么造螺丝钉。哪天方便的话，我真想上你们厂看看，您欢迎吗？"

推销员做的只是让他们知道他重视顾客们的工作。或许在这之前，从未有谁怀着浓厚的兴趣问过他这些问题。

等到有一天推销员真地去工厂拜访那位顾客的时候，那位顾客喜出望外。他把推销员介绍给年轻的工友们，而推销员则趁机送给每人一张名片。正是通过这种策略，优秀的推销员获得了更多的生意。

➤➤　定律释义：◄◄

对每个人都重视，并养成一个良好的习惯，你就会发掘出更多的潜在顾客。没有人不喜欢别人的尊重，尊重的作用是相互的，你在尊重别人的同时，可能一个潜在的客户就产生了。

凡勃伦效应

你能想到日常生活品中有哪种植物的价格会气死钻石吗？在4月18日这个"死要发"的日子，在美丽的天堂杭州，就冷不丁冒出了一种：2两西湖龙井御茶，拍卖了14.56万元，也就是每500克72.8万元，也就是每公斤145.6万元，这个天价远胜黄金、贵比钻石。

美国制度学派经济学家凡勃伦如果活着，听到这个消息的话一定会嫣然一笑。凡勃伦这老兄最早注意到存在于消费者身上的一种商品价格越高反而越愿意购买的消费倾向，于是有了"凡勃伦效应"之称。在凡勃伦效应中的消费目的，已不仅仅是为了获得直接的物质满足与享受了，而更大程度上是为了获得一种社会心理上的满足，甚至以期获得更广泛的社会广告效应。这种"炫耀性消费"，或者说是"炫耀性投入"，似乎越来越受有钱人的欢迎了，无论是个人消费者还是单位消费者，都喜欢乐滋滋地一头扎进去。

"凡勃伦效应"在经济学领域得到了广泛证实，同样是一种经济活动，在推销工作中我们也可以得到一些启示。

人人都有虚荣心，只是程度不同罢了，先看两个实例。

例一，某位保险推销员在和一位顾客进行沟通。

推销员：您每月的收入与花在其他方面的钱还不如抽一部分来为自己买一份保险。

顾客：是啊，我每月最大的支出就是衣服和化妆品，你看，这件刚买的上衣8000多元……

例二，在一家首饰商店里，一位顾客正在选戒指。

店员：您看看这款，价格还是比较实惠的。

顾客：哎哟，这哪行啊，我的项链2万多元呢，至少得和它相配才行吧……

有的顾客在与人交往时喜欢表现自己，突出自己，不喜欢听别人劝说，任性且嫉妒心较重。有很多时候推销员可以从顾客的表情和语言来判断出这类顾客，他们在与推销员沟通时会着重显示他们的高贵，即便有时在吹牛。

对待这类顾客要以熟悉并且感兴趣的话题，为他提供发表高见的机会，不要轻易反驳或打断其谈话。在整个推销过程中推销员不能表现太突出，不要给对方造成对他极力劝说的印象。如果在推销过程中你能使第三者开口附和你的顾客，那么你会在心情愉快的情况下做出令你满意的决策。对待这类顾客有以下几种办法。

1. 赞美，甚至奉承

对待虚荣型顾客，即使你早已看出他在吹牛，也要假装糊涂地附和一阵："你穿上它好漂亮啊！""它真适合您的气质呀！"甚至奉承他/她道："你真会买东西啊！"

像这种"谎言"，说上几箩筐也没关系，既给人家以快乐，又锻炼自己的口才，何乐而不为呢？记住，一个善于包容他人缺点的人，总比别人多拥有成功的机会。

当然，"奉承"的时候千万不能说漏了嘴。比如，"某公司早就有了比你先进得多的产品了"之类，易引起顾客的反感，相反，你可以说"某公司花了3倍的价钱才买到"来激发他的购买欲。

2. 刺激

比如，故意对对方说："某明星虽然年纪也有你这么大了，可还是那么漂亮。"此时如果对方立即变脸或面红耳赤，您的目的便已达到，应立即采取补救措施，迅速说出该明星的若干不是来，批评一通，对方肯定会做出非常愉快的表情。

然后，你便接着先赞美你的嫉妒心强的这位顾客，而且最好跟不特定的多数人做比较，数出他或她的"优点"，效果会更好。

我们所处的时代是强者辈出的时代，很多人都会感到自卑，感到和别人有差距，他们需要得到别人的赞美才能够很自信地活下去。因此，满足客户的虚荣心也成了推销的重要内容。

推销员一定要让自己的客户有优越感。毕竟每个人都有虚荣心，而能让人虚荣心得到满足的最好方法就是让对方产生优越感。

虽然生活中不缺乏功成名就的成功人士，但是并不是每一个人都能功成名就，也并不是每一个功成名就的人都能使自己的优越感得到满足。在现实中，我们大部分人都过着平凡的日子。每个人在日常的生活中都要承受来自许多方面的压力，其结果往往处处受制于人。正是因为人们普遍是这种状态，所以绝大多数的人都想尝试一下优越于别人的滋味，因此也喜欢那些能满足自己优越感的人。对于推销员来说，客户的优越感一旦被满足，初次见面的警戒心就会自然消失，彼此的心理距离就会无形地拉近了，双方的交往就能向前迈进一大步。

在满足客户虚荣心方面，从事房地产的推销员表现得最为突出。这些推销员在正式上岗之前都要经过一系列的特殊业务培训，以期在与客户讨论住房时能够最大限度地表现出他的专业与真诚。他们会千方百计地取得客户的信任和认可，即使他们的最终目的只是为了钱。在取得信任的过程中，各种方法无所不用其极。其中最主要的方法就是恭维客户，满足客户的虚荣心。在购房谈判中，推销员会努力迎合客户的心理，对客户一知半解甚至是全然不通的房地产知识大加赞誉，客户便在虚荣心的满足中，忽略对住房重要细节和问题的考察，而头脑一热签下了合同。只要和客户熟了，以后的事情都好办。正如一位专家所说，没有阳台的楼房他就建议客户说没阳台的可以尽可能地减少灰尘进屋，或者说这样的房间利用率大；朝向采光不好的房子他就说对面的视野比较开阔，或者以该朝向附近的绿地多为借口。总之他会让客户觉得他始终是在为客户着想。

但是需要注意的是，巧妙的阿谀奉承虽然能够满足一些人的优越感，但是拙劣的奉承往往会激怒客户。因此，奉承一定要选择较好的时机和恰当的人。一般来说，让人产生优越感最有效的方法是对于他自己感到骄傲的事情加以赞美。

此外，对于推销员来说，还必须保证他的赞美不能说得过多，说得过多很容易使客户产生厌倦，认为这个推销员不够牢靠诚实。对不同客户的赞美应该是不同的，而且最好别在同一场合对不同客户同时加以赞美，这样显得推销员的赞美分文不值。

▶▶ **定律释义：** ◀◀

对于推销员来说，客户的优越感一旦被满足，警戒心自然就会消失，彼此的心理距离就会无形地拉近了。

光环效应

"光环效应"又被称为"晕轮效应"，最突出的表现为人们对人、对事物的看法。比如，如果认为某人具有某个突出优点，这个人就被积极肯定的光环所笼罩，并被赋予更多好感；如果认为某人具有某个突出缺点，这个人就被消极否定的光环所笼罩，甚至认为其他方面都不好。"爱屋及乌""情人眼里出西施"也是这一效应的突出体现。

更有一种现象是"光环效应"的突出体现。在现实生活中，我们往往看到很多的名人广告，歌星、影星、体育明星所做的一些宣传更容易被消费者所接受，这种名人效应也给推销工作带来了很多启示。顾客往往会相信一些知名度高的、信誉好的商品，这是顾客"求名心理"的突出体现。

求名心理是指相当多的客户在购买商品时，喜欢选择自己所熟悉的，而在熟悉的商品中，又特别喜欢购买名牌产品。名牌产品是企业经过长期苦心经营而为产品或企业获得的市场声誉。在客户眼中，名牌代表标准，代表高质量，代表较高的价格，也代表着客户的身份和社会地位。客户往往会为了追求产品的质量保证，或者为了弥补自己产品知识的不足而选购名牌产品。当然也有些客户购买名牌是为了炫耀阔绰或者显示自己与众不同的身份和地位，以求得到心理上的满足。不管客户购买动机如何，名牌产品成为众多客户的偏好是不争的事实。

购买名牌产品的客户通常是高收入者和赶时髦者。他们对产品品牌往往十分敏感，品牌形象一旦受损，他们就很可能自动放弃购买。求名心理最多表现在客户对服饰、轿车、烟酒等品牌的追求上。

求名心理在我国表现得尤为明显。有着光耀门楣和衣锦还乡传统的中国人在富裕以后的第一件事情就是确定自己的地位。改革开放20多年来，我国消费群体发生了翻天覆地的变化，这些变化都导致了求名心理的产生，主要集中在以下几方面。

1. 年轻化

英雄出少年，这种说法在网络经济时代表现得尤为突出。很多成功人士都年纪较轻，即使是年长的成功人士也出于对子女的溺爱，将大笔财富交给子女处理。因此，青年一代的消费热情产生了众多的消费热点和时尚，成功人士的年轻化更是带动了消费主体的年轻化。

2. 富裕化

我国居民生活水平迅速提高，在家庭收入中，食品支出的比重越来越小。产品消费中过去低价位的产品也开始转变为电脑、汽车、住房新三大件高价位产品。富裕的国人开始求名。

3. 理想化

富裕的人们开始了个性化消费，他们对新鲜事物孜孜不倦地追求，讲究消费品位。

基于以上三点，不难看出消费者的求名心理日益重要起来，因此推销员在推销的过程中，针对具有上述特征的人士要采用求名策略。重点宣传其产品的知名度和美誉度，还可以强调该产品生产企业的规模和实力，这些都能促进客户购买。推销员进行推销的过程中，需要辅之以必要的广告宣传，如推销员对产品进行介绍的同时，还可以引用一些名人的推荐或该产品在电视上的宣传。不过一般来说，如果该产品在电视展露程度比较高的话，就不会采用人员推销的方式来进行产品推广；相反，正是一些展露程度很低的产品才十分依赖人员推销来打开市场。

在利用求名心理时要注意不能给客户造成价格相当便宜或者相当昂贵的印象。因为价格相当便宜，产品质量就值得怀疑；而价格相当昂贵，客户一般不会在推销员手中购买产品。价格适中是最好的选择。

➤➤ **定律释义：** ◄◄

求名心理在我国表现得尤为明显。有着光耀门楣和衣锦还乡传统的中国人在富裕以后的第一件事情就是确定自己的地位。

心理距离效应

西方的"刺猬理论"的大致内容是这样的，刺猬浑身长满针状的刺，天一冷，它们就会彼此靠拢，凑在一块。但仔细观察后发现它们之间却始终保持着一定的距离。原来，距离太近，它们身上的刺就会刺伤对方或者对方刺伤自己；距离太远，它们又会感到寒冷。只有若即若离，距离适当，才能既保持理想的温度，又不伤害对方。

这也被称为"心理距离效应"。

"刺猬理论"也给推销工作提供了一些启示，有一个普遍的现象，当推销员认准一位客户后，千方百计地想达到成交的目的，于是，推销员与客户之间的共同话题就是关于产品、关于价格等，一切好像都是为了这一次的推销成功而设计的。其实，有的时候给顾客留下一定的空间，甚至放弃这次推销，在长远看来也是有好处的。

在正式面谈过程中，推销员应该及时提示推销重点，开展重点推销，告诉顾客，吸引顾客，说服顾客。在处理顾客异议时，推销员也应该提示有关推销要点，补偿或抵消有关购买异议。到了成交的阶段，似乎该说的都说了，该看的都看了，顾客已经明确了推销要点，不用再做更多的说明了。但是，为了最后促成交易，推销员应该讲究成交策略，遇事多留一手，等到成交时再一一提示有关有利于成交的推销要点和优惠条件，促使顾客下定最后的购买决心，有效地达成交易。

在实际推销工作中，推销员要注意提示的时机和效果，面谈内容应逐步深入，首先要诱发顾客的购买欲望，并且要留有一定的成交余地，推销重点先留一手，到了最后的关键时刻再行提示，这是成交的最后法宝。但是，有些推销员不了解顾客的购买心理，面谈起来口若悬河，一泻千里，推销要点暴露无遗，这样既不利于顾客接受推销信息，又不利于最后成交。如果推销员在面谈时和盘托出，这样就会变主动为被动，因此，推销员应该讲究成交策略，多留几手绝招，除非万不得已，否则绝不轻易亮出王牌。既要及时提示推销重点，又要充分留有成交余地。例如，在成交关头，推销员可以进一步提示推销重点，加强顾客的购买信心，如"还有3年免费保修服务呢？""还有两件赠品呢？""还有这个特点呢？"等。

另外，还应该特别指出，推销员也要为顾客留下一定的购买余地，即使这一次不能成交，也希望日后还有成交的机会。

总之，在成交过程中，推销员应该讲究一定的成交策略，坚持一定的成交原则。也就是说，推销员应该密切注意成交信号，灵活机动，随时准备成交；推销员应该培养正确的成交态度，消除各种成交心理障碍，谨慎对待顾客的否定回答；推销员应该充分留有成交余地，利用一切可以利用的成交机会，有效地促成交易。当然，在实际推销工作中，推销员既要讲究成交策略和原则，也要讲究技术和方法。只有适当运用有效的成交技术和成交方法，推销员才能成功地促成交易，完成推销任务。

有时虽尽到了最大的努力但仍然落空，这是常有的事。客户拒绝订货的语言表达形式很多，一般来说有以下几种：

"我们可以订货，但库存还有不少，下次再说吧。"

"我们再考虑考虑、研究研究？"

"虽说这次不能订货，我们还是希望您能再来。"

"对不起，实在不能再订了。"

推销人员要认真分析对方拒绝的形式，再仔细琢磨其中的每一个字，以便考虑如何进行"下一步攻势"等有关事项。

推销员费了九牛二虎之力，如果没有拿到一份订单，心里一定很颓丧。如果被对方看出自己那副垂头丧气的样子会非常不利。不要幻想对方会同情你，你的那副样子与其说会使对方同情，倒不如说会使对方反感和恶心，对方会因此而不想再接待你了，所以心里虽不高兴，但表面上应开朗自若，千万不要翻脸，应保持原来的那副可亲的脸，一边收拾整理资料，一边还要再说上几句恭维对方的话，这样一来，你那不气馁的态度会给对方留下深刻的印象。到用户那里访问，见面时和告别时的客套话也是同等重要。

告别时，可恭敬地说，"在您百忙之中打扰您这么长时间，真不好意思""下次拜访时还请您多关照"，同时向对方深深地行个礼，离开接待室的路上遇见其他员工也要一边点头告别，一边说"打扰了""失礼了""再见"等。

透过对客户的访问可以使你累积一定的经验，使你明白，即使挖空心思地用和蔼可亲的语调与对方会谈也可能空手而回。这种情况下，当你走出谈判的大门，大概会痛感现实的残酷吧，不过请你不要灰心，因为今天的失败有可能为明天的胜利播下希望的种子。

访问而被对方拒绝时，分析研究应如何应付下一仗是至关重要的。

➤➤ 定律释义：◀◀

有的时候给顾客留下一定的空间，甚至放弃这次推销，在长远看来也是有好处的。

第三章

有效读懂顾客心理的5种方法

方法之一：专业的顾客调查

　　顾客调查为市场预测和经营决策提供准确的情报资料，是市场预测和经营决策的基础。

　　许多企业，尤其是中小企业认为市场调研可有可无，同时市场调研代价比较高，且调研业绩不明显，相对于此方面则更愿意将资源投在产品研发、人员培训和设备升级更新上。还有些企业的市场调研工作仅仅流于形式，将市场调研当做一件漂亮的装饰品，而忽略其真正的意义。这些企业并不在乎调研的真实性、有效性和可靠性，仅想借此来衬托企业对市场调研和消费者的形式上的"重视"。而我国市场上的知名企业，尽管有着丰富的经验，并拥有一系列成功的产品，但每年都坚持着对市场的调研。它们的成功大多与关注消费者需要、重视市场调研密不可分。

　　顾客需求调查，如购买某种产品（或服务项目）的顾客大都是些什么人（或社会团体、企业），他们希望从中得到哪方面的满足和需求（如效用、心理满足、技术、价格、交货期、安全感等），现时哪些产品（或服务项目）能够或者为什么能够较好地满足他们某些方面的需要等。

　　我们来看一个例子：有个人发现中国生产男式西装的厂家不多，于是就开了一间厂，他想，中国十几亿人口，就算女的有一半那剩下的还有几亿人，市场份额很大，于是就做了，没想到赔了很多钱，就找市场调查人员请教。人家跟他说，即使中国有12亿人口，除去女性还有6亿，除去老人、小孩子、学生还有2亿，除去农民、工人等不需要穿着西装的职业还有1亿多，目前生产西装的厂家，已经足够满足市场需要。没有做足前期的市场调查就贸然地下决定，对企业来说无疑是在冒险，往往会遭受巨大损失。

顾客调研是所有企业生存和发展的一个重要环节，优秀的企业和专业机构每年都会投入大量经费进行市场调研。主要了解市场商品需求的数量、结构，产品市场寿命周期，对新产品的需要，以及与此有关的消费者的收入水平、人口数量和构成，为发展生产的投资部署，商品价格水平，消费者购买行为，政治、文化等一系列影响市场商品需求的因素。通过顾客的调查，可以了解商品需求总量和需求构成，以及对产品的花色、品种、价格等的具体要求，可以了解一种新产品是否受到消费者欢迎，有多大市场容量，有无发展前途。

顾客的需求应该是企业活动的中心和出发点，因而调查消费者或用户的需求，就成了市场调查的重点内容。这一方面主要包括：服务对象的人口总数或用户规模、人口结构或用户类型、购买力水平及购买规律、消费结构及变化趋势、购买动机及购买行为、购买习惯及潜在需求，对产品的改进意见及服务要求等。

中国南方流行的衣服可能在北方卖得不是很好，因为北方人不论是身材还是喜好上都会较南方人有所差异。所以在销售商品前，要了解消费群体的流行趋势、商品基本规格及政策法规等情况，确保您的商品符合当地的习俗和潮流。

在传统计划经济时代，由于产品市场供不应求，产品不愁没有销路，企业根本不重视把握和了解顾客的需求。如今已进入了需求导向型的经济时代，市场需求是企业一切工作的起点和归宿，当今世界成功的企业无不高度重视市场需求、把握需求和理解需求。海尔成功的一个重要经验就是不断调查了解客户需求，然后根据客户需求开发客户真正想要的产品。实践证明，对需求了解越清楚，越能为客户提供差异化、独特的产品，越有利于企业制订差异化营销策略，从而使企业赢得竞争优势。

毫无疑问，了解市场、把握客户需求非常重要。只有真正了解自己的客

户需求，才能制订出一系列富有竞争性、差异化、量身定制的经营策略，开发出市场需求的产品，在市场竞争中不断发展壮大。

满足顾客调研方面，北辰购物中心做了很好的示范：

北辰购物中心认为要满足顾客的需要，就要了解顾客是谁，他们需要什么，要做到这一点，首先要做的是对顾客的调查。北辰购物中心每年都要请专业的调查公司或自行组织进行一次大规模的顾客调查，再辅以不定期的小型专项调查。调查的目的是掌握商圈内消费者的基本特点及主体消费人群的消费水平、结构、倾向和购买行为特点，在商品档次、价格、品牌选择倾向性以及对购物中心在经营范围、商品档次、价格层次、布局及服务上的期望。

北辰购物中心的顾客研究包括专题研究、分段研究和分类研究，而所有这些研究都围绕着一个共同的中心：顾客。这些研究使决策人员时时掌握周边地区的消费群结构和消费行为趋向。此外，北辰购物中心还不断进行业态与市场定位的研究，以便形成稳定的顾客群体，保证销售的旺盛势头。

北辰购物中心了解顾客的需求，并满足这些需求，是它之所以一枝独秀的重要原因。

方法之二：亲自进行客户访谈

很多企业强调售后服务，因此加大客服中心建设……企业照着"顾客的想法"去实现，可是结果呢？并没有得到合理的回应。

这种不合理的现象，是企业不了解顾客消费心理造成的。国内很多企业喊着"顾客至上""一切以顾客为中心"的口号，真正把服务做成功、获得顾客肯定的有多少呢？消费者口里翻来覆去的成功企业，就只是寥寥可数的几家。

并不是说口号错误，而是企业理解有误。很多企业把它们理解成提供微笑服务，提供最好的服务。企业口里说的是顾客，其实一切都只从自身出发，按自己的设想来设计服务。设想顾客需要微笑，需要热情的问候，也需要其他的服务。

顾客怎么说的？

"真不想走进那家店，服务员笑起来好假。"

"服务员对着我微笑，好像我不买东西很对不起她们似的，可买的东西又不是我喜欢的，下次不去了。"

"那些服务员总是问我需要什么帮忙，她们不要这么热情就是最大的帮忙了。"

……

有时我们所掌握的"顾客的需求"并不是真正的需求，所以服务不能触动顾客的心，不能得到良好的回应。

我们设想得再周全，计划可能也会落空。就像建房子，因为选择的是沙地，房子虽然建得非常坚固，设计很完美，但还是不稳当的，沙子稍微移动，房子就斜了，补救加固只能一时奏效，最终还是逃不掉轰然倒下的命运。

其实，所谓的"顾客至上""一切以顾客为中心"，指的是企业要以顾客作为基点，探求顾客的需求，摸透其消费心理，再设计相应的服务。

美国一家旅游公司的负责人说，我们对市场非常了解，顾客想要什么，我们统统知道。很多人退休了没事做，这一定是很大的一块市场。这家旅游公司看到这点，马上开发一个新产品，把退休人员组合起来。旅程简单，旅程上只安排美国食物，护士随团跟着，这样顾客旅游就不会感到劳累，也不用担心健康问题。

旅游公司满怀信心，推出首期，市场反应怎么样？看销售量就知道，顾客不愿意购买这样的旅游产品。

这是怎么回事？

原来，旅游公司是一厢情愿，站在自己的角度去思考顾客的需求。这个基点错了，顾客需求不是思考出来的，是听出来的，听顾客的心声，亲自去找顾客访谈，找老年人谈话。

访谈后旅游公司才发现，老年顾客不愿意玩伴全是老年人，希望游览新的景点，跟年轻人、当地的居民组合起来。他们想要尝鲜、体验当地风情，并不特别担心健康问题，不要当他们是需要护士跟着的病人。

多了解顾客，多和顾客进行访谈，我们才知道，方向不对了，跟顾客真正的需求南辕北辙。花那么多心思、那么多资源在策划实施上，结果都白费

了。顾客对企业的服务不感兴趣，不愿意为此买单。

访谈是企业了解客户最有效、最直接的途径，可以通过访谈了解客户产品知识、业务知识、客户内部信息、客户存在的问题与困惑、客户的需求与期望，甚至通过访谈向客户要答案。

并且，访谈可以建立客户关系，通过访谈积累客户资源，发现重点、有潜力的员工，培育良好关系。

访谈是企业惯用的方式，企业对它们的操作方法大多非常了解。要提醒的是，这种方式的运用，要尽量简单，容易操作。重点是问题的设计，要符合顾客的心理。最好请专业的咨询公司来设计。问题设计不合理，不仅无法收集到有效的资料，而且浪费企业的资源，甚至使企业做出不适当的决策。

这就好比做衣服，要做出一身合适的衣服，最关键的就是找个专业的师傅量身。尺寸不对，再好的面料，再巧的做工，也是白费了。

在访谈的过程中目标一定要明确，访谈不是闲聊，有时候觉得聊得比较投缘，或者对方比较能侃，就聊得天南地北的，到最后获取的信息都是没有价值的。大部分的访谈就是为了挖掘客户存在的问题，当受访者在向我们描述问题时，这个时候，我们可以尽量地思考相应的解决方法思路。

比如，在某些高层访谈中，小倩扮演B角色，也就是负责做记录，她就边做记录，边针对高层所反应的问题迅速思考一些解决思路。这样做就很好，一些人也许会以为做访谈记录非常枯燥而浪费时间，没有意思。但是我们在记录过程中完全可以进行一些思考，锻炼快速生成方案的能力。我们说得越多，索取的信息就越少，高效的访谈者说的比例一般只占5%左右。

如果觉得受访者谈到的某些点对项目很有价值，这个时候不妨及时地将记录突出显示或加粗，当你在整理汇总访谈记录时，就能节约很多的时间。同时注意，对一些基层员工，一定要跟他说明此次访谈的目的，以及保密声明，这样才能消除顾客的戒备心理。

把握以上的一些要点是取得访谈成功的关键，访谈的过程是了解顾客需求的过程，也是开发潜在消费者的过程，因此一定要加以重视，并在访谈的最后真心地感谢顾客的参与，这是最基本的礼貌。

方法之三：观察顾客的行为

人的任何行为表现都与内心活动有关，反映着内心活动的一个侧面。顾客也是这样，营销人员可以从顾客的行为中，发现许多反映顾客内心购买活动的信息，观察能力成为揭示顾客购买动机的重要一环。

顾客是千差万别的，不同年龄、不同性别、不同职业的顾客对服务的需求也是不同的。顾客在不同的场合、不同的神态下，其需求也是不一样的。这当中有些是一眼就能看出的，这时服务员可以就客人年龄的大小、性别的不同提供相应的服务。有些是并不能简单地凭肉眼就能观察出来的，而需要借助其他方式去揣度。例如，顾客在点菜时喜欢麻辣类的，服务员就可以向顾客推荐一些类似的菜肴。

要善于观察人物语言，从中捕捉顾客的服务需求。语言是服务员判断顾客真实心理需求的一个非常重要的根据。服务员从与顾客的交际谈话或顾客之间的谈话、顾客的自言自语中，往往可以辨别出顾客的心理状态、喜好、兴趣及欠满意的地方。例如，顾客在吃风味汤圆的时候，服务员在餐桌旁听到顾客自言自语地说"要是甜一点就好了"，细心的酒店员工马上给顾客送上了糖，使顾客感动不已。再如，几位顾客边说边笑进了餐厅，服务员听到，一位顾客说到了海滨城市，能尝尝海鲜就好了。点菜的时候，服务员就站在一旁说，几位先生不是想尝尝海鲜吗，随之，这位员工马上向顾客介绍了酒店的一系列海鲜菜肴，并详细介绍了烹饪方法、风味特色、营养成分，津津有味的介绍让顾客们胃口大开，急欲一尝，品尝完之后，顾客连声叫好，并对服务员赞扬不已。

顾客的心理非常微妙地体现在顾客的言行举止中，服务员在观察那些有声的语言的同时，还要注意通过顾客的行为、动作、仪态等无声的语言来揣度顾客细微的心理。一次，上海一家酒店的员工注意到，一位年龄较大的美国客人在吃煎蛋时，没有像其他客人那样在鸡蛋上撒盐，而是先用餐巾纸将煎蛋上的油非常小心翼翼地吸掉，再把蛋黄、蛋白用餐刀切开，再就着白面包把蛋白吃掉。第二天，当那位美国客人再次来餐厅用早餐时，酒店员工送上的煎蛋只有蛋白而没有蛋黄，这让美国客人感到异常惊喜，后来，酒店员工从顾客的叙述中才得知，这位美国客人患有严重的高血压症，对食用油脂性、高蛋白的食品非常小心谨慎。

　　既要使顾客感到服务员的服务无处不在，又要使顾客感到轻松自如。不适当的亦步亦趋，只会使顾客感到心理上的压力。例如，顾客在商场部选购物品时，服务员就不能紧紧地盯着顾客，这样会使顾客感到非买不可的压力，浑身不自在。服务员应当为顾客创造出一种宽松的购物环境，让顾客自由地挑选，但同时又不能流于放任，当意识到顾客对某件物品感兴趣或准备购买时，服务员应当及时地上前予以介绍。这样使顾客既感到自由空间的被尊重，又时时能体会到服务员的关切性的注意。

　　有一张图片，图片中站着一个人，眼睛看着围墙外面，那个外面就是市场。人们常常闭门造车，想当然、关起门来做决策，用自己的想法去替代市场的实际情况来下判断、做决策，这是不对的，要仔细分析市场，清楚地把握顾客在想什么。

　　美国沃尔玛的老板在去世以前有一个习惯，在看他的门面时，他喜欢站在门口。他说公司到底碰到什么问题，顾客对公司有什么想法，要站在门口才能发现。一家酒店最容易出现问题的地方一定是在它的大堂，所以酒店一定有一个大堂副经理，这个大堂副经理就是要替酒店经理去负责观察这个市场。可惜很多大堂副经理只是坐在那里打电脑，或者在写公文或看文件。大堂副经理要站到大堂的中间去看整个大堂，看它发生了什么事儿。就像美国沃尔玛的老板一样，站到门口去看看顾客发生了什么事儿。所以刚才说的图片给人们的启发是：经理人应该跟市场接近，应该站在"围墙上面"看看市场中发生了什么事情，注意顾客在想什么。

　　黛安芬是一个女性内衣品牌，进入中国以后，在北京等地举办了"幕追尼"商桥的表演，从此之后内衣就卖得非常火爆。黛安芬的老板说女性的钱是赚不完的，关键问题是你知道女性正在想什么，这一点最重要。黛安芬从来不讲卖女性的内衣，而是讲改善女性的穿着文化，站在女性的立场上去思考问题，抓住女性心中真正最想追求的东西。所以要思考顾客在哪里，就是经常要把脑筋摆在顾客的身上，而不是闭门造车，坐在房间里面替顾客做决策。

我们要通过行为观察顾客所处的那个心理阶段，不能一见到顾客就恨不得马上卖他几件，而是应该耐心地一步步引导到最后的销售。顾客的行为往往是心理的外在表现，如果能自己观察顾客的行为，就不难发现顾客的心理需求。

方法之四：倾听顾客的声音

"喜欢说，不喜欢听"乃人性的弱点之一，如果一味地去表述自己的观点，可能就会引起争论或者马上使顾客忘掉你所说的话。优秀的服务人员要善于掌握这种人性弱点，让顾客畅所欲言，不论顾客的称赞、说明、抱怨、驳斥，还是警告、责难、辱骂，都要仔细倾听，并适当有所反应，以表示关心和重视。因为顾客所言是"难以磨灭的"，服务人员可以从倾听中了解到顾客的购买需求，又因为顾客尊重那些能认真听自己讲话的人，愿意去回报。因此，倾听——用心听顾客的话，不论对导购新手还是老手，都是一句终身受用不尽的忠告。

不善于倾听导致失败的例子很多。

在一次推销中，乔·吉拉德与客户洽谈顺利，就要快签约成交时，对方却突然变了卦——快进笼子的鸟飞走了。

当天晚上，按照顾客留下的地址，乔·吉拉德找上门去求教。客户见他满脸真诚，就实话实说："你的失败是由于你没有自始至终听我讲话。就在我准备签约前，我提到我的独生子即将上大学，而且还提到他的运动成绩和他将来的抱负。我是以他为荣的，但是你当时却没有任何反应，而且还转过头去用手机和别人讲电话，我一恼就改变主意了！"

此一番话重重提醒了乔·吉拉德，使他领悟到"听"的重要性，让他认识到如果不能自始至终倾听对方讲话的内容，认同顾客的心理感受，难免就会失去自己的顾客。以后再面对顾客时，他就非常注意倾听他们的话，无论是否和他的交易有关，都给予充分的尊重，结果收到了意想不到的效果。他终于成为一名推销大师。

多听少说的道理大家都知道，但是在生活当中，能够做到"善于倾听"

的，真的是少之又少。交谈中，渴望被倾听的一方往往会因为一些情况不愉快。比如，大家都有一肚子话要说，沟通起来是各说各的，都说了很多，但是根本就没说到一起去，反而会因为一些根本就不矛盾的观点争得面红耳赤；你说得口干舌燥，他好像是在认真听你说，然而他一开口，说的全都是跟你刚才讲的风马牛不相及的东西，搞得你一下子很沮丧；对方特别好说，你刚想开口，他就将音调提高几度，搞得你兴致全无。

沟通的时候需要你尽量站在对方的角度，去思考和揣摩他说的每一句话的意思。能够做到这样并且能够经常做到这样，就不仅仅需要一些"技术"，而且需要自己在内心里真正尊重沟通的对象，真正将自己放在与对方平等的地位。

学会并善于倾听其实是很容易的事情，只要你用心，在别人讲话时，给人以充分的尊重，那么你也将会得到更多的尊重，与人交流也会变得更愉快。

作为销售人员，经常会面对各种不同类型的顾客，几乎所有顾客都会对货品有一些不满或抱怨。遇到这种情况，首先要有耐心，尽量不要与顾客正面对峙，更不可争吵。面对顾客的生气、抱怨要认真倾听。不要提高嗓门，也不要做负面反应或负面设想。顾客总是认为他们是正确的，需要做的是要让他们认识到是他们自己错了。若遵循这三点，大多数情况不会难以解决。

其次，与顾客一起找出问题的关键所在。只要顾客有意见，就让他提出来，这是改进服务质量的重要手段。面对顾客的抱怨或意见时，请把握以下原则："理解顾客，换位思考"。

一位顾客在选购传真机时，抱怨道："哎呀！这东西的价格太高了。"并且怀疑"它真地值那么多吗？我有没有必要非买这么贵的东西？"

促销员巧妙地为顾客算了一笔账，陈列了"费用不高"的理由："您说得不错，现在一下子要拿出一笔钱来的确是一个不小的负担，但是您想想看，这种东西不是用一两年就会坏的，只要您使用方法正确，用上10年也绝对没问题。我们就以5年来算，实际上您1年只需花1 200元，再除以12个月，每月只需要100元；换言之，每天只要3元，这也不过是您每天抽一两支烟的钱，这样算起来不是很便宜吗？而且，它可以给您带来多大的方便呀，这项投资的回报可高呢！"

顾客听了，觉得你说得很有道理，就会决定买下传真机。

有一些倾听抱怨的小经验，供大家参考：

任何时候都应让顾客体会到你的认真态度，并且对顾客的抱怨进行调查。

顾客并不总是正确的，但有时为了让顾客冷静下来，"让顾客正确"是有必要的，也是值得的。

一定范围内，顾客的抱怨是难以避免的，但作为营销人员，要意识到，这种抱怨并不是对自己的指责。

为了能正确判断顾客的抱怨，营销人员应该站在顾客的立场上来思考问题、看待顾客的抱怨，通常来说顾客的抱怨是由一些微不足道的原因引起的。

顾客在发怒时，情绪一般是很激动的，这时顾客对销售员流露的不信任、不重视或轻率的态度特别敏感。因此，销售人员应保持冷静。

在你未认识到顾客说的话不真实之前，不要轻易下结论，即使顾客是错的，也不要直接责备顾客，等顾客自己意识到了，问题就可以迎刃而解了。

在处理顾客的无理抱怨时，不管顾客的抱怨是否有道理，都应保持真诚合作的态度。这并不意味着你已接受了顾客的抱怨，而是表示他的抱怨已引起了你的足够重视。即使顾客言语粗鲁，你仍表现出友好的态度，这样可以避免争执。

不要向顾客提出不能或难以兑现的承诺，以免引起进一步的纠纷。

方法之五：掌握顾客消费心理学

消费心理学是心理学的一个重要分支，它研究消费者在消费活动中的心理现象和行为规律。消费心理学是一门新兴学科，它的目的是研究人们在生活消费过程中，在日常购买行为中的心理活动规律及个性心理特征。消费心理学是消费经济学的组成部分。研究消费心理，对于消费者，可提高消费效益；对于经营者，可提高经营效益。

消费心理是指人作为消费者时的所思所想。而消费行为是指从市场流通角度观察的，即人作为消费者时对于商品或服务的消费需要，以及使商品或服务从市场上转移到消费者手里的活动。

任何一种消费活动，都是既包含了消费者的心理活动又包含了消费者的消费行为。准确把握消费者的心理活动，是准确理解消费行为的前提。而消费行为是消费心理的外在表现，消费行为比消费心理更具有现实性。

消费心理学主要研究影响消费者购买行为的内在条件，包括：消费者的心理活动过程、消费者的个性心理特征、消费者购买过程中的心理活动、影响消费者行为的心理因素。同时也研究影响消费者心理及行为的外部条件，包括：社会环境对消费心理的影响、消费者群体对消费心理的影响、消费态势对消费心理的影响、商品因素对消费心理的影响、购物环境对消费心理的影响、营销沟通对消费心理的影响。

一般而言，不同性别、不同年龄的消费心理是不同的。

在我国，青年消费者人口众多，也是所有企业竞相争夺的主要消费目标。因此，了解青年消费者的消费心理特征，对于店铺的经营和发展具有极其重要的意义。

青年人的特点是热情奔放、思想活跃、富于幻想、喜欢冒险，这些特点反映在消费心理上，就是追求时尚和新颖，喜欢购买一些新的产品，尝试新的生活。在他们的带领下，消费时尚也就会逐渐形成。

青年人的自我意识日益加强，强烈地追求独立自主，在做任何事情时，都力图表现出自我个性。这一心理特征反映在消费行为上，就是喜欢购买一些具有特色的商品，而且这些商品最好是能体现自己的个性特征，对那些一般化、不能表现自我个性的商品，他们一般都不屑一顾。

由于人生阅历并不丰富，青年人对事物的分析判断能力还没有完全成熟，他们的思想感情、兴趣爱好、个性特征还不完全稳定，因此在处理事情时，往往容易感情用事，甚至产生冲动行为。他们的这种心理特征表现在消费行为上，那就是容易产生冲动性购买，在选择商品时，感情因素占了主导地位，往往以能否满足自己的情感愿望来决定对商品的好恶，只要自己喜欢的东西，一定会想方设法，迅速做出购买决策。

中老年人就明显得不同，他们生活经验丰富，因而情绪反应一般比较平稳，很少感情用事，大多会以理智来支配自己的行为。因此，他们在消费时比较仔细，不会像年轻人那样产生冲动的购买行为。

中老年消费者一般都有家小，他们会按照自己的实际需求购买商品，量入为出，注意节俭，对商品的质量、价格、用途、品种等都会做详细了解，很少盲目购买。

他们在消费时，大多会有自己的主见，而且十分相信自己的经验和智慧，即使听到商家的广告宣传和别人介绍，也要先进行一番分析，以判断自己是否需要购买这种商品。因此，对于这种消费者，商家在进行促销宣传时，不应一味地向他们兜售商品，而应该尊重和听取他们的意见，向他们"晓之以理"，而不能希望对他们"动之以情"。

对于中老年人来说，他们或者工作繁忙，时间不够用，或者体力不好，行动不便，所以在购物的时候，常常希望比较方便，不用花费很大的精力。因此，应该为他们提供尽可能多的服务，以增加他们的满意度。

中老年消费者在长期的生活过程中，已经形成了一定的生活习惯，而且一般不会做较大的改变，因为他们在购物时具有怀旧和保守心理，他们对于曾经使用过的商品及其品牌，印象比较深刻，而且非常信任，是企业的忠诚消费者。

女性是一个不容忽视的市场，俗话说："爱美之心，人皆有之"，对于女性消费者来说，就更是如此。不论是青年女子，还是中老年女性，她们都愿意将自己打扮得美丽一些，充分展现自己的女性魅力。尽管不同年龄层次的女性具有不同的消费心理，但是她们在购买某种商品时，首先想到的就是这种商品能否展现自己的美，能否增加自己的形象美，使自己显得更加年轻和富有魅力。例如，她们往往喜欢造型别致新颖、包装华丽、气味芬芳的商品。

女性消费者还非常注重商品的外观，将外观与商品的质量、价格当成同样重要的因素来看待，因此在挑选商品时，她们会非常注重商品的色彩、式样。她们一般具有比较强烈的情感特征，这种心理特征表现在商品消费中，主要是用情感支配购买动机和购买行为。同时她们经常受到同伴的影响，喜欢购买和他人一样的东西。

对于许多女性消费者来说，购买商品，除了满足基本需要之外，还有可能是为了显示自己的社会地位，向别人炫耀自己的与众不同。在这种心理的驱使下，她们会追求高档产品，而不注重商品的实用性，只要能显示自己的身份和地位，她们就会乐意购买。

系统地学习这些消费心理，可以有效地进行销售，以心理作为突破口，抓住了消费者的心理，你就打开了消费者的钱袋子。

第二篇
销售就是察言、观色、读心
——读懂顾客的心理需求

在消费中，顾客有着复杂的心理，很多的因素会促使顾客购买，也有很多因素会导致顾客放弃购买，而心理因素对顾客的决策的影响是巨大而深远的。销售员要想把自己的商品销售出去，就必须了解顾客的心理，知道了顾客真正想要的是什么，有哪些不利因素影响了顾客的心情，从而采取有效的措施，激发促使顾客购买的积极因素，消除阻碍顾客购买的消极因素，让顾客愉快地、满意地购买到自己喜欢的商品，才能够赢得顾客的心，从而使自己受到欢迎和青睐，也给自己带来巨大的利益。

第一章

读懂顾客求"实惠"的心理，巧妙设计性价比

性价比，顾客考量商品的最根本尺度

大家在购买过程中或多或少都听商家说过，这商品品质好、性价比高。所以，许多顾客都把性价比看成是选购商品的重要指标。

所谓性价比，顾名思义，即性能与价格的比值。老百姓购物，经常是"货"比三家，图的就是个物美价廉。随着经济的发展和人们生活水平的日益提高，在这个充满竞争的市场上，顾客消费权衡的是商品在给自己带来价值的时候有尽量低的价格，也就是以较低的价格去买质量比较好的商品。

面对着越来越理性的消费者，有些商家发现，尽管"大礼"比往年多了好几重，但似乎打动不了消费者的"芳心"，而一些在价格上大做文章的商品促销却立马见效。不少商家表示，消费者看重的是商品性价比，而不是看你送了多少礼。任何形式的促销活动都脱离不了价格因素，顾客一般是先看好价格，再看其他形式的优惠。此外，消费者的口味变化又让一些商家绷紧了神经。现在客户要求的东西越来越多元化，商品的搭配也更自主，厂家原来的搭配方式很难满足顾客的要求。比如，选择家具的过程中，很多顾客都是自己DIY，这种个性化的需求趋势越来越明显，商家搞活动促销，可以在这个方向多花点心思。

每个卖场都在进行活动，每个卖场也都把营销活动作为吸引顾客的主要手段。并且，每个客户的消费倾向也都被卖场的营销活动所影响。说白了，就是谁能够提供更多的优惠，顾客就在谁那里消费。

"超低价""捡便宜""买二赠一""超值换购"……这是大家在大卖场经常见到的促销信息。而到底哪个活动能够得到顾客的青睐，或者说能够最大限度地刺激顾客产生购买行为，这就需要我们有的放矢地来对待了。例如，在冬天临近的时候，对凉席进行包装促销，其收获的效果一般会低于所投入的促销成本。简单地讲，就是要促销顾客需求的东西，包装大多数顾客"想购买"的东西。

只记得在卖，没有总结自己产品的性价比吗？不行，不仅仅是总结而且要总结得很在行、很地道、很实在。要把自己的性价比记在心里，背得很熟，可以巧妙地分析给客户听。

例如，在竞争激烈的车市中，车型最有力的竞争武器还是汽车的性能、售后服务等。随着市场的日渐成熟，人们消费观念的理性回归，以核心技术为衡量准则的性价比将会成为车市中的主流，而建立在华而不实的配置和自我吹捧基础上的轿车，将会越来越无缘于消费者的订单。

不难看出，面对五花八门的车型，如何选择一款性价比较高的汽车，正成为消费者最关心的问题。苏先生是一家广告公司的经理，由于业务发展需要，想买一辆大气的车，但由于公司创业不久，资金不是特别充裕，只有10万元左右的购车预算。苏先生让朋友帮忙参考，如何既满足要求，又不占用太多的资金即可买一辆称心的车。朋友通过多方面比较，最后建议他买稳重、大气的比亚迪F6。开了两个月后，苏先生很满意，觉得很符合要求。

从苏先生的案例不难发现，随着中国汽车市场的逐步成熟，汽车行业的竞争将由价格竞争转向整车性能价格比的竞争。从近两年的市场表现来看，持续性降价，并未给哪种车型带来理想的效果，相反，由于车型推出过多，价格下降过快，消费者购车渐趋理性，不再一味地追求低价，更注重汽车性价比、汽车的使用成本和汽车质量的稳定性。

一位代理某品牌的汽车经销商说："代理销售汽车，也要选择性价比适合当地消费者需求的车型。因为目前过于频繁的新车推出潮和降价潮，不少车型已经淹没其中，消费者真正记得住的，还是那些性价比高和口碑好的车型。"

经销商的话充分表明，汽车性价比时代即将来临。面对日趋理性的消费者，汽车生产企业也逐渐从价格战和只重视品牌建设中"清醒"过来。一位汽车销售的负责人说，从长远来讲，降价不是未来车市最有效的竞争途径。对于汽车工业，一味地降价会使其陷入低层次价格竞争的泥潭。

业内专家指出，对于国内车市竞争最激烈的经济型轿车而言，提高性价比尤其重要。由于国内经济型汽车目前价位已与国际市场接轨，而生产远未形成规模，厂家的降价空间日渐缩小。因此，如何提高汽车质量和性能、减少汽车使用成本、提高汽车性价比等因素，将成为未来车市决胜的关键。

从专家的建议中可以看出，性价比对顾客消费而言是多么的重要，是顾客参考的一个最重要的指标。所以，想让自己的商品好卖，最重要的是提供质量好、价格合适的商品，具有好的性价比，就不用担心消费者不上门了。

突出功能性，让顾客觉得"值"

顾客对利的需求是首要的需求。人们往往有这样的思维误区，即把顾客对利的需求片面地理解为买便宜东西，买价格低的商品。其实，"利"并不仅指形式上的价格低廉，而是指物有所值，物超所值。目前，许多商家为了满足顾客对利的需求，拼命地打折促销，打来打去，即使货卖出去了，也没有赚多少钱，丢掉的不仅是利润，甚至还可能是信誉。等到扛不住的时候，也只好关门谢客了。

何为物有所值、物超所值呢？就是顾客的心理比较优势，顾客在购买商品时，心里感觉付出的价款值得。比如，同样的一件衣服，放在自由市场里卖，100元人们嫌贵，放在高档的大商场里卖300元，人们也许认为便宜。因为大商场附加了许多自由市场不可能附加的服务内容，如购物环境、可靠程度、信誉度、服务质量以及心理上的感觉等，而这些本身就是有价值的。尤其在当今物质满足程度较高的情况下，这些物质以外的满足更重要。所以利不是简单的价格低廉，而是顾客在主观上认为物有所值、物超所值；是顾客在权衡比较一番后愿意付出的价款。当然，要满足顾客对利的需求，使顾客感到物有所值、物超所值就要突出产品的功能。

在销售时，应避免直接进入产品，片面强调产品的本身（如质量、外观等），因为消费者之所以购买，并不是因为产品质量好，外观漂亮，而是因为他有着某种需求。因此，这时应重点推销核心产品部分，即推销产品的功能，要强调消费者购买你这一产品后所能得到的满足。这样才能引起顾客的注意和兴趣，激起他的购买欲望，为最终成交打基础。有些企业现在十分重视这一点，如有个化妆品公司就要求其推销员接受"我们在工厂中生产的是化妆品，但我们销售的是美貌"这一观念，这就是在教导他们推销时要注重产品的功能推销，要从产品功能与需求满足这方面来寻求推销的突破口。

一对年轻夫妇在苏宁重装开业的时候逛商场，促销员远远就看见他们在看美的电磁炉，且是美的的特价品，不知为什么没买。

走到苏泊尔柜台前，那女士说苏泊尔的也不错。

促销员马上接话说："对呀，了解一下吧，不用看其他的，你看一下苏泊尔的赠品就知道了。"

"你看这黄色的铁搪瓷汤锅，没有一个牌子的电磁炉会送给您的，那他们做不出来还买不起吗？为什么他们不敢送，因为他们的电磁炉受热不均匀，用不了多久铁搪瓷会掉的；苏泊尔电磁炉就不一样了，传热均匀就可以放心地使用了。多用富含铁元素的锅，尤其对女性身体特别好，补血；价格也不贵，399元，还有苏泊尔原装的汤锅炒锅送，要一个吧！"

男士转头悄悄问女士："那就要这个吧？"

女士微笑默认。

顾客只关注电磁炉，说明顾客购买目的很明确，不是盲目购买；同时顾客关注的是特价品，说明顾客是属于追求实用、物超所值、购买力有限的顾客。这是顾客的理性需求。

这种类型的顾客，以追求商品的使用价值为主要目的，特别注重商品的实用功能和质量，讲究经济实惠和经久耐用。

所以，导购员的介绍方向是电磁炉的功能和质量。但在这里存在问题，对于电磁炉这种产品来说，特价产品同质化严重，大部分品牌特价品差异化很小。所以导购员就调整了方向，从赠品的独特性作为切入点，而避开了特价品同质化的问题。

赠品，也是顾客所买商品的一个组成部分，对于有些贪图小便宜的顾客，往往是"买椟还珠"，在众多品牌商品的比较中，把赠品数量多少当做一个比较重点。再加上一些买赠力度比较大的商家助推，导致有些顾客对赠品的关心超过了对所买商品的关心。

但对于一些理性消费者来说，他们更看重赠品的耐用性、实用性、匹配性。案例中的顾客是属于理性顾客，所以案例中的导购员在介绍的过程中，对赠品的各种优越性进行了详细的阐述。在阐述的过程中，也不经意地打击了竞争产品。

销售人员在销售产品时要正确评价产品的功能、价值、质量。掌握分寸，进退有度，任何话说过了头，都会起到相反的作用。推销员只有掌握语言的分寸，才能使表达逼近真实，从而才能使客户产生信任感。语言过于直白，缺乏感染力，过于夸张，容易产生逆反心理，在直白与夸张之间掌握一个度，就是语言的分寸艺术。

要让客户明白产品的特别之处，宜言简意赅，突出重点，而不要长篇大论，言不达意，甚至表错情，说了半天客户还不知道你的产品有什么功效。在突出产品性能时，一是注意加强语气，注意声调；二是注意选择适当词汇，最好是选择有鲜明感的词汇。这样才能很好地辅助产品的销售。

摸准价格阀门，攻破心理防线

企业在制定价格或调整价格时必须考虑到消费者的心理反应。有时可把价格定得便宜些，而有时可把价格定得贵一些，以适应不同顾客的心理需要。

人们的需求是多种多样的，总体上可分为心理需求和生理需求，并且不同的人有不同的需求。著名的心理学和经济学家马斯洛将人的需求归纳为五个层次：一是生理需求，即人们衣食住行和婚配的需求；二是安全需求，即生存安全和职业安全的需求；三是社交需求，即在社会交往中对友谊、对爱情的需求；四是尊重需求，即在社会交往中希望得到人们的尊敬和认可；五是自我实现的需求，即希望自己的价值得到社会认可，希望自己的才华在社会中发挥作用。

心理需求要比生理需求复杂得多，心理需求具有无限性。生理需求的量是有限性的，但是消费者的心理需求却是永无止境的，当一种需求满足后，又会产生新的需求。因此，企业要不断开发新产品去迎合消费者的心理追求，永不停步地去追赶市场、引导市场、超越市场。

消费者的生活习惯、文化程度、收入水平、价值观念、欣赏能力各不相同，会产生不同的甚至截然相反的联想或情感。人们常说，百人有百心，百货对百客。消费者的心理需求是随着生产力的发展和人们对生活的渴望及其可能性而具有强烈的时代色彩。因此，企业要千方百计地去了解消费者的需求，并针对不同的需求层次提供不同的商品，制订不同的价格策略。消费者的需求心理各式各样，从影响企业价格决策的心理因素看，主要有以下几种：

自尊心理。有这种心理的消费者，不仅追求商品的使用价值，而且更追求精神方面的某种满足。比如，人们送礼品，在礼品上有明码标价时，人们往往宁肯花上105元，而不愿花95元。买同类商品，虽然只差十元钱，却给人感到是两种不同的档次。又比如，有部分消费者往往通过消费来显示自己的身价，提高自己的地位，而一些企业正是利用少数顾客的这种心理，采取高价、厚利、少销的策略。

求实心理。这是一般消费者最基本最普通的心理活动。人们在购买商品时，偏重于商品的实际效用和质量，讲究经济实惠，使用方便，经济耐用。

求廉心理。在人们的日常生活中，许多消费者很注重追求商品的价廉物美。许多收入水平低的城乡消费者都持这种消费心理。

时髦心理。在市场上，我们经常看到一部分中青年消费者，对产品的质量、价格等并不在乎，对产品的流行性特别感兴趣。他们追求新潮，追求时髦。

求名心理。许多消费者在购买产品时，特别是购买耐用消费品时，往往非常重视产品的牌子，企业的名称，希望自己买的是名牌产品，是信得过的产品。

求信心理。人们对有些商品的购买非常注重产品的信誉，购买日用消费品往往愿意购买老字号的产品，请客也去老字号餐馆。所谓"一分钱，

一分货"的说法就是这种心理的反映。酒好不怕巷子深，是这些老字号的经营心态。

求美心理。艺术趋向和审美观念在市场买卖活动中占有重要的地位。许多消费者购买行为的实施往往取决于商品的欣赏价值和艺术价值，他们在购买商品时，特别注重商品的包装、造型、色彩和艺术美，强调对人的精神陶冶作用。

逆反心理。有的人认为"薄利多销"是市场运作的普遍规律，其实不然。有时消费者往往会产生逆反心理，认为好货不便宜，便宜没好货。因而会从"薄利"引出与"多销"相反的结果。市场常有这种情况，某种商品打出跳楼价格，反而无人问津。一些高档消费品在降价之前，往往要造声势，大力宣传，告诉消费者这是企业的一种促销策略，否则也不会产生新市场，反而影响产品的声望。消费者的心理活动是一种复杂的思维现象，各种心理因素相互影响，相互制约。

消费者心理价格是指消费者在主观上对一种商品给出的价格，或者是消费者在商品价格既定情况下，对商品的接受程度。比如，在日常生活中，就经常听到消费者这样说："这东西，顶多值10元""那个东西，至少要100元"，这就是消费者主观上对商品价值的判断。在价格既定情况下，消费者对一种商品的接受程度有高低之分。我们把企业的产品在市场上的销售快慢看做是既受商品自身价格的影响，又受消费者爱好的影响。

企业产品的销售状况同消费者的心理价格成正比，同商品自身价格成反比。商品价格和消费者心理价格可以各自独立对商品销售量起作用，商品自身价格也会对消费者心理价格产生影响而影响商品销售量。例如，对高档消费品来说，如果某牌号的商品价格偏低，或由高降低，消费者很可能会认为是质量出了毛病或质量不好，这样，低价却导致了消费者心理价格下降；反之，某个牌号的商品，其定价比同类商品高，消费者反而以为这是由于产品质量好的结果，高价促使了消费者心理价格更多的上升，这样该商品会因高价而走俏。

如何提高产品的消费者心理价格，企业经营者应该注意和运用的主要因素有以下几点：

一般来说，质量越高的商品，消费者的心理价格也越高，质量对使用者心理价格影响的强弱成正比是商品的使用时间的长短。产品无故障使用时间很长，消费者心理价格就很高；如果产品的使用时间很短，消费者的心理价格就很低。质量问题哪怕很小，也会大大降低消费者心理价格。因此企业要提高产品质量，从根本上提高消费者心理价格，就要在消费者中建立起高度的质量信任感。

企业的声望，对于产品的消费者心理价格有着很重要的影响。一家知名度高，深受消费者信任和喜爱的企业，它的产品往往具有很高的"消费者心理价格"。为了提高企业声望，一些具有名牌产品的企业可将自己的牌子和厂名相联系，这样一旦产品牌子响了，企业也出名了。不外乎是企业要生产质量过硬的产品，并通过各种方法和途径向消费者介绍、宣传自己。

企业对消费者提供的服务是多方面、多阶段的。不仅售后服务对"消费者心理价格"有着重要的影响，而且售前和售中服务也有很大的影响。企业在商品走俏时，不能放松自己的售后服务，更不能不兑现自己曾许诺的服务。否则就是在败坏自己的声望，降低"消费者心理价格"。

过低的价格为什么反而会赶走顾客？

如果上网，你会经常在论坛里看到这样的帖子：

"上面的鼠标简直太便宜了，大家认为是不是假的？他说如假包换，市场价一百多元的，他竟然只要三四十元就行，有点不敢买。"

"我在淘宝网上看到有的东西和大街上店里的东西好像是差不多的，可是价格可要比大街上的店里便宜太多了，想买，可又不放心它的质量啊！质量会有问题吗？"

淘宝网上过低的价格，让消费者小心翼翼地离开，充满戒备。有人说过高的价格会吓走消费者，那么，过低的价格同样会吓走消费者。

如今的某些价格市场可以说是杂乱无章，商家为了打击竞争对手，不惜损失毛利，不断对价格进行调整，价格几乎是天天在变，致使价格失去信誉度，顾客无法了解何为货真价实，并常常疑惑价格与商品的巨大差异。失去了信任，也就失去了顾客。

合理的促销活动可以达到突出公司的特点、扩大影响力、参与市场竞争的目的，但目前铺天盖地的"惊爆价""特卖价""超值价"令顾客目不暇接，无所适从。盲目的降价更是破坏了知名品牌的形象，降低了顾客对知名品牌的忠诚度，致使部分稳定顾客流失。

促销价格过低时，要进行一定的补充说明，以免顾客对商品本身产生怀疑。商家不断降价会导致老客户有被欺骗之感，新客户会持币观望。

促销频繁出现，尤其是非常强硬的降价促销手段，一般不宜持续使用，不然就失去了促销的本意，也在很大程度上让消费者感到无助。同样的东西，在时差不大的两个阶段价格迥异，顾客内心很难平静。

商家若不断降价促销，客户会对其中不通透的市场黑洞感到惶恐，并对商家的产品失去信赖。这样的道理在消费行为中等待节日促销或者大促销的行为中得以证明。

与价格相关的促销形式其实有很多，如打折、返券、返现金（红包）、买赠等。但是大多不会将原有价格完全删改或抹杀。因为价格很敏感：降时容易升时难。国家对价格促销有相关明文规定，尤其是对一些很关键的商品，需甚为谨慎。

福盈门品牌食用油是国内某集团旗下的高端品牌，虽然在国内排不上第一名，但它凭借集团的雄厚实力和不错的质量，在食用油市场一直有稳定的表现。郑州市的市场是公司的重点市场，进入淡季以来，销售一直不畅。一入6月份，公司经理蔡杰便考虑在大的卖场进行一次统一的促销活动，以便提升销量。经过走访客户，特别是促销主管张丽极力建议，大家普遍认为福盈门是名牌不错，但美誉度一直比不上第一品牌年有余，因此在卖场直接面对消费者促销时，关键是真正的让利和实惠，这样的销量肯定会大幅增长。

通过申请和走访市场，活动方案正式形成。

活动时间：6月27~28日，周六、周日两天。

活动地点：郑州市所有大型卖场

活动内容：现场对消费者进行促销，针对销售最好的品种桶装花生油5升进行让利促销：

（1）桶装5升花生油进行特价销售，价格从原来的每桶79.9元优惠到每桶70元。

（2）每购买5升花生油一桶，赠送900毫升花生油一瓶。

（3）现场进行抽奖活动，每购买一桶花生油，均有一次抽奖机会，奖品从手提电脑到900毫升小瓶油不等，中奖率在47%。

同期的年有余品牌桶装5升花生油价格销售到85元一桶，而福盈门这么大的力度，不信没人买！蔡杰似乎看到了人们排着长队在等着购买福盈门，而公司的货已经供不应求的局面的出现！

促销主管张丽也非常得敬业，早上8：30就早早赶到了平日销售较好的家乐福超市，毕竟这次活动效果怎么样，直接和自己的建议相关。

周六上午，家乐福北环店，9：00时正式营业后，人员陆陆续续到来，但是能走到最后靠里面福盈门展架的人稀稀疏疏，尽管促销员大声招揽，临时促销也很尽力地吆喝，但展架前的人一直很少，直到上午10：30，统计一下，共销售20桶，和往常周六销售15桶相比，几乎没有多大效果。没多久，蔡杰收到张丽的电话，活动效果不好，不一会儿，其他超市的促销员陆续反馈，原来期望的活动效果并没有出现。

出现这种现象的原因，一方面是没有做前期的宣传，另一方面与让利的程度过大有关，很多消费者怀疑是不是次品或者假货，毕竟这是吃的东西，消费者往往会慎重。所以价格促销时，定价的时候一定不能太离谱。

合理的定价策略可以减少库存，降低人员和广告方面的支出，并使企业利润得以保障，同时也使消费者感到其定价的诚实可信，提高顾客的满意度。成功的促销行为不仅仅是销售出产品，同样重要的是要通过销售产品而获得合理的利润。

有奖销售，吊足顾客胃口

有奖销售是最富有吸引力的促销手段之一，因为消费者一旦中奖，奖品的价值都很诱人，许多消费者都愿意去尝试这种无风险的有奖购买活动。

它是近年来在商业促销手段中运用最多的销售方式，它以场面热烈、回报率高、惊心刺激、内容丰富、形式多样等被众多商家反复应用。不同时期，用不同的形式，针对不同消费层次用不同的赠品。针对市场状况，选择

合适的促销方法，既宣传了品牌，又扩大了门店知名度，既树立了形象，又增加了收入。

吴小最爱吃方便面，他惊异于这种奇特的干面，不煮就可吃，那袋里的干粉儿一撒，喷香四溢。他家的橱柜里经常放着一袋袋各种品牌的方便面，但他家境贫寒，孩子上学，老婆生病，使他不敢经常吃这种富人看贱，穷人看贵的食品。

一天，他从报纸上看到一则消息，飞宇牌方便面花巨资购买了点子公司的一个高价点子，开展有奖销售活动，广告词是："飞宇方便面，百食都不厌。"每个袋子里装一个字，只要用户凑齐这十个字，就可领取奖品，有电脑、彩电、摩托车、洗衣机和电冰箱等，分七等奖。分别用赤橙黄绿青蓝紫七色体现。

这使吴小很是意外。食用这种方便面，既可满足口福，还可获得意外的收获，可谓一举两得。

他一下买了几十袋，为了取得更多的获奖机会，他跑了几十家商店，每家买了几袋，这样中奖率就高。

有奖销售的消息经各大媒体一炒作，迅速变成一股强大的购买风，很多商店里的飞宇牌方便面销售一空，批发商门前排起了长龙，许多人因未买到而懊悔不已，纷纷嫉妒吴小这样的捷足先登者。

通过有奖销售，该方便面厂商获得了不错的销量。有奖销售无疑会起到促销的作用，但是必须做到真正有奖，不能与宣传内容脱节，不能有半点虚假，奖品不能选择假冒伪劣的产品。有的专卖店又想造声势、做宣传，又不想多花钱，在选购奖品时，挑选同类产品中最便宜的作为赠品或奖品奖给消费者，当消费者回味过来以后，不但不认可您的促销活动，还会引起消费者的反感，给接下来的销售工作带来很多麻烦，结果弄巧成拙。

还有的商家用假抽奖的办法欺骗消费者，更是商家的大忌。比如，在旺季到来之前搞有奖销售活动，广告宣传的内容是"名牌车，高回报，买一赠一大促销"或"红六月，火××（××是摩托车品牌名），厂商联合献爱心""火七月，买××（××是摩托车品牌名），厂商联合献真情"，凡是在促销月中购买商品的朋友，凭保修卡月底抽奖，一等奖一名，赠摩托车一辆；二等奖二名，赠彩电一台；三等奖六名，赠洗衣机一台；纪念奖若干名，赠摩托车专用头盔一个。到了月底，因对市场摸底不透，购车户很少，或者是宣传不到位等原因，售出的摩托车没几辆，如果按原计划开奖就会损失很大。为了不失信于消费者，就必须如约开奖。为了减少开支，可在奖品上做文章，因为没有明确赠什么型号、多少钱的物品，可以赠迷你小电视、普通洗衣机和头盔，这样可以大大减少开支。但不能采取推脱的措施或耍赖的方法蒙骗消费者。有奖销售的形式很多（可参照有关文章），但不管用任何一种方式促销，都必须真实可靠，承诺了就要兑现，难兑现就不要承诺。不成功的促销会带来很大的负面影响，这种影响在几年内是抹不掉的。失信于消费者，就等于搬起石头砸自己的脚，受损失的是自己。

到位的广告宣传，积极的奖品筹备，店前的奖品展示，店内的促销气氛，店外的广告形式，员工的闲谈话语，亲朋的相互交往，网点的相互沟通都洋溢着有奖销售的神采，都展现着有奖销售的喜悦，方方面面都谈论着宣传内容，这样的有奖销售活动就会百分百成功，挣钱没商量。

有奖销售要有一个热闹的场面，外边宣传得红红火火，店前冷冷落落，店内无人问津，就会造成"消费心理落差"，使顾客乘兴而来，扫兴而归，有人问起："你到专卖店看了看摩托认为怎么样？"顾客一定会说："吹得震天响，看的人没有几个，不怎么样。"这种门前冷落车马稀的局面，会使消费者的购买热情一落千丈。为了避免冷场，就要未雨绸缪，事先布置，可采用"横幅条幅一起挂，各种小旗到处插，音箱喇叭天天响，精美礼品随时发"的策略，烘托门店气氛，创造热卖氛围。

第二章

读懂顾客求"便宜"的心理，优惠促销有门道

有甜头，顾客才愿意嚼

中国古语云："欲将取之，必先予之。"这是中国古代兵法中常用的招数，而日本人在现代经商谋略中将这一原则演绎得淋漓尽致。取与予，相辅相成，前者是目的，后者是手段。只想得到，不愿给予，这是一厢情愿，做生意也不会赚钱。若要自己受惠，先要施惠于人。有甜头，顾客才愿意停留下来慢慢嚼。

日本"佳能"照相机如今是世界名牌产品，但是，当初走进中国改革开放的大市场时，已经慢了半拍，别的牌子的照相机早已挂上了中国摄影记者的脖子。可"佳能"公司并不因此而止步，他们绝不会望着中国这个巨大的市场而不流口水。怎样占领中国市场呢？他们上演了一出经过精心策划的好戏。

佳能公司经过调查发现，中国众多的摄影工作者、爱好者只能从样本资料上了解佳能EOS照相机的性能，从商店的橱窗里看到它的模样，却不能去摸一摸、试一试EOS的功能究竟怎样。佳能公司上海事务所为了使EOS与中国的消费者熟悉起来，成为"好朋友"，就想出了一招。他们把大批佳能EOS照相机借给上海的记者，让他们免费使用40天，同时又请维修部的专家讲解它的功用、性能。

1992年夏天，上海各大报纸和许多摄影记者都用上了"佳能EOS"照相机。

从EOS1到EOS1000，都配有各种款式的镜头。拿起相机发现，每个上面都贴有一张标签"佳能赞助器材"。记者们使用得相当认真，开始时小心翼翼，后来就随心所欲地拍起来……40天匆匆而过，记者们送还照相机时都恋恋不舍。

不久，一些记者通知佳能公司上海事务所，他们准备购置一批EOS……佳能公司以欲取先予的策略打开了中国的市场之门。

佳能公司非常聪明地先让利给顾客，然后获得高额的利润，这一点和星巴克很相似，星巴克通过提供额外的服务和方便，在很大程度上提高了顾客的停留时间。

星巴克咖啡的核心客户群年龄是25~40岁。经过长期的市场调研，星巴克发现这个核心顾客群每人每个月平均来星巴克喝18次咖啡。针对这种情况，他们制定了相应的策略目标：一方面是提高客户的上门次数，另一方面想办法让顾客每次停留更久，以便吸引他们喝更多的咖啡，提高业绩。

考虑到越来越多的年轻顾客会带笔记本电脑来喝咖啡，2002年8月，星巴克推出服务策略，在1000家门市提供快速无线上网。顾客使用笔记本电脑或PDA，即数码记事本，都可以无线上网、收发电子信件等。

所以，商家如果想吸引顾客，必须给顾客一定的"利"，让他们尝到甜头，他们才有可能买你的商品。

现在的很多商家都采用薄利多销，让利于顾客的定价方法，浙江温州的一些民营、个体厂商，用的是"一分钱利润法"。就是说，只要有1%的单价利润，就应感到满意，切忌"贪婪"。事实上，此法充分体现了"价增量减，价跌量增"的道理。一分钱的利润看起来微不足道，但是价跌（价廉）会促使销量大增，从而导致总利润的大大增加。所以有人提出，企业经营管理者应树立"1%"的提价意识。就是说，采用小幅涨价的策略，因为小幅涨价具有极好的"隐蔽性"。例如，将产品价格上浮1%，许多顾客不会在意，特别对于低价位（单位在几元以内）的产品。当你调高1%时，一般顾客不会有承受不了的感觉，而你的总利润却大大增加了。只要总利润有1%~5%，就应感到满意，过分的"贪婪"会适得其反。

经营者在销售商品的同时，"略施小利"，抛小饵钓大鱼，小利对消费者来说是有很大吸引力的，经营者也能大获其利。

一位初涉商海的生意人在市场上考察了很久，最终选定做销售玻璃鱼

缸生意先练练手。他认为，现在许多人都喜欢养金鱼，闲暇时修身养性，做鱼缸生意，也许能让自己掘得经商的"第一桶金"。于是，商人从厂家批了1000只鱼缸，运到离家不远的县城去卖。

几天过去了，他的鱼缸才卖掉几个，守着大堆做工精细、造型精巧的鱼缸，商人开始琢磨使鱼缸畅销的点子，整整一天，他的思维就像长了翅膀一样，在脑海里飞来飞去，捕捉能给他带来财运的商机。

一夜之间，商人的思维终于在一条妙计上定格。第二天，他去花鸟市场找到一家卖金鱼的摊位，以较低的价格把500条金鱼全部买下，然后，他让卖金鱼的老人帮他把金鱼运到城郊的一处大水塘里，将500条金鱼全倾倒进清澈见底的水里。老人很是吃惊，认为他在胡闹，并且还怕他不给钱。见老人心存疑虑，商人立即从身上掏出钱一分不少地付给了他。

时间不长，一条消息传遍了水塘周围居住的城郊居民，水塘里发现了大批活泼漂亮的小金鱼。人们争先恐后地涌到水塘边打捞金鱼，捕捉到小金鱼的人，兴高采烈地跑到不远处卖鱼缸的摊位前，选购鱼缸后高兴地捧着小金鱼回了家。一些未捕到金鱼的人们，唯恐鱼缸卖完后买不到，他们不管商人把售价抬了又抬，纷纷涌到商人的摊位前抢购鱼缸。仅半天时间，商人的鱼缸就销售一空。

数着到手的钞票，商人窃喜：1000只鱼缸，让他赚了2000多元。高兴之余商人想，如果不给顾客一些甜头，买下那些金鱼放在水塘里，自己能赚到这么些钱吗？

先予人以利，尔后自己得利，以及兼顾同行之间的利益，这是先付出后得回报的一种智慧。人世间的事情，有了付出就有回报。付出越多，得到的回报越大；不愿付出，只想别人给予自己，那么"得到"的源泉终将枯竭。

浮动价格，先高后低

在激烈竞争的时代，企业不仅要靠技术和资金来取胜，还需要采取高超的市场开发技巧，在商海中抓住商机，使自己游刃有余。

报价时绝对不能担心因为价格报高了可能无法成交，各位要先想到一个问题，就是即使你价格报低了也不见得会成交，但你价格报高了就有调整的空间，而价格报低时你可能因此而失去比赛权。记住：客户永远不会感到满足的。

美国商人善于利用价格的悬殊进行推销。他们先是在对方心里安放一个价格太高的心锚，在对方心里设置悬念，再以一个低得多的价格来铲除这个悬念，让对方尝到好处。对方在心里一比较，觉得很实惠，就很容易决定购买了。

美国商人杰德森有一次找到某公司的经理，带着一个正好符合对方利益目标的方案。杰德森说："我们这里有个非常好的方案，它价值50万美元，而我们的转让费是30万美元。"不想那位经理说："遗憾的是，你开价30万美元，你的价格是不合理的。"

杰德森附和着说："您说得很对！这个价是不合理的。"然后，杰德森微笑着走了。

一个星期后杰德森又来拜访，"上次向您介绍的那个方案不用说正好满足您的要求，可是开价30万美元，实在太荒唐。为那件事我一直耿耿于怀，我一直想为您做点什么才好。一个星期下来，我遍寻名家高手，终于发现了这个方案，它绝对物超所值10倍。如果我能向您提供一个价格仅为7.5万美元，而效果又相当于30万美元的方案，您是不是觉得是件好事？"

那位经理当时见价格从30万美元降到7.5万美元，自然很感兴趣。他怎么能放弃一个以7.5万美元的代价获得价值30万美元服务的绝好机会呢？当下就签字答应了。杰德森轻易地完成了这笔交易。

这就是典型的"价格悬念推销"。利用商品价格的悬殊差价来诱惑顾客购买，是销售的一种技巧。形式可以多种多样，可以故弄玄虚，可以设置悬念，但真正的意图却是帮助顾客做出正确的决定，为顾客带来好处。

有人认为，用这种方式使人做出错误的判断、错误的决定，是一种低级的、没有道德的推销。任何事情都有两面性，看你是以什么样的方式去做，以什么样的角度去做。这只是一种销售手段，而不是一个骗局。如果你用这种方法去赚取不义之财，这是对自己人格的玷污。

先报出高价，如果顾客觉得价格太高，再降低价格。例如，顾客买一套房子，因为每年顾客都要交物业管理费等，总数超过2000元。实际上只要签下合约，多少钱都是有赚头的。那么销售代表会假装悄悄跟你说，等会我把经理请过来，听说他昨天给一位客户朋友打到6折，看看能不能给你争取到，你看行吗？如果顾客说行，则就陷入了心理暗示圈套。顾客就形成了6折心理价

位，而最后经理往往在7折做周旋，最后就落在6折附近，这就让顾客无法拒绝。

所以在要价时是有技巧的，先高后低，会让顾客觉得自己赚了便宜，从而更容易达成交易。开价一定要高于实价，也许你认为这个问题很初级，但真的有许多销售人员是怕报高价的，他们害怕在一开始就吓走顾客，而永远失去机会。如果你对报高价心存恐惧，那读读以下的理由：一是在你报价之后，你可以降价，但不能涨价。二是你可能侥幸得到这个价格（在资讯发达社会可能性越来越小，但试试又何妨）。三是这将提高你产品或服务的价值（尤其是对不专业的客户）。

除非你很了解你的顾客，在无法了解你的顾客更多的情况下，开价高一定是最安全的选择。然后根据顾客的反映进行调整，才能保证自己的利益。

买一赠一，吃定贪心的顾客

附加交易是一种短期的降价手法，其具体做法是在交易中向顾客给付一定数量的免费的同种商品。常见的这种方法的商业语言是"买几送几"。附加交易也被快餐店广泛使用，如在北京的"必胜客"饼屋，客人如果在规定的店堂比较清静的时间里用餐，根据不同的用餐量，顾客可以得到不同的免费饮料。

"买一赠一"是企业常见的一种营销手段，如房地产企业"买房赠空调""买房子送阁楼"等。

小刘经销的联邦减肥朵朵粑已经成为杭州高端减肥产品的第一品牌，但高端减肥产品总体不景气，无论是曲美、赛尼可，还是朵而减之，虽然有大量的广告投入或者有力的市场推广，市场表现都不是很理想。联邦减肥朵朵粑虽然销量第一，投入是最小的，但赢利不多。小刘他们最大的收获是掌握了杭州最主要的几个终端和摆平了与各个工商分局的关系，因此，充分利用这些资源是他们赚取更多利润的最好途径。

在与各终端销售员、促销员的访谈中，他们捕捉到这样一个信息：虽然销售员或促销员积极推荐，很多消费者很想买178元一筒的联邦减肥朵朵粑，但最后因为价格太贵，最终买了别的低端减肥产品。

于是，小刘他们再做一个低端的减肥产品，当消费者嫌贵时，销售员可以跟消费者说，买这个吧，这个便宜，效果也非常好。这样他们的终端资源就被充分利用起来了。

小刘试探性进了30件旗人减肥套盒。结果，"五一"长假刚过一半（从铺货开始计算，仅仅一个星期），货就卖完了！五月份销量直线上升，当月卖掉1万多盒，六月，七月，甚至到了八月，销量还一直在上升，平均每月卖到消费者手里的有2万多盒。而五月份他们只投了3万元钱的广告，到了八月份，一个月投不到2万元，每个月还能够销售二三万盒！

"旗人"在杭州为什么会成功呢？产品形态、概念、价格上，它与市场上同等价位的20多种低端减肥产品相比，没有任何过人之处，广告投入又是较少的。

在进行了竞争环境充分分析，"旗人"一上市就推出"买三盒送一盒"，四盒是一个"疗程"（媒体上保健品不可以说疗程，但终端别人管不了你）。因为六月份以前，消费者都是尝试性购买，回头购买基本还没有形成，如果消费者只买一盒的话，减肥效果绝对不明显，消费者吃完一盒后，觉得没效果，就再也不会买你的产品了。那么他们一定要让消费者一次买够一个"疗程"，这样起到两个效果：消费者吃完四盒，感觉有效，会回头再买；消费者一次性购买量成几倍的增加。同时，他们给了销售员一个最好的推荐理由：这个产品正在进行"买三赠一"的活动，别的产品没有。你说你的产品是如何得有效，消费者都是无法马上感觉到的，如果你说买三盒白送一盒，消费者是马上算出来的。因此，终端的达成率非常高。

从六月份开始，他们每个月都有地面促销活动。这些促销活动看起来没有太多的新意，但非常有效。举个例子，他们算了一下毛利率，在保证赢利空间的前提下，做了一个"减肥倒计时"的活动，周三买一盒送一盒，周四买两盒送一盒，周五买三盒送一盒。广告一打，几个主要终端纷纷排起了长龙，一天就销掉30件货，3600盒！几个业务员忙于到处补货。

九月份减肥品的淡季到了，"旗人"减肥套盒在杭州的销售却没有下降。

由此可见，买几赠几的促销方法对顾客而言，还是很有杀伤力的。

现在商家为了争夺更多的市场份额，常利用商品促销活动来吸引顾客。在搞促销活动时，赠品的选择很关键。赠品的选择有一定的讲究。赠品不是越贵越好，也不是越多越好。赠品要经济实惠，对顾客有用。如果赠品太贵，则成本太高，经营者就是在"赔本赚吆喝"；如果赠品对顾客来说没有价值、不实用，顾客就不领情，送了也等于白送。

赠品要与预售商品存在一定的关联。比如，卖厨房燃气灶之类的，可以搭赠小蒸锅、电饭煲等；卖高档名酒，可以赠送精致的酒杯。一件赠品如果不能满足顾客对实用性的需求，必然没有吸引力。比如，某位老年顾客购买了四瓶高档酒，售货员送其婴儿奶瓶一个，不但是受赠者，其他顾客也会觉得既不实用，又不伦不类。同时赠品要与促销商品的质量和档次相符，不能拿次品来做赠品，否则无法体现售出商品的价值。如果顾客购买了价值几千元的酒水，你送其一套价值200元的酒器，顾客可能会很高兴，而如果你选择赠送一次性纸杯，即使送给顾客10包，顾客也未必会买账。

另外，在派发赠品的过程中，为避免赠品被销售员挪用或占有，要注意以下几点。

一是责任落实到人。要对有关经手人严格要求，做好顾客领取赠品登记表，以备回访调查。

二是抽样检查核实赠品发放情况。根据受赠对象在登记表上留下的姓名、住址、电话等个人资料，及时回访了解。

三是尽量采用随货赠送或悬挂醒目提示牌的方式，确保赠品送到顾客手上。

搞商品促销活动需要注意的问题很多。选好赠品，做到有效地派发给顾客，才能达到促销目的。

中小零售店由于受经营成本影响，搞商品促销的机会不是很多。因此一旦决定要搞促销活动，要十分注意选择好赠品和促销时机，以取得最佳促销效果。在春节、国庆节等销售旺季，顾客消费集中，零售店之间的竞争比较激烈，在这个时机进行促销有利于在短期内聚集人气，提高销售量。

总之，搞商品促销活动要注意灵活应变，根据顾客的需求选择合适的赠品，选择恰当的促销时机。要根据顾客购买商品的档次、数量等派发不同的赠品，使赠品发挥应有的作用。

折价促销，折本赚吆喝

所谓折价促销是指通过降低商品价格，以优待顾客的方式促进销售。此种促销方式可以提高消费者对商品的关注程度，在促进销售方面极为有效。它对短期销量的提升具有立竿见影之效，因此也常是被商家运用的促销手段。

价格往往是消费者选择商品时主要考虑的因素。特别是产品同质化比较严重的今天，在品牌形象相差无几，服务手段也无太大区别时，价格影响力因素就显得尤为重要。

折价促销可以说对消费者来说冲击力最大，是最原始、也是最有效的促销武器。因为消费者都希望以尽可能低的价格买到尽可能优质的商品或享受更好的服务。它经常作为短期增长业绩，减少库存，加速资金回笼的手段。但不能长期作为开发客户的手段，只能在短期内增加销量，提高市场占有率。

商家可以根据不同产品库存数量及允许的范围内设计折价促销时间、方式及折扣率。其先期的准备时间和准备工作量也相对其他促销方式要少，并易于先期做成本估算。调整价格或打折促销毕竟是市场竞争中最为简单、最为有效的手段，为了抵制竞争者即将入市的新品，及时利用价格吸引消费者的兴趣，使他们陡增购买量和接受你的服务。通过直接折价还能塑造"消费者能以较低价格就可以买到较高价值的产品"的印象，能够淡化竞争者的广告及促销力度。

折价促销，特别是直接折价，最易引起消费者的注意，能有效促使消费者购买，特别是对于日用消费品来说，价格更是消费者较为敏感的购买因素。折价促销能够吸引已买过的消费者再次购买，以培养和留住既有的消费群。

假如消费者已通过借用、样品赠送、优惠券等形式试用或接受了本产品，或原本就是老顾客，此时，产品的折价就像特别为他们馈赠的一样，比较能引起市场效应。

折价促销是超市使用频率最高的促销活动，它通过使用折扣券、商品特卖或者限时折扣的方式，让消费者以低于商品的价格购买商品。折价这种促销方式可提高消费者对零售点商品的关注度，在促进超市的销售方面极为有效，它对短期销量的提升具有立竿见影的效果。

折价的促销效果也是比较明显的，因此常作为企业应对市场突发状况，或是应急解救企业营销困境的手段，如处理到期的产品，或为了减少库存、加速资金回笼等。为了能完成营销目的，营销经理也常会借助于折价做最后的冲刺，不过，这样做只能在短期内增加产品销量，提高市场占有率。

我们经常会看到超级市场在特定的营业时间内提供优惠商品销售的措施，以达到吸引顾客的目的。

北京超市发超市连续多年创造了不俗的经营业绩，在同商圈的超市竞争中，始终处于领先的地位。除价格优势外，该超市采取的灵活多变的应季性营销手段产生了良好的效果。2000年夏天，北京天气异常炎热，到了晚上居民不愿闷在家里，纷纷来到室外消暑纳凉，该超市适时地推出了"夜场购物"，将超市的闭店时间从原来的晚9点半延长至12点，同时，在这一时段，将一些食品、果菜等生鲜品类打折销售，既为附近居民提供了纳凉的好去处，又低价促销了大量日配商品，很快就赢得了广大消费者的欢迎，也吸引了不少附近商圈的居民来此购物，此举使其在这一商圈的同业竞争中一举胜出。

　　超市也经常会发折扣券，顾客能在指定时间内到超市购物享受一定的折扣优惠，超市折扣券的使用通常在于扩大影响力。超市通过登门拜访、街头拦送方式将折扣券送到消费者手中。这种方式的优点是折扣券的送达率能够充分保证，而且由于超市在发送折扣券时，对于发送对象是有选择性的，通常是商圈范围内的消费者，因此，使用率也会相应提高。

　　江苏好买得超市以会员为对象，以月为单位展开DM商品宣传，并把每一期的DM商品录入电脑，在每次活动结束后，从电脑中跟踪分析DM商品的销售、毛利同比、销售、毛利份额比、会员购买比例、折让比例与销售上升的比例等指标，以此来分析顾客的潜在需求、顾客对价格的敏感度，检查DM商品的组合策略、定价策略，进而为调整DM商品组合、促销价格的制定提供决策数据。超市对DM商品的制定、调整与销售，已带来了回报：公司会员消费比例由原来的15%上升至50%，DM商品的销售占总销售的份额由原来的4%上升至现在的9%左右，会员价商品的比重由原来的12%增加到72%，总销售额也日攀新高。

　　因为价格往往是消费者选购商品时的主要决定因素之一，特别是在产品同质化高、品牌形象相关无几时，价格的影响力就显得更大。因此，越来越多的厂商用这种方式来进行产品的推广和促销，并且效果显著，立竿见影。

优惠卡，拴住顾客的绳索

　　每一位顾客的背后，大体有N名亲朋好友同事等。如果你赢得了一位顾客的良好口碑，可能会赢得N个人的好感；现在的顾客购物往往货比三家，如果你得罪了一名顾客，也就意味着你忽视了其背后N名顾客所带来的负面效应，你的竞争对手也就多了一位顾客，有人说，开发新顾客是留住老顾客的N倍成本。

企业如果仅仅是满足顾客的需求，那么，当竞争者提供更有吸引力的东西时，这些顾客就会很容易地转向竞争者的品牌。一份关于消费包装品的调查报告说明，44%的原来据称满意的顾客后来改变了品牌；而对商品质量和价值高度满意的顾客不会轻易转向另一品牌。

企业要创造出更多的顾客，一个重要途径是保持老顾客，使现有的顾客成为忠实的顾客，并通过他们来吸引潜在的顾客。对于一个企业来说，销售业绩的80%来自于老顾客的重复购买。因此，要取得好的销售业绩，就必须保持住老顾客，使其不断地重复购买企业的产品，而不转向购买竞争者的产品。企业维持老顾客的时间越长，它所取得的业绩也将越大。资料显示，吸引一个新顾客的成本是保持一个满意的老顾客的5倍。对盈利率来说，吸引一个新顾客与丧失一个老顾客相差15倍。因此，企业在开拓新顾客的同时如果失去了老顾客，那么即使销售量还能维持不变，但利润也会大幅度降低。因此对任何一个企业来说，保持顾客比吸引顾客更重要，而为老顾客办理优惠卡，是留住他们的一个重要方法。

宜家根据会员来店的频率，而不是根据购买金额进行奖励。在宜家看来，顾客只要来，就一定会买东西。宜家相信，和那些不常逛店、只要一来就买很多的顾客相比，经常来店、每次不一定买很多东西的顾客更有价值。所以，宜家采取了很多鼓励措施，吸引会员经常来宜家逛逛。

比如，在周一到周五，会员到宜家能够享受免费的咖啡；周一到周四，会员可以带着家里的照片图纸，来门店找宜家的设计师进行免费的家居装饰咨询；每周面向会员开放宜家的家居装饰讲座，会员通过电话或者电脑报名等活动。

有一个最经典的案例，宜家向每个买过圣诞树的顾客承诺，只要他们在1月份，到宜家门店来，就可以报销部分的圣诞树款。要知道一月是全年的淡季，既然都到了门店，又怎么会不顺便逛一下，多多少少买点东西呢？

服务还不止这些呢！宜家每年都会淘汰1/3的旧款，同时推出新款。所以，在任何一款商品停止生产之前，宜家都会通知曾经买过或者是曾经有过购买意图的会员。比如，曾经买过某个柜子的会员，宜家会询问是不是需要换柜门或者其他配件。否则，等停产了就只能全部换掉了。

事实上，大到一个系列新款，小到一套碗碟的新商品，以前购买过类似商品的会员都会收到来自宜家的"温馨提示"。

从会员刷卡的记录中，宜家可以确切地知道某个顾客所购买的商品，这样可以帮助宜家有效地推出新的市场和服务；在对顾客的分类中，宜家可以知道某一类产品适合怎样的顾客，也可以根据这个信息来改变门店产品的布局。

比如，很多顾客基本上要买的商品，布局就非常显眼，对每一个进入宜家的顾客来说，这不一定是他想买的，但他必须要花更多时间去找他要买的东西，更有可能第一眼就买下了他原本不想买的东西，这样销量就上去了。

事实上，拥有宜家俱乐部的会员卡不难，走进宜家的会员店，想用会员价格买到会员产品，你在填好一张宜家俱乐部会员登记表格之后，就会得到一张红黑底色的卡，上面写着"IKEA FAMILY"，有长达15位的会员卡号，然后你去收银台刷卡买单，就可以为同样的商品少付几元到几百元的会员差价。并且，这样的申领过程是完全免费的。

宜家之所以做得很成功，原因突出表现在这些细节上，即通过优惠卡和会员卡不断地拉拢老顾客。

一个高度满意的顾客会更长时期地忠诚于企业，会购买更多的企业新产品并提高购买产品的档次，会对公司及其产品有好感并为它们进行宣传，会忽视竞争者的品牌和广告并对价格不敏感，会向企业提出改进产品和服务以更好地满足顾客需要的建议。同时，由于与老顾客进行交易已成为一种惯例化的交易行为，不会像与新顾客进行交易一样要经历艰难地讨价还价的过程，这会降低企业的交易成本。

开卡促销也是美容院基本的促销手段，已成为美容院主要的促销方式之一，开卡的形式多种多样，小到如月卡、季卡、年卡；大到如金卡、银卡、积分卡、贵宾卡、会员卡等。

美容院为了稳定住忠诚的老顾客，在顾客护理期间，为顾客办理的促销卡，在金额上享受一定的优惠，即办理月卡比每单次消费的费用低，办理年卡比办理月卡总和消费要低，并且顾客还可享受一定的购买产品优惠及折扣，享受美容院各种优惠项目。

优惠卡，是一个有效留住老顾客的方式，由于留住一个老顾客比开发一个新顾客的成本要小得多，所以，优惠卡受到很多商家的青睐。

第三章

读懂顾客求"新潮"的心理，
推陈出新不落伍

　　我们经常听到"创新是企业不竭的动力"。其实企业创新的动力就是要去满足顾客"求潮"的心理。人的欲望是无穷的，包括对新事物、新产品的追求，尽管新产品不一定是最好的，但是在顾客的心目中，新的就是好的，而拥有新的，就代表着自己站在潮流的前沿。

　　另外，顾客的从众心理和好奇心理也是商家经常研究的，有效地利用这两种心理，绝对会有利于自己的销售。人性本身的特点决定了谁也无法逃脱这两种心理，也许我们不需要那种产品，但是既然大家都买了，我们也要买，这两种心理你能否认自己没有过吗？

"新品就是佳品！"

　　消费者往往喜欢新产品，并且认为新产品肯定是超越旧产品的，一定是更加先进，更加完善的，尤其是年轻的消费者。青年人的特点是热情奔放、思想活跃、富于幻想、喜欢冒险，这些特点反映在消费心理上，就是追求时尚和新颖，喜欢购买一些新的产品，尝试新的生活。在他们的带领下，消费时尚也就会逐渐形成。

现在的年轻人求新、求异，喜欢尝试，面对目前竞争强烈的市场环境，要想抓住年轻人的眼球，新产品进入市场需要从延伸产品中寻找差异，即通过形式产品（包装、造型、品牌）的差异来体现产品延伸的附加价值和利益，来表现产品带给消费者的心理感受和内心需求。新产品的竞争策略可以是通过主题演绎的不同、表现的不同来实现差异化，增加产品的独特性。

虽然消费者青睐新产品，但是新产品上市的时候如果没有产生一定的效果，不能让消费者知道你的出现，那么再新的产品也没有用。新产品很重要，但是新产品上市时让消费者知道更重要。

新产品本身就是创意的产物，如果我们能够在上市方式上选择创意手段上市，其效果就会被放大。我们见到的是很多企业十分注重新产品本身的创意，但在新产品上市中很少运用创新手段，导致新产品过早地老气横秋，显露出未老先衰的征兆。

2000年，中国瓶装水市场竞争格局基本上已成为定势。以娃哈哈、乐百氏为主导的全国性品牌基本上已经实现了对中国市场的瓜分与蚕食！

同时，很多区域性品牌也在对水市不断进行冲击，但是往往很难有重大突破。当时，比较有代表性的水产品有深圳景田太空水、广州怡宝、大峡谷等，还有一些处于高端的水品牌，如屈臣氏、康师傅等。但是，中国水市竞争主导与主流位置并没有改变。正在此时，海南养生堂开始进入水市，农夫山泉的出现改变了中国水市的竞争格局，形成了中国市场强劲的后起之秀，并且，随着市场竞争加剧，农夫山泉在一定意义上逐渐取代了乐百氏成为中国市场第二大品牌，从而创造了弱势资源品牌打败强势资源品牌的著名战例。

2005年3月12日，农夫山泉董事长钟睒睒在接受央视《对话》栏目采访时谈起了当初自己推出农夫山泉自然水的无奈与机智。

当时，农夫山泉买断了千岛湖50年水质独家开采权，在这期间，任何一家水企业不可以使用千岛湖水质进行水产品开发。就是这样一个新闻，应该说还是非常具有炒作空间的，但是，当时到浙江淳安的记者普遍感觉没有什么热点。面对记者的垂头丧气，记者出身的钟睒睒出于自然的职业敏感，在记者发布会上爆出了一个大胆的，也可以说是十分经典的创意：好，我给大家宣布一个消息，从今天开始，农夫山泉将不再生产纯净水，而仅仅生产更加健康、更加营养的农夫山泉天然水。钟睒睒的一句话立即掀起了记者的热情，于是，一场中国水市的暴风骤雨由此诞生，也正是钟睒睒的创意，改变了其后中国水市的竞争格局。

首先是农夫山泉的三种不同水的试验：分别将三株植物放在纯净水、天然水与污染水之中，我们会发现，放在纯净水与污染水中的植物生长速度明显不如放在天然水中的，由此，农夫山泉得出一个结论，天然水才是营养水。

其次，钟睒睒仅仅用10万元现金就撬开了化学家、生态学家、营养学家的尊口，他们纷纷搬出自己进行研究的科学成果，验证一个结论：自然水比纯净水更健康。

最后，为了验证自己结论的可信度，农夫山泉甚至在校园里开展了小小科学家试验，用孩子之口说出一个真理：天然水比纯净水健康，代价也十分低。而这仅仅花了几十万元的赞助费。

从2000年4月24日宣布不再生产纯净水，5月26日在成都拉开全国性对比试验序幕，到6月份与纯净水企业联盟的正面较量，8月份全面降价，再到9月份奥运赞助战略展开，农夫山泉一气呵成，牢牢占据瓶装水市场老三的位置。虽然它对纯净水市场猛烈攻击使得它彻底自绝于绝大多数瓶装水企业，但是，市场的决定力量毕竟是消费者，而非同行。更何况，养生堂终于借助农夫山泉实现了企业成功转型。

当前，中国市场上新产品上市创意能力越来越差的事实告诉我们：创意性上市方案的选择对中国企业是多么重要。成功的新产品创意上市方案首先必须是引起领导性品牌关注，并且最好是领导性品牌的软肋，更要引起消费者的注意。我们今天看到很多所谓的创意性新产品上市方案其实基本上很少能引起竞争性品牌特别是领导性品牌注意，更不用说消费者，以至于市场资源效应基本上不能得到放大性处理。所以，我们判断一个弱势的新产品上市是不是具备创意性首先就要看是不是引起领导性品牌注意甚至于打击，能不能让消费者看到你的身影。

赢在新颖，胜在别样

对于某些稀缺类产品，即使成本并不太高，价值和质量也属于一般，但

由于市场难觅此品，你就可以顺水推舟，将其价位高高挂起，等候需求者购买。这类产品，有些顾客愿意出高价购买，所谓"需者不贵"。从中，你可以获取高额利润。赢在新颖，胜在别样。

崭新的工艺，先进的技术，是现代竞争中取胜的一个法宝。随着人们生活水平的提高，人们的欣赏水平、消费水平也在不断提高，这就给生产经营者提出了一个新的课题，也为他们提供了一个新的竞争领域。从目前市场发展看，工艺技术高、产品质量高、构思新颖奇特的消费品已经赢得了越来越多的消费者，其市场前景是非常光明的。

中山宝路达灯饰电器厂在2006年以前，一直以生活元素品牌主销国外市场，从2006年开始，以普雷威特品牌主攻国内市场。在短短两年时间内，普雷威特产品就畅销全国，先后开设了70余家专卖店。在众多灯饰企业抱怨市场难做的时期，普雷威特是凭借什么快速地赢得了市场呢？

随着生活水平的不断提高，人们对灯饰的选择是越来越"挑剔"，不仅选择的是照明工具，更是在选择一件饰品。能不能满足人们不断提高的消费需求，是任何产品能否赢得市场，受到消费者青睐的关键因素。

宝路达灯饰营销总监俞利民介绍说，普雷威特能够快速赢得市场，就是因为其把握了消费者的心理需求，能够不断满足消费者的需要。普雷威特十分注重产品的研发力度，有10多位专业的设计师进行新品研发，每个季度都能推出100多种款式新颖、时尚、节能、环保的产品。

普雷威特在注重研发速度，不断推出新品的同时，对产品的质量更是严格把关。一次，公司在给一位经销商发一款镜前灯时，发现有一点麻点，立即就把这款灯给换了，绝不让有任何瑕疵的产品走出公司。

不断推出的新款，很快就使普雷威特在市场站稳了脚跟，赢得了一片天地，深受经销商和广大消费者的好评。

人们在追求高档的消费后，才发觉有些东西太复杂。于是，一下又回到了个性简约、使用方便的时代。简约个性，时尚风格既是当今流行趋势，也是人们所追求的、普雷威特灯饰紧跟时代潮流，就具有这样的特色。

普雷威特灯饰不仅仅只是一个照明工具，更是智慧、艺术与光学的有机结合，集适用性、观赏性、简约性、国际性为一体的高端现代的灯具和装饰品，适用于家居、办公、酒店、商场、机场等高档典雅场所。同时，普雷威特还生产客房灯、厨卫灯、台灯、落地灯、吊灯等所有家居用灯饰，而且产品个性十足、唯美、极致简约、使用清洗十分方便。

只有观念创新才能抢得先机，众多成功的创业者在谈到经验的时候，总是表示创业需要创新的意识，只有做到人无我有、人有我异，才能在市场上抢得先机，为成功做好准备。

同是这个品牌，在陶业变局已显端倪、行业环境蒙昧不清的2007年下半年，毅然闯入了建陶市场份额最大、竞争最激烈的抛光砖与釉面内墙砖领域；更叫人惊讶的是，它仅仅用了大半年的时间，不但站稳了脚跟，还以锐不可当的成长加速度，塑造了"逆风飞扬"的瞩目神话——据业内资深人士介绍，其经营业绩与"南国陶都"佛山的一个中等规模的建陶老品牌旗鼓相当，让人啧啧称奇。

这个品牌就是卡米亚陶瓷，它的陡然"变脸"曾让人猜疑不已，它的成长在默默中展开，没有掀起喧哗，它的快速崛起谜一般吸引着人们。

卡米亚陶瓷的自主创新为企业持续发展奠定了稳固的后盾，推陈出新不断缔造市场亮点。企业聘请了大批专业陶瓷科研人员，结合时代潮流理念，执行有效的激励机制，建立了研发—生产—营销—再研发的创新模式，走自主创新可持续发展的战略。卡米亚在新品研发上孜孜以求，不惜重本，创新能力雄踞行业前茅。据悉，卡米亚产品花色之多、更新速度之快，连业内对手也不得不额首认同。

叫好和叫座的特色新产品不断涌现，科技成果频获专家好评，如近年推出的洞石、玉晶石、莎安娜米黄等抛光砖产品均被认定为达到国内领先水平。源源不断的精品不单为消费者提供更多样式新颖的选择，也为企业赢得市场话语权，创造可观的经济效益，为可持续发展奠定坚强后盾，引领时代潮流。

有特点的、新颖的产品才能在市场上占有一席之地，如果企业想在市场中占据优势，那么不断地推陈出新，创造出新颖的、满足消费者需要的产品是必由之路。

从众心理，顾客的致命弱点

先给大家说一个在零售商场购物的场景：

一名顾客在柜台旁看商品，销售员热情地跑过来问"先生要买什么，我

可以帮你"，结果顾客说"我随便看看"，于是离开了柜台。一会儿柜台又来了一群人，大家叽叽喳喳地询问销售员。过不了一会儿就有一人掏钱买下了一个，于是其他人纷纷准备购买。这时候，先前的顾客又出现了！他在旁边认真地听着、看着，还拿起商品反复看。结果他说："喂，给我也拿一件！"

这是实际发生在每一个柜台上的故事，是你、我、他都可能存有的一种购物时的习惯，那就是从众心理。

你在挑选商品的时候是不是也有这样的从众心理呢？你在购买时所关注的是商品的什么呢？价格？信誉？还是对商品的了解和熟悉度？不敢下单，或者是觉得门槛太高？还是缺少示范，没人在你前面购买这样的商品？

买家看到的"很多人"是如何"看"的呢？在网络这样的一个虚拟的购物环境中，顾客看到的就是商品的销售量、浏览量以及顾客对商品的评价。还有最新商品促销通知等，都能为用户营造这种"绝不仅有你一个人在购物"的环境。营造"有人"而且"人很多"的氛围告诉顾客，买这件商品的顾客并不仅仅只有你，你购买这件商品是很合情、合理、合群的行为。在你之前，很多人已经购买了这些商品，在你之后还会有很多人继续来买。不用担心，勇敢地点下"确认"键。

这就是我们的从众心理，每个人都有，无可避免的。再看一个例子：

一女士打算去商场买衣服，经过商场门前的广场时，发现一群妇女围着一个人在抢什么东西。这位女士开始并不在意，等她走近一看，原来有一小商贩正在叫买女性夏天穿的丝袜，十元钱三双，小商贩说是因厂家出口超过订单的部分要赶快变成现金冲抵成本才如此廉价的。不买的话，"错过这一村就没有那一店"。这位女士原计划是去买衣服的，结果看见好多女性都蜂拥而去抢购，结果也忍不住自己的从众心理去买了一大堆丝袜回家。

且不说那丝袜的来历是不是小商贩说的原因，也不说丝袜质量好坏，单就从这位女性从不想买到想买的过程，就是典型的购买行为中的从众心理使然。

"从众心理"其实是一种顾客购买过程的心理活动，通俗地解释就是"人云亦云""随大流"；大家都这么认为，我也就这么认为；大家都这么做，我也就跟着这么做。商家如果能有效地掌握或调动顾客购买行为中的从众心理，肯定有助于产品的销售。

当然，"从众心理"也具有正反两个方面的结果：消极的一面是抑制顾客个性，束缚思维，扼杀创造力，使人变得无主见和墨守成规，这也是商家希望看到的；但也有积极的一面，即有助于顾客学习他人的智慧经验，扩大视野，克服固执己见、盲目自信，修正自己的思维方式，减少不必要的烦恼如误会等。所以买卖双方无时无刻不在暗里明里"博弈"。

其实掌握顾客的心理，比起其他条件（如产品的价格、特色等），在营销上反而更有决定性。因为一切购买行为，到最后都是取决于顾客当时的心理导向。古语云："攻心为上，攻城为下"，如今"心战为上，兵战为下"已成为营销战争的秘籍。"攻心为上"对营销来说关键就在于抓住顾客的心。

我们通常会发现这样一种现象，顾客不论是买东西还是吃饭，都喜欢往人多的地方去。如哪家商场的人多，那么将会有越来越多的消费者挤进去；哪家大排档生意好，即使没有空位，顾客也愿意花时间去等，而不愿意离开。任何商店都是如此。比如，顾客发现哪家商店的人多，都会不由自主地走进去逛一逛、看一看是不是有什么力度大的促销活动。即使附近的一家商店没什么人，也少有消费者会主动进去看看。这也就是所谓的从众心理。有从众心理的顾客，有些并不是有急切的需要，而是为了凑热闹，看是否能得到实惠而进行消费，以求得心理上的满足。面对顾客的从众心理，销售员可运用专业、时尚、口碑、热销的促销语言趁热打铁，促成交易。

顾客接受销售员推荐的时候不敢做决定，销售员告诉顾客谁谁在使用，尤其是她认识的朋友也在用，顾客就会放心地购买。为什么做广告都要找明星找有影响力的人物呢？因为他们可以影响消费者的消费行为，人们看到著名人物的广告就会顺应大众的心理，营造一种你想我在使用，我想你也在用，大家想大家都在用的共同想法，正是大家想大家都在用的心理，广告就发挥了巨大的作用，广告就是利用人的从众心理产生效果的。绝大多数的顾客对新品牌存在顾虑心理，在顾客不能下决定的时候让他看看周围的人都在使用，尤其是顾客认识的人产生的效果会更好，这样的方式可以打消顾客的疑虑，让顾客放心。

要打开顾客钱袋，就从好奇心下手

好奇心是所有人类行为动机中最有力的一种，在实际推销工作中，可以

用话先勾起客户的好奇心，引起对方的注意和兴趣，然后从中说出推销商品的好处，这就是我们现在所说的注意力经济。

人人都有好奇心，美国人在经营中善于利用人类的好奇心，设法引起众人的注意和兴趣，以此来促进交易。美国人卡塞尔是这方面的高手，他是一位善于观察、善于思考、善于洞悉别人心理的大赢家，他把这些都用在做生意上。

卡塞尔在闹市地段租了一块地皮，造了一间小木屋作为酒坊。小木屋四周均留有小圆孔，并挂上一块醒目的牌子，赫然写着"禁止观看"四个大字。来往路人经不住好奇心驱使，越是禁止看越是想看，他们都簇拥着通过小圆孔往里面偷看。

这恰恰中了卡塞尔的圈套，进了屋内，看到另一块牌子上写着"美酒飘香，请君品尝"八个字，这时小孔下面正放着的一坛美酒，香气扑鼻。窥视者感到真是挡不住的诱惑，于是忍不住，争相解囊购买。

1998年，美国超级拳王泰森在和霍利菲尔德的一场拳击比赛上，咬掉了霍利菲尔德的半块耳朵，当场观众一片哗然。而后这件事被炒得沸沸扬扬，尽人皆知。卡塞尔便突发奇想，为他的酒坊设计了一种名叫"耳朵"的下酒菜。这种"耳朵"菜有荤有素，酷似霍利菲尔德的耳朵。谁不想尝尝咬坏别人耳朵的滋味呢？"耳朵"菜吸引了大量的消费者，也为卡塞尔带来了大量的利润。

人们对你卖的东西产生好奇，也就意味着你拥有了一半的成交机会。商人如能巧妙地利用人们的好奇心，很容易达到促销的目的。

美国商人鲍洛奇早年在美国一个叫杜鲁茨城的最为繁华的街道替老板看摊卖水果。有一次，老板贮藏水果的冷冻厂发生了一场意料不到的火灾。当消防人员赶来把大火扑灭时，16箱香蕉已被大火烤得变成了土黄色，表面还出现不少小黑点。这些香蕉一点都没变质，相反，由于火烤的原因，这些香蕉还别具一番风味。

老板把这些香蕉送到鲍洛奇的摊位上，让他降价处理。当时，普通香蕉每磅的售价是4美分，老板让鲍洛奇以每磅2美分，降价一半出售。老板还交代，香蕉只要能够卖出去，不至于浪费掉就行了，即使价格再低一点也可以卖。不少顾客走到他的摊前，见到这些丑陋不堪的香蕉，只好摇着头转到别的摊位前去了。第一天，鲍洛奇只卖出了8磅。

第二天一大早，鲍洛奇又开始叫卖了："各位先生，各位女士，大家早上好！我刚批过来一些进口的阿根廷香蕉，风味独特，只此一家，数量有限，快来买呀！"很快，鲍洛奇的摊前就围了一大群人。众人目不转睛地盯着这些黄中带黑的"阿根廷香蕉"，有些犹豫，不知道要不要买。

看到这么多人围到自己的摊位前，鲍洛奇兴奋极了，立刻鼓动三寸之舌："阿根廷香蕉，阿根廷香蕉！最新进口的，我们公司好不容易批到的。这种香蕉产在阿根廷靠海的地区，阳光充足，水分多，风味独特！"

在人们将信将疑之际，鲍洛奇不失时机地问一位穿着得体的小姐："小姐，请问您以前尝过这种'阿根廷香蕉'吗？"这位小姐在摊位前张望很久，鲍洛奇早已注意到她了。她的眼睛好奇地盯着这些香蕉很久了，那样子很像打算买，只是还没有最后拿定主意。鲍洛奇决定从她身上打开突破口。

"哦，我可没有，从来没有尝过。这些香蕉蛮有意思的，只是有点黑。"小姐说。

"这正是它们的独特之处，否则的话，它们也就不叫阿根廷香蕉了。你见过鹌鹑蛋吗？鹌鹑蛋也是带有黑点，但是鹌鹑蛋却特别好吃，不是吗？"鲍洛奇唾沫飞溅地说，"请您尝尝，您从来没有尝过这种风味如此独特的香蕉，我敢打赌！"接着马上剥了一只香蕉递到小姐的手里，小姐接过吃了一口。

"味道怎么样，是不是非常独特？"鲍洛奇不失时机地问。

"嗯，味道确实与众不同。我买8磅。"小姐说。

"这样美味的阿根廷香蕉只卖10美分1磅，已经是最便宜的啦。我们公司好不容易弄到这么一点货，大家不尝尝？错过机会您想买就买不到了。"鲍洛奇大声吆喝起来。

既然那位小姐已经带头买了，而且说味道独特，再加上鲍洛奇的鼓动，大家不再犹豫，纷纷掏出钱来，想尝尝"进口的阿根廷香蕉"到底是什么样的独特味道。于是你来5磅，他来3磅，很快，16箱被大火烤过的香蕉竟然以高出市价一倍的价钱卖得精光。

可见，经商中设置悬念吊起对方好奇心，是一种行之有效的游说方法。在你满足了他人的好奇心的同时，对方也就会自觉地接受你的意见。

巧用个性包装，吸引顾客眼球

　　娱乐经济时代的到来，为我们带来了更多的视听刺激。因为太多人梦想着成功，梦想着从丑小鸭变成白天鹅，超级女声们征服了无数年轻人的心。这种征服跟超女的唱功有关，更跟超女的个人形象有关，他们管这叫个性。只有聪明的节目策划人没有随着现场的灯光、音响、绚丽的舞姿、动听的歌声而尖叫，因为他们知道这次的超女已经不是那个乡下小女孩了，她们懂得什么时候笑，什么时候哭，懂得怎样在台上跟观众做最深情的互动，是这些人帮着超女们量身定做了符合各自个性的包装（也叫专业培养）。

　　超女的成功给了我们很多关于市场营销资源整合的启示，如果把超女们看成是商业产品的话，成功的产品包装满足了观众的眼球，更打动了观众的心。在竞争日趋激烈的商业时代，有力的产品包装无疑成为打动购买者的直接利器。计划经济时代的产品包装，更多的是强调产品包装的实用性，即产品包装对产品的保护作用，想想我们小时候父母亲买油条回家，包油条的那块厚厚的牛皮纸，既没有什么美观可言，也没有店铺的任何信息，那块牛皮纸在把油条送到餐桌上之后就完成了它的使命成为一张废纸了。今天，卖油条的人一定会在包装袋上打上自己的店名、电话，用透明塑料袋做包装的人会让你看到里面的油条金黄酥脆；用牛皮纸包装的人则告诉你他在追求环保，而且纸袋更健康。

　　总之，企业在宣传自己产品的同时，也没有忘记宣传自己的产品包装，有些同质化严重的产品企业甚至在产品包装上大做文章，使之成为区别于竞争对手的独特卖点。

　　有力的产品包装除了起到对产品的保护作用外，更是产品本身的直接表现。想让购买者接受你的产品，首先得让他从视觉上喜欢上你的产品，而这常常是从包装开始的。就像我们了解一个人，通常第一印象是从这个人的衣着打扮开始的，如果一个人衣着得体干干净净，我们从思想上就会容易接受他，反之，一个人穿着很邋遢或者很出位，我们从思想上就会排斥他。

　　产品包装作为产品的一个部分，首先我们就应该给出一个正确的定位，产品包装和产品不是独立的两个物体，产品包装是产品的延伸，它和产品本身共同构成了顾客的购买对象。所以，高品质的产品一定要有高品质的包装，只有这样才能增加销售说服力。那么怎样的产品包装才能够吸引顾客眼球，打动顾客的心呢？

好的产品包装不仅为产品加分，甚至包装本身都可以成为产品独特的卖点。如何才能做到产品包装的美观性，从而取悦于购买者的眼球呢？这里首先要解决产品定位的问题，我们看到越是一些高档产品包装越趋于简约风格，也就是说，这种产品的包装只标示品牌信息，而不会在上面罗列自己的品牌要素。高档品牌的市场传播早在产品陈列到终端以前就已经完成，在顾客心里早就已经建立了情感认知，所以他们的包装作用不在于增加产品的现场竞争力。流通类产品不同，这种产品的购买特点决定了它的包装的重要性。

就拿矿泉水来做个例子，在品牌云集的市场上，哪一个品牌的瓶子让你记忆深刻呢？娃哈哈、农夫山泉还是其他？当然，这些包装的核心还是要满足于各自的品牌定位，农夫山泉的一贯红色标贴，娃哈哈的透明装似乎都在终端占有一席之地，而我们记忆深刻的是屈臣氏的产品包装。抛开产品层面不谈，屈臣氏的瓶子就很有个性，尤其是瓶盖，很大，完全不同于我们在市场上看到的小螺旋瓶盖，然后就是颜色，那种淡绿色看起来就很舒服，所以我们看到很多女生喜欢屈臣氏的纯净水，或者那个瓶子才是她们购买的直接原因。举这样一个例子，只想说明你的包装如果与众不同就能从视觉上抢占顾客的眼球，在终端货架上，由于你的产品包装出众，顾客会直接走到你的产品前面，因为人们对那些与众不同的东西充满了好奇心。

产品包装最基本的作用还是为了保护产品，如果忽视了产品的价值，刻意地在产品包装上大做文章，这种让顾客买椟还珠的做法也是不可取的。如果你的产品够棒，就不用非得把产品包装做得喧宾夺主。在设计产品包装的时候，那些聪明的厂家常常会在包装上选择透明装或者部分透明，这样可以让顾客直接看到产品，从而用产品本身的卖点来吸引顾客购买。

产品包装到底是选择透明装还是选择全包装，这取决于厂家的市场推广策略和产品本身的属性，那些产品本身色彩突出，具有视觉刺激效果且可以露天放置的产品，选择透明包装不失为一种好的包装策略，在市场上我们看到的一些果汁饮料常常会采用这种包装。那些要求避免光线照射或本身产品

色彩不佳的产品就不适合做透明包装，如像腌制的一些小菜。

不论是透明包装还是全包装，都要满足于产品包装为产品加分的功能，使其成为产品展示的窗口。"酒香也怕巷子深"，再好的产品没有好的产品包装，在市场竞争中也会处于销售的劣势。

增加产品的附加值，给顾客带来意外的惊喜，是增加产品竞争力的一种有力手段。赠送小的礼品给顾客，是多数产品在市场推广中的促销手段，但由于这样的买赠方式常常受到通路的影响，发生业务人员、经销商、导购员等各个环节克扣赠品的现象，从而造成促销结果的大打折扣。

把产品包装变成产品的赠品，解决了常规买赠促销的许多弊端。顾客在使用完产品以后，产品包装成为了他免费得到的第二件商品。把产品包装变成赠品的方式主要以把产品包装变为可利用的器皿为主，如水果罐头的瓶子常常做得很精美，吃完罐头以后这个瓶子就被拿来装水装东西。现在连卖糖果、饼干的厂家也会提供一些特大号的铁盒或者密封瓶。更有创意的做法是，有一家卖饼干的企业采用的是圆形铁盒包装，饼干吃完以后，这个铁盒变成了装卫生卷纸的铁盒。

同时，还要注意包装的便利性，常常会看到有些产品包装既不便于顾客提取也不方便顾客打开，这样的包装设计其实是很不合理的。很多旅游的人都会吃一种叫做午餐肉的铁盒装食品，可是人们还是觉得午餐肉的那个铁盒非常不容易弄开，而且常常会划伤手。还有一种塑料袋装食品，如烤鱼干或者牛肉干等，有些厂家会在包装上打一个小洞或者划一个痕迹出来，这样就方便了顾客撕开塑料袋，可还是有些厂家四个边都是封死的，想吃里面的东西非得弄一个剪刀来不可。

产品包装的便利性能不能成为产品的卖点呢，这个要因产品而异，但产品包装的便利性可以为产品加分，这是毋庸置疑的。《蒙牛内幕》中写道：2002年，蒙牛在液态奶包装箱上装了一个提手以增加顾客在购买时的便利性，这个创意使蒙牛当年的液体奶销售量大幅度增长，同行也纷纷效仿——小小的一个提手，不仅拉动了蒙牛，而且拉动了一个行业。

好的包装能为产品锦上添花，所以中国自古就有"人靠衣服马靠鞍"的谚语，产品卖得好，抛开产品本身的竞争力不谈，在产品包装上还是大有文章可做的。

第四章

读懂顾客求"面子"的心理，
优质优价享尊贵

"穿品牌就有面子"

　　"买西服要路易·威登、Prada、Christian Dior，手表要Gucci、劳力士，皮鞋要老人头、Polo……"我们经常会听到自己身边的朋友这样说，穿品牌的衣服似乎能给自己带来更多的价值和自信，这就是我们通常说的，穿品牌就有面子。

　　不得不承认，在购买商品时，品牌会对消费者有一种强烈的购物导向。在购买绝大多数商品之前，消费者已经在自己的心中认定了一个或者几个可能的品牌，可能消费者以前使用过这些品牌的产品，也可能是通过他们的亲戚或者朋友介绍，或许仅仅是消费者在报纸上或者电视上看到过，但在购买时，这种潜在的影响力就会发挥其作用，甚至主导消费者的购物倾向，这就是品牌效应。

　　这种效应其实不仅仅在购买服饰、鞋子等生活用品时会产生作用，在IT领域，其作用更是不容小觑。譬如，前些年用户要购买笔记本电脑或者PC，脑海里首先想到的就是IBM、HP等国际品牌，但最近几年，由于国内IT品牌的不断积累，很多品牌也日渐拥有了一批忠实的用户群，如PC领域的联想、方正等，移动存储领域的爱国者、朗科等，光存储领域的明基等。但在数码

相机这一部分，由于国内厂商真正意义上的介入要远远迟于国外的一些品牌，加之缺少对关键技术的掌握以及没有前期光学相机的铺垫，使得在数码相机领域，国产品牌影响力远远不足。而这一点反映在销量上，就是目前国产品牌数码相机的整体市场占有率尚不足10%。相对于其他领域国产品牌占据国内市场大部分销量而言，仍有巨大的差距，但同样也表明国产品牌数码相机有着巨大的增长空间。

品牌价值包括品牌的外延和品牌的内涵，即产品的独特功能、被消费者认知的程度、产品所包含的价值和带给人们的利益构成的要素等。对于企业而言，塑造品牌的目的就是追求品牌所产生的效应，最终获得品牌效应所带来的回报。但对于消费者而言，追求品牌是基于对名牌企业的一种信任，这种信任恰恰是商品交易的基础。也因此名牌产品往往在价格上高于普通品牌，经销商也会很理直气壮地告知消费者："这是名牌产品，首先质量是毋庸置疑的，而且售后服务也是一流的，所以可谓物有所值。"也许，用户认可名牌的原因，正是因为对其品牌的信任，信任该品牌产品所具有的品质和企业能够提供的服务，这些应该说就是品牌的价值所在。

索尼很少做宣传，但是，SONY就是最好的广告，消费者就认这个牌子，会指名要索尼的产品，这就是品牌价值。用户对品牌的期望不仅是提供质量可靠的产品，以及有保证的、长期的售后服务，最为重要的是企业提供的独特的使用享受，也是一种精神方面的满足和认同。

消费者选择品牌的原因中很重要的一点是品牌的价格，这是非常容易理解的问题。我们知道，一般来说，牌子货，就是"贵"的象征。穿贵的衣服会显示出自己的身份、地位，会给自己带来面子。

64%的中国消费者认为奢侈品牌代表着成功，只有1%的人将奢侈品视为肤浅的代名词。新富阶层对品牌十分崇拜，愿意购买奢侈品牌。

我们并不奇怪为何这些品牌的奢侈品更能吸引眼球，原因在于它们更频繁地出现在电视或时尚杂志上，如劳力士（Rolex）、卡地亚（Cartier）、爱马仕（Hermes）、香奈尔（Chanel）、万宝龙（Mont Blanc）、古奇（Gucci）……"名人用名牌"是许多宣传广告的目的，也的确刺激和引导了一大批追随者，模仿名人的衣着装扮，从而满足仰慕名人的心理需要。曾在社会上流行过的"光夫衫""车子衫"就是明星效应的结果。此外，消费中追求高品质、高品位也是导致名牌产品流行的一个重要原因。对美好事物的向往和追求是人类的天性，而名牌产品正是以其上乘的品质才被公认为名牌，消费者购买名牌产品，不仅是仰慕其品质，更可以从中增强信心，获得周围人的欣赏和尊重，从而获得极大的心理满足。

恭维顾客品位，顺意实施赞美

过去曾以事先决定商店和商品后再去买东西的目的性顾客为主流，这些顾客一旦决定某一商店或商品，如果没有什么特殊理由，是不会改变主意的。但是，现代顾客对于购买东西的感觉发生了深刻的变化，平时闲逛商店的顾客，有时也会突然购买高档商品，或者为将来的购买寻找目标，这些顾客虽说是随意性很大的闲散型，但能否更多地吸引这类顾客将决定其营业额的高低。

小霞在一个珠宝城上班，下午刚接完班，一对穿着比较时尚的中年夫妇进来，走近了彩金柜。小霞微笑着上前向他们打招呼："请问您是看戒指还是项链？这些都是刚来的新款，您不妨试戴一下。"他们没有说话，径自看商品。她紧接着问："请问您是自己戴还是送人啊？"这时女士才搭话。原来，她和她老公结婚十周年纪念日，老公想给她买一件礼物。

"您真有福气，老公对您可真好。您的皮肤保养得这么好，这条彩金项链能够体现您的肤质和气质。"说完，小霞赶紧从柜台取出这条项链给她试戴。"虽然好看，但是不保值，以后换货不划算。""彩金有很多好处，不但工艺好、不变形，款式时尚，而且常戴常新，结婚周年买的礼物都是非常有纪念价值的，想必您不会把这么有意义的礼物拿来换吧！"女士笑着说："话虽有道理，但它还是没有黄金保值。"小霞接过女士的话说："想必您已有黄、铂金首饰了，可您为什么不戴呢？是不是因为它的传统款式令您不满意？而我给您推荐的这款彩金项链正符合了您追求品位、追求高雅精致生活的愿望。"小霞的一番介绍，令这位女士已有所触动，但他们仍要去看黄金。小霞欣然带他们到"黄金阁"，但他们没有挑选到满意的款式，之后他们便去了街道对面的一家商场。

大约下午五点左右，这对夫妇又来到小霞的柜台。女士笑着对她说：

"还是你的眼光独到，别人介绍的都不适合我，就拿中午那条项链吧。你再帮我介绍一款戒指，我相信你的眼光。"之后，小霞领着他们交款、办理会员卡、领抽奖券，并给了一张K金保养卡。一系列的售后服务完成后，女士说："谢谢啦，你的嘴巴真甜啊！我们就是冲着你的服务来的。"古人云，"良言一句三冬暖"。通过这个销售案例，小霞体会到，在销售过程中，通过与顾客沟通，了解到顾客购买珠宝首饰的动机之后，适度地赞美顾客犹如锦上添花，有利于促成销售，也使顾客在拥有精美首饰的同时享受到购物的愉悦。

人际关系中有一条原则，当有求于别人时，先对其加以恭维，往往能达到目的。做广告是为了促使顾客来购买商品，从这一点上来说也是有求于人，因此，有的厂商就采取这样一种传播技巧：先恭维顾客，让其虚荣心得到满足，从而使顾客乐于掏腰包。例如，现时关于牛仔裤的广告多如牛毛，大都夸自己牛仔裤的质量是如何之好。有一则广告则不同，画面是一个人穿着一条不大合适的牛仔裤。广告标题为："您的身材美极了，只是您的牛仔裤不成比例。"显然是在恭维顾客。接着巧妙地对顾客加以赞美：在比例错误的牛仔裤包裹下，再美的身材也会变形。这就是为什么要穿能展现您最好的一面的牛仔裤的重要性。

试想，在广告宣传的这番赞叹之下，顾客能不产生飘飘然的感觉吗？可见，此则广告抓住了人性的弱点，一顶高帽子抛出，轻轻松松便牵引住了顾客的感情。而一旦顾客对你产生好感，叫他掏钱还是难事吗？

节目主持人恭维观众，可以赢得掌声；政客恭维民众，可以赢得选票；商家恭维顾客，可以赢得生意；恋人恭维心仪的人可以赢得爱情；学生恭维老师可以赢得器重；下属恭维上司可以赢得升迁；谈判桌上恭维对手可以赢得合作……恭维的好处何其多呀！

没有哪一个人不把自己看成世界的主角，没有哪一个人不喜欢听赞美的话，要学会赞美和恭维顾客，包括他的学识、长相、气质、穿着，随身的人和小孩。

适当的赞美，可使顾客敞开心扉。因为，导购与顾客的关系，原本就应该是一种快乐的关系。顾客从导购那里得到的，不单是商品和服务，还应该得到快乐。

一位女士走进一家时尚围巾店，她反复试系着一条围巾。一位面带微笑的店员及时地走了过来，用赞美的目光看着这位女士，并对女士说："小姐，您系这条围巾很好看！"

女士买下了这条围巾。

女士事后还夸奖这位店员："她说话的声音很好听。我系着那条围巾，有了更好的感觉"。

还有一个类似的例子。

小李在一家风味餐厅工作。顾客点完菜，小李看着菜单说："不错的选择，您点的菜非常好，也正是我所喜欢的。"

顾客对小李的认同感到高兴。

顾客说："谢谢，我会更好地享用这顿晚餐"。

恭维是一种姿态，是示好，是一种友善，是释放善意。陌生人初次相见，恭维对方几句，表明对对方的尊重，缓和一下气氛，沟通一下感情，不失为一种明智的选择。因为恭维是润滑剂，能调剂紧张的情绪，消除敌对和戒备，拉近彼此之间的距离，给人以亲善感，使人觉得可以倾诉、交往、信赖和依靠。

诱发虚荣心，让顾客乖乖就范

先看一个故事：

人间有一马屁精，善于拍上司马屁，搬弄是非，说假话害人。阎王得知差小鬼将其拿来审问："你惯于溜须拍马，骗取上司信任，陷害异己，罪不容赦，左右将其叉下油锅。"马屁精连忙说道："且慢，我有话回。""说。""人间有些上司贤愚不分，良莠不辨，喜欢拍马谄媚的人，如果都像阎王爷你公正廉明，执法如山，世上就没有拍马屁的人了。"阎王听了心里乐滋滋的。马屁精乘机又说："我在阳间早就听说阎王爷你胜过包龙图、海青天，是万中无一的青天大老爷。纵然将我碎尸万段，也心服口服。"说罢磕头如捣蒜。阎王爷听了马屁精一番吹捧，哈哈大笑，手拈胡须说道："看你也不像个坏人，放你回去再活二十年。"说罢命小鬼将

马屁精送出酆都城。待小鬼远去，马屁精仰天大笑："阎王的马屁也被我拍上了！"

从此则笑话当中可以看出，连阎王爷那种圣贤之辈都有其虚荣之心，更何况我们这些普普通通的人类了。

某商场欲处理一批原卖价100元左右的服装，因其将要过时，便将这些服装推进一个低档屋，并上面标明是处理品，每件30元，想以低价来吸引顾客。哪知一个星期过去了没卖出一件，原因是这个处理区竟然没有人进。后来一个业务经理想了一个办法，将处理品的牌子换成了促销的牌子，将这些服装摆进了高档间的一个角落里，并在标价牌上写到原价800元，现促销价300元，数量有限，仅此10件。让商场没有想到的是这数10件服装短短几天时间便一抢而空。

每个人都有虚荣心，让人满足虚荣心的最好方法就是让对方产生优越感。上面的经理非常聪明地用了这样一个小技巧。

学会赞美顾客，善于发现顾客身上的闪光点，实时进行赞扬，满足顾客的虚荣心，尤其是对女性顾客，如服饰、皮肤、气质等。有时候你的表现抬高了他们，把他们奉为内行或这方面的老师，使他们获得了一种是重要人物的感觉，往往会改变自己原来的主意而购买你的商品。

但是并不是每个人都能功成名就，使自己的优越感得到满足，相反地，大部分的人都过着平凡的日子。每个人平常都承受着不同的压力，往往有志不能伸，处处听命于人。虽说常态如此，但是绝大多数的人都想尝试一下优越于别人的滋味，因此，这些人会比较喜欢那些能满足自己优越感的人。

巧妙地奉承、阿谀固然能满足一些人的优越感，但也有弄巧成拙的时候。让人产生优越感最有效的方法是对于他自傲的事情加以赞美。若是顾客讲究穿着，您可向他请教如何搭配衣服；若是顾客是知名公司的员工，您可表示羡慕他能在这么好的公司上班。

顾客的优越感被满足，初次见面的警戒心也自然消失了，彼此距离拉近，能让双方的好感向前迈进一大步。

月在一个卖场上班，一天，一个五十岁上下的女顾客要求退货，那个女顾客保养得相当好，妆也化得很精巧，一看就是养尊处优的女人。当然，也看着很盛气凌人的样子。

她的衣服是买了几天了，又过来退。理由是衣服不舒服，她不喜欢了。经手的导购小姐不给退，她不依，态度相当得不好。于是，导购给月打了电话。

月走到顾客跟前，把手一伸说："您好，我叫江月，是这个店的经理。有什么问题交给我，我们坐下来慢慢解决，好吗？"然后，她把顾客的肩一揽，就往出口处的小吃城走。回头数落导购道："这么热的天，也不给大姐倒杯茶。扣你这月的奖金！"

月给顾客和自己要了冷饮。她从顾客身上穿的品牌说到她的化妆；又说到自己公司所经营的品牌；说到不同品牌的风格及内涵；又说服装的搭配、服装与妆容、服装与环境、服装与气质等的协调，又由衷地夸赞顾客的品位。顾客的虚荣心得到极大的满足，说："还是你有眼光！我的衣服都是在世纪金源买的。很多我都是穿了一次，就撂那儿不要了，从没在乎那千把块钱的。上次，我买一瓶香水，八百多。我老公不喜欢那味道，我给了我一姐妹。"

月微笑地听着说："就是！适合自己的和自己喜欢的就是最好的。流行的只是给那些没品位的小姑娘准备的。像香水还要能和自己的体味调和。"很自然地，月随手打开了顾客预备要退的衣服袋子，把衣服拿出来后，她惊讶道："这衣服不管颜色还是款式，都挺适合您的啊！和您肤色、气质蛮配的。我们导购也很有眼光的嘛！一般人穿不出这款衣服的味道的。"

"是我自己看上的。"女顾客颇感自豪地说。

"我说呢！那么，您为什么又要退呢？"还没等顾客说话，月又补充说："我没别的意思，是想知道问题出在哪儿。因为您买这衣服的时候，肯定是喜欢上这衣服的。对吗？"

顾客无奈地说："你看，你这是休闲服，我买回去以后，跟我所有的休闲服都不配。"

"原来是这样！您可以告诉我您的衣橱里有哪些休闲的品牌，好吗？我给您参考参考。"

顾客报了一串顶尖大品牌，全部是运动休闲的。月笑了，说："您的那些国际大品牌的确和我们的不搭。那是运动休闲的！您若相信我的眼光，我帮您再配一条裤子或者裙子。上街或者出去旅游时，穿我们这品牌，比那些运动品牌更舒服，更出彩！"

半小时以后，那个原本要退货的顾客，又在月那儿买了件上衣和两条裤子。开票时，月说："姐，我帮您在小票上注明吧，你要觉得不合适或者不喜欢，3天内来退！"

女顾客边照镜子边说："不用不用！月儿呀，姐很满意！原来，你姐还有这风采！"

月走过去，给她整理衣领说："服装是死的，可人能赋予它生命！是您气质好，穿出了味道！"

顾客有些羞涩地说："姐就是脾气不太好！可能快到更年期了。"

月很认真地说："顾客永远是不会错的！是我们服务不到位。她们太年轻！"

顾客给月留下她的电话后，千恩万谢地走了。一转眼又转了回来，扔给导购和月一包巧克力糖，对导购说："姑娘，阿姨刚才差点把你惹哭，给包糖，哄哄你！"然后，贴着月说："你不会真扣她的奖金吧？"

月笑着说："您不生气了，那就不扣了！"月扭头对导购说："还不谢谢这阿姨给你说情。"

这个顾客，后来成了月的VIP客户。每一季节，新款上市，月都会给她打电话说："姐，到新款了！您气质好，有时间来帮我试衣服吧！在您身上穿一遍，她们才知道哪个款适合哪种气质的顾客。"很堂皇的理由！可顾客经不住诱惑，每个季节至少要在月那儿买上两套。当然，月也是给她最低折扣。

心理学家说，任何人都有不输给别人以及受人尊重的欲望。身为销售人员，更没有理由不运用这种人类共有的心态。从月的行为中，我们也许会看到满足顾客虚荣心有多么重要。

戴高帽，把顾客逼上"绝路"

清朝末年著名学者俞樾在他的《一笑》中，讲过这样一个故事：有个京城的官吏，要调到外地上任。临行前，他去跟恩师辞别。恩师对他说：

"外地不比京城，在那儿做官很不容易，你应该谨慎行事。"官吏说："没关系。现在的人都喜欢听好话，我呀，准备了一百顶高帽子，见人就送他一顶，不至于有什么麻烦。"恩师一听这话，很生气，以教训的口吻对他的学生说："我反复告诉过你，做人要正直，对人也该如此，你怎么能这样？"官吏说："恩师息怒，我这也是没有办法的办法。要知道，天底下像您这样不喜欢戴高帽的能有几位呢？"官吏的话刚说完，恩师就得意地点了点头："你说的倒也是"。

从恩师家出来，官吏对他的朋友说："我准备的一百顶高帽，现在仅剩九十九顶了！"

这虽然是个笑话，但却说明了一个问题，就是谁都喜欢听赞美的话，就连那位教育学生"为人要正直"的老师也未能免俗。

据说，关公死后，玉皇大帝命它守住南天门，以防小人逃脱出境。关公生前忠义两全，最痛恨逢迎之小人，死后亦然。某日，一小鬼鬼鬼祟祟地没有出境护照就想蒙混过关，却被眼尖的关公逮住。只见那小鬼胸有成竹地对关公说："关老爷，我知道您在世间是最正直的人，这谁不知道啊！刘皇叔爱慕您是忠义两全的将才，那曹操也是敬您三分。因此，普天之下我最敬仰崇拜的人只有您一个。"说完看看关公，只见关公频频地点头，接着手一挥，也不查问，该小人顺利过关。

上述故事可见高帽的威力无边，连忠义双全的关公也难免向高帽低头。

按布朗戴斯大学教授马斯洛的需要理论来解释，是因为人都有获得尊重的需要，即对力量、权势和信任的需要；对名誉、威望的向往；对地位、权利、受人尊重的追求。而赞美则会使人的这一需要得到极大的满足。正如心理学家所指出的：每个人都有渴求别人赞扬的心理期望，人一被认定其价值时，总是喜不自胜。由此可知，你要想取悦顾客，最有效的方法就是热情地赞扬他。

人们之所以喜欢高帽，是因为我们每个人都渴望被赞美和肯定，而高帽正好迎合了人们的这种欲望。高帽运用得好，便能将别人掌握在自己的手中。据说，美国钢铁大王安德鲁的成功秘诀之一，便是善于给员工戴高帽。他不放过任何机会，给下属送高帽。通过给员工高帽戴，牢牢牵住员工们的心。

许多商店的售货员为了扩大销售，也很会给顾客戴高帽。某位小姐在柜台前试穿衣服，旁边的售货员就会说，您穿这件衣服真漂亮，既高贵又典雅，您走在街上也许有人会认为您是哪位明星……直到这位顾客乐呵呵地买下了这件衣服。

在赞美顾客时注意要具体明确赞扬，就是在赞扬顾客时，有意识地说出一些具体而明确的事情，而不是空泛、含混地赞美。要让人感到真诚，有可信度，没有明确而具体的评价缘由，会令人觉得不可接受。因此，有经验的推销员在赞扬顾客时，总是注意细节的描述，而不空发议论。

人都有一种希望别人注意他不同凡响之处的心理。赞扬顾客时，如果能适应这种心理，去观察发现他异于别人的不同之点来进行赞扬，一定会取得出乎意料的效果。我们称这种方法为"观察异点赞扬"。

卡耐基就常用这种方法来赞扬他人。他在《人性的弱点》一书里便讲述过有关的一件事：一天，卡耐基去邮局寄挂号信。在他等待的时候，他发现这家邮局的办事员很不耐烦，服务质量差劲得很。因此他便准备用赞扬的方法使这位办事员改变服务态度。当轮到为他称信件重量时，卡耐基便对办事员称赞道："真希望我也有你这样的头发。"听了卡耐斯的赞扬，办事员脸上露出了微笑，接着便热情周到地为卡耐基服务起来。自那以后，卡耐基每次光临这家邮局，这位办事员都笑脸相迎。

卡耐基真不愧为语言大师，在此情形下，竟能想出如此高妙的赞美语言，让那位面如冰霜的办事员改变了态度。就当时的情形看，如果赞扬他工作热情，办事员肯定会认为这是卡耐基在对他进行挖苦、讽刺，若是批评他服务质量差，他又很可能破罐子破摔，服务态度更恶劣。

所以要善于抓住人的心理，不失时机地赞美别人几句，那么本来以为很糟糕的事，反而会向着很好的方向发展。对待顾客，更要如此。

站在众人面前，让顾客无处可逃

做事要想有一个好的结果，面子是一个很好的切入点。比如，你可以顺着别人的思路来，以之作为促成思路接近的前提。

汉代的大辞赋家司马相如，出川漫游，一篇"子虚上林赋"博得了海内文名。博雅之士，无不以结识司马相如为荣。但司马相如放任不羁，不拘礼教，又不治生业，一派浪荡公子相。

这一年，司马相如外游归回成都的路上，路过临邛。临邛县令久仰司马相如之名，恭请至县衙。此事惊动了当地富豪卓王孙，也想结识一下，以附庸风雅。但他仍摆脱不了商人的庸俗，故而实为请司马相如，但名义上却是请县令王吉，让司马相如作陪。司马相如本来看不起这班无才暴富之人，所以压根没准备去赴宴。

到了约定日期，司马相如却没有来。卓王孙如热锅蚂蚁，王吉只好亲自去请。司马相如驳不过王吉面子，来到卓府。卓王孙一见他的穿戴，心中早已怀瞧不起之意，司马相如全然不顾这些，大吃大嚼，只顾与王吉谈笑。

忽然，内室传来凄婉的琴声，司马相如一下子停止了说笑，倾耳细听起来。原来这是卓王孙的女儿卓文君所奏。司马相如弹了一曲《凤求凰》向卓文君表达爱意。卓文君也爱慕司马相如的相貌和才华，当夜私奔到司马相如处，以身相许。两人一起逃回成都。卓王孙知道后，气得暴跳如雷，发誓不准他们返回家。

卓文君随司马相如回到成都后才知道，她的夫君虽然名声在外，但家中却很贫寒。万般无奈，他们只好返回临邛，硬着头皮托人向卓王孙请求一些资助。不料，卓王孙破口大骂。

夫妇俩心都凉了半截儿，可是到底他们两人都有才，很快想出了一个"绝招"。第二天，司马相如把自己仅有的车、马、琴、剑及卓文君的首饰卖了一笔钱，在距卓府不远的地方租了一间屋子，开了一个小酒铺。司马相如穿上伙计的衣服，卷起袖子和裤腿，像酒保一样，又是擦桌椅，又是搬物件；卓文君则粗布衣裙，忙里忙外，招待来客。酒店刚开张，就吸引了许多人前来目睹这两位远近闻名的落难夫妇。司马相如夫妇一点儿也不感到难堪，内心倒很高兴，因为这正好达到了他们的目的——给顽固不化的老爷子现现眼。

有几个朋友劝卓王孙说："令爱既然愿意嫁给他，就随她去吧。再说司马相如毕竟当过官，还是县令的朋友。尽管现在贫寒，但凭他的才华，将来一定会有出头的日子，应该接济他们一些钱财，何必与他们为难呢？"这样一来，卓王孙万般无奈，分给卓文君夫妇仆人两名，钱财百万，司马相如夫

妇大喜，带上仆人和钱财，回成都生活去了。

由此可见，面子对人来说是多么得重要，如果把顾客放在众人面前，顾客是不容易拒绝的。

罗斯福做纽约州长的时候，完成了一项项特殊事业。他与其他政治首脑感情并不好，但他却能推行他们最不喜欢的改革。

他是如何做的呢？当有重要位置需要补缺的时候，罗斯福请政治首脑们推荐。

"最初，"罗斯福说，"他们会推荐一个能力很差的人选，一个需要'照顾'的那种人。我就告诉他们，任命这样一个人，我不能算是一个好的政治家，因为公众不会同意。"

"然后，他们向我提出另一个工作不主动的候选人，是来混差事的那种人。这个人工作没有失误，但也不会有什么很好的政绩，我就告诉他们，这个人也不能满足公众的期望，我请他们看看，能不能找到一个更适合这个位置的人。"

"他们的第三个提议是一个差不多够格的人，但也不十分合适。"

"于是我感谢他们，请他们再试一次。他们这时就提出了我自己选中的那个人。我对他们的帮助表示感谢，然后我说就任命这个人吧。我让他们得到了推荐人选的功劳……我请他们帮我做这些事，为的是使他们愉快，现在轮到他们使我愉快了。"

他们赞成各种改革，如公民服役案、免税案等，这使罗斯福工作很愉快。

当罗斯福任命重要人员时，他使首脑们真正地感觉到了，是他们"自己"选择了候选人，那个任命是他们最早提出的。这让他们感觉得到了莫大的面子。

罗斯福没有直接说出自己的意思，而是顺着对方的意图，晓以利害，这样就使他们自觉地回到罗斯福的"圈套"里来了。所以说，这其实是一种高明的策划手段，既达到目的，又不露痕迹。

对于推销员来说，应该把顾客推到台前，推到众人面前，而自己应隐身幕后。因为如果把产品和顾客自身的感受联系在一起，并且在那么多人面前有面子，他们就乐于接受了，这种手段无疑会大大提高业绩。这就是"面子"的功效。

第五章

读懂顾客求"效率"的心理，速成快捷是卖点

速战速决，缩短顾客的考虑时间

极强的收款能力也是销售成功的致胜关键之一，否则就会功亏一篑。优秀的业务人员在处理收款问题时，能比普通销售人员更快地收回货款。遇到顾客交款推托时（如推卸责任、找各种借口或者拉交情的手段来延迟交款），优秀的业务人员能有办法让顾客快速地付钱。

销售是一种以结果论英雄的游戏，销售就是要成交。没有成交，再好的销售过程也只能是风花雪月。在销售员的心中，除了成交，别无选择。但是顾客总是那么"不够朋友"，经常"卖关子"，销售员唯有解开顾客"心中结"，才能实现成交。在这个过程中方法很重要。

直接成交法是指由销售人员直接邀请成交，例如："我能给您开票吗？"这一直接促成成交的方式简单明了，在某些场合十分有效。当销售人员对顾客直率的疑问做出了令顾客满意的解说时，直接促成成交就是很恰当的方法。

使用直接成交法的时机要把握好，若顾客对零售店的商品有好感，也流露出购买的意向，发出购买信号，可又一时拿不定主意，或不愿主动提出成交的要求，销售人员就可以用直接成交法来促成顾客购买。有时候顾客对零

118

售店的商品表示兴趣，但思想上还没有意识到成交的问题，这时销售人员在回答了顾客的提问或详细地介绍了商品之后，就可以提出请求，让顾客意识到该考虑购买了，即用请求成交法促成顾客购买。

使用直接成交法可以快速地促成交易，充分利用了各种成交机会，节省销售的时间，提高工作效率，同时也体现了零售店人员灵活、机动、主动进取的精神。

假定促成交易的方法是指零售店人员在假定顾客已经接受了商品价格及其他相关条件，同意购买的基础上，通过提出一些具体的成交问题，直接要求顾客购买商品的一种方法。例如："您看，假设用了这套设备以后，你们省了很多电，而且成本有所降低，效率也提高了，不是很好吗？"假定成交的主要优点是可以节省时间，提高销售效率，适当减轻顾客的成交压力。

在运用假定成交法时，零售店的销售人员常常避开促成成交的主要问题，从一些枝节问题或后续问题入手。例如，向顾客提出含蓄的问题，提这类问题也是基于已假定顾客基本上做出了购买决定，但尚未明确表示出来。这时可以问："您什么时候需要这种商品？"或"您需要多少？"这些都是促使顾客做出购买决定的恰当提问。

提供选择促交法是指销售人员向顾客提出一些购买方案，让顾客在其中选择。比如："您要这种型号还是那种型号？"就像"豆浆您是加两个鸡蛋呢，还是加一个鸡蛋？"还有"我们礼拜三见还是礼拜四见？"这都是选择成交法。销售人员在销售过程中应该看准顾客的购买信号，先假定成交，后选择成交，并把选择的范围局限在成交的范围内。选择成交法的要点就是使顾客回避要还是不要的问题。

在运用选择成交法时，销售人员应该让顾客从中做出一种肯定的回答，而不要让顾客有拒绝的机会。向顾客提出选择时，尽量避免向顾客提出太多的方案，最好就是两项，最多不要超过三项，否则不能达到尽快成交的目的。这种方法可以减轻顾客的心理压力，制造良好的成交气氛。从表面上看，选择成交法似乎把成交的主动权交给了顾客，而事实上就是让顾客在一定的范围内进行选择，可以有效地促成交易。

让步成交法指的是销售人员通过提供优惠的条件促使顾客立即购买的一种方法。例如，"我们这一段时间有一个促销活动，如果您现在购买我们的商品，我们可以给您提供三年免费维修"。这就叫附加价值，它是价值的一种提升，所以又称之为让步成交法，也就是提供优惠的政策。

保证成交法是指零售店人员直接向顾客提出成交保证，使顾客立即成交的一种方法。所谓成交保证就是指销售人员对顾客允诺担负交易后的某种行为，例如，"您放心，您这个服务完全是由我负责，我在公司已经有3年的时间了。我们有很多顾客，他们都是接受我的服务。"让顾客感觉你是直接参与的，这是保证成交法。

当商品的单价过高，顾客对此种商品并不是十分了解，对其特性、质量也没有把握，产生心理障碍，成交犹豫不决时，零售店人员应该向顾客提出保证，以增强信心。这种情况是使用保证成交法的最佳时机。这种方法是可以消除顾客成交的心理障碍，增强成交信心，同时可以增强说服力和感染力，有利于零售店人员妥善处理有关成交的异议。

在顾客的管理中，掌握成交时机，适时促成交易是一项重要的任务，因为只有成交了之后，商家才能有利可赚。方法是技巧，方法是捷径，但使用方法的人必须做到熟能生巧。这就要求销售员在日常推销过程中有意识地利用这些方法，进行现场操练，达到"条件反射"的效果。当顾客疑义是什么情况时，大脑不需要思考，应对方法就出口成章。到那时，在顾客的心中才真正是"除了成交，别无选择"！

制造短缺假象，促成今日交易

制造短缺假象就是告诉顾客，所剩商品不多，欲购从速。这一促使顾客做出购买决定的方法，其实指销售人员提请顾客立即采取购买行动，以抓住即将消失的利益或机会。当客户对产品做充分了解以后，但对购买仍犹豫不决，顾客或许在考虑一些非决定性因素，如考虑购买时间是否妥当，是否还要参考其他人的意见等，此时，我们可以采用制造短缺法促使顾客下定决心，此法比较适合感性的客户。

例如："这种尺寸的该款服装我们已经不多了，该款服装销得很快，我估计这款服装不会等您到星期六。""这是最后10件，要买趁早。"再如，

"我们这种机型的空调只剩下3台了，我们最后的优惠时间只有两个星期了……"运用机会型促成成交这一方法时，还可以从付款条件、广告承诺、季节包装、现金折扣等方面入手。

许多准顾客即使有意购买，也不喜欢迅速签下订单，他总要东挑西拣，在产品颜色、规格、式样、交货日期上不停地打转。这时，聪明的推销员就要改变策略，暂时不谈订单的问题，转而热情地帮对方挑选颜色、规格、式样、交货日期等，一旦上述问题解决，你的订单也就落实了。

利用"怕买不到"的心理，人们常对越是得不到、买不到的东西，越想得到它、买到它。推销员可利用这种"怕买不到"的心理，来促成订单。譬如，推销员可对准顾客说："这种产品只剩最后一个了，短期内不再进货，你不买就没有了。"或说："今天是优惠价的截止日，请把握良机，明天你就买不到这种折扣价了。"告知客户"存货不多，欲购从速""赠品的限时限量"等。

在这种促成交易的方法中有一项特别的方式，即"特殊诱导式促成成交"。运用这一特别方式时，销售人员以特定的一次性利益诱导顾客做出购买决定。例如，经营空调的电器零售店里的销售人员对顾客说："如果您今天购买，我们将提供免费安装，还提供终身维护。"

下面来看看Zara是怎样成功的：

"品种少，批量大"是传统制造业的天条，而在"长尾市场"中，"款多量小"却成为当红的商业模式。Zara以其"多款式、小批量"，创造了长尾市场的新样板。

Zara值得大多数传统企业借鉴的是，它有意识地在自己的产品中"制造短缺"。虽然一年中它大约推出12000种时装，但每一款的量却并不大。即使是畅销款式，Zara也只供有限的数量，常常在一家专卖店中一个款式只有两件，卖完了也不补货。总裁Isla说："我们不想所有人都穿同样的衣服。"随着每周两次补充新货物，公司使顾客养成经常来逛的习惯。

如同邮票的限量发行提升了集邮品的价值，Zara通过这种方式，满足了大量个性化的需求，培养了一大批忠实的追随者。"多款式、小批量"，Zara实现了服装企业商业模式的突破。

款式更新更快增加了新鲜感，吸引消费者不断重复光顾。快速更新店面里的货品，也确保了它们能符合顾客的品位，从而能被更快地销售出去。在Zara你总是能够找到新品，并且是限量供应的。这些商品大多数会被放在特殊的货架上面。这种暂时断货策略在很多人眼中太大胆了！但是想想所有限量供应商品在市场上受到的追捧吧，人们需要的不是产品而是"与众不同""独一无二"。而Zara的暂时断货正满足了人们的这种心理，Zara由于这种颠覆性的做法慢慢变成了"独一无二"的代言人。

Zara成功地运用了稀缺性策略，所谓稀缺性策略，就是指向潜在客户表明销售人员所在公司的产品或服务的稀缺性，以此暗示潜在客户，如果不尽早做出购买决策，就可能"过了这个村，就没有这个店"，或者做出决策晚了，就可能排队等待产品或服务。

使用稀缺性策略，需要销售人员对自身公司的产品或服务有一个客观的认识，且在与潜在客户的沟通中注意语气、气氛，避免给潜在客户一种要挟的感觉。

严守交易时间，勿让顾客多等一分钟

客户每次和公司或品牌的接触，他们都会经历一种体验。不幸的是，客户的体验经常会有一些时间花在等待上。比如：等待服务、等待新产品的推出、等待交易完成、等待服务激活等方面，这对顾客而言是很不愉快的体验。一定要守时，不要让顾客等待。不要故意考验顾客的耐心，哪怕多一秒的等待，都可能会让很多顾客离你而去。

众所周知，如今的人们都很忙。通常情况下，客户会花费他们认为适当的时间去做出决定。所以明智的做法是不要回避这一点，既不要催他们，也不要拖延生意。如果他们认为多花的时间是没有用处的，那就更是如此了。更为糟糕的是他们认为整个过程没有必要，考虑不周而且耗时。

有时候，销售人员需要花多少时间要提前告知顾客，有时候则需要通过协商来决定。销售人员必须力图借机陈述计划好的推销辞令，而顾客如果想做出明智的决定的话，他们准会接受的，他们也一定会倾听有关产品和服务的关键信息。这里最为关键的是，要尊重客户腾出的时间，然后积极对产品

或服务进行介绍，事实上也就是说出你推销时所要说的话，确保在有限的时间内能有最大的收获。

有的时候，环境会使销售工作进展得很顺利。即便不是这样，基本法则不会发生变化，你决不能拿浪费客户的时间去冒险。做出简洁而又有力的产品描述无疑会有助于销售的成功。

守时是一种传统的美德。同时它也是一种有礼貌的行为。人们常说，做到守时"并不需要付出多大代价"。不管是美德，还是礼貌的行为，守时都是很重要的。守时与前面已经表述过的思想同出一辙，即不要浪费客户的时间。如果被告知在上午10点或什么时间露面，那你就按要求去做。统筹安排你的事务以便你能按时赴约。这意味着要把所有因素都考虑在内，包括路上要留有足够的时间，以及提前找好你可以停车的地方。不要多费10分钟开车兜圈子，结果没有按时到达，然后用老掉牙的理由埋怨交通状况。或许没人指责你，但此事却事关重大。如果各方面得到平衡，你提供的产品又有价值，或许还有可能掩饰你造成的负面影响。

有一位推销员，他负责为一家拥有大型车队和道路建筑设备的公司推销轮胎。他曾一度对一家准顾客紧追不放。多次遭拒绝以后，对方终于答应见面。他们把时间定在上午8点，并告诉他，"准时到达。这是你仅有的一次机会。"他们定的地点意味着他要开3小时的车，这也意味着他得非常早就出发。事实上，请求对方晚些时候会面，或不管怎样，晚一点到了再说，本该是很容易的事。

但他却没有这么做，而是万分感激地答应了下来。第二天，天刚破晓就起了床，长途驱车赴约，早餐也是在车上吃的。离约定时间还有10分钟的时候，他就已经坐在了客户的接待区。会谈进展得非常顺利，对方公司下了第一张订单。会谈结束的时候，客户说了这样的话，"我必须向你致歉，让你那么早赶到这里。我知道你一定起得非常早。不过，在和你打交道以前我得了解你对自己服务的献身精神。下次我请你吃午饭。"

毫不掩饰地说，这是一次考验。如果他抱怨对方提出的会面时间，或者迟到的话，他或许会失去一家重要的定期客户。做到守时，它会比你想象的更有价值。

我们知道商家之间的竞争越演越烈，门店都是在想尽办法吸引顾客，刺激消费，增加销售，于是便有了价格战、宣传战、服务战。但有时一个不太重要的环节如果处理不好却往往使好不容易取得的成绩化为泡影，那就是每到购物高峰期或节假日时，门店收银台排队的现象。客流量大时收银台的排队现象普遍存在于各家门店当中，让顾客等待成为家常便饭。

对于顾客来说，进入良好的购物环境，随心所欲地挑选喜爱的商品，憧憬着新商品将带给自己和家人的喜悦，此时的心情可以说是非常愉快的。而当他兴冲冲地手提沉重的购物篮走向收银台，看到的却是长长的等待交款的队伍，有些顾客忍受不了这个漫长的过程就把精心挑选的商品丢下，放弃这次购物，而更多的顾客则无奈地排着长队，但此时他们的购物愉快指数已经降得很低，取而代之的是焦虑、烦躁，有的甚至会直接或间接地把不满发泄到收银员、其他顾客身上从而引起口角。

门店投入精力、物力搞宣传，精心组织商品，营造购物气氛的目的就是激发顾客的购物欲望，如果无法使顾客愉快地付款，这无疑是失败和令人不愉快的。所以卖场一定要解决让顾客等待的问题。

如果实在没有其他的办法，必须让顾客稍等的情况下，尽量分散顾客的注意力，如一些高层的电梯里面会装有镜子，美国银行在客户等待的时候播放新闻。

门把法，销售的杀手锏

营销人员还会经常碰到一些所谓的狡猾的老狐狸式的顾客。你问他产品怎么样？不错。要不要尝试一下？不。有什么问题？没有。是不是觉得我们有什么做得不够的地方？挺好。那有什么建议吗？没有。那我们是不是先尝试？不。

面对这样的客户我们需要采用门把法，就是如果实在是谈不下来，就收拾包开路，当你一收拾包往外走的时候，客户对你的心理防备就完全解除了，他对你的抗拒性和防备就会降低。这时，你一脚在门外，一脚在门里，向后转，手搭在门把上，然后开始我们的"表演"：深深鞠一个躬，"感谢您，从您这里我学习到了不少的东西，最后有一个小忙请您帮一下可以吗？我公司为了提升对客户的服务品质，要求我们当与一个客户合作不成功时，

请客户指出我们的产品或技术或我本人哪些地方存在不足，所以拜托您能不能指点我们一下，我们可以进行改善。"

这个时候，客户都会告诉你拒绝的原因。明确了原因后，针对那些我们忽略的、可以解决的问题，我们马上就可以重新回到谈判中，有针对性地进行说明，继续销售过程。这就叫起死回生，所以门把法是最后的一招。

门把法经常用在最后反败为胜的环节，以松懈顾客武装的心情，进行突击。当顾客决定离去，走到店铺的门口时，销售人员可以跑到门口，向顾客询问"我能不能请教您一个私人的问题，请您帮我……"。这种询问表现客气、诚恳。销售人员可以询问顾客没有购买的原因，确定原因在于解释、服务态度、售后服务，还是产品质量。运用微笑和沉默的方法询问出真正的原因。

当销售人员真正了解顾客没有购买的原因后，一定要坚持再次向顾客解说产品。坚持才能够令顾客感动，使顾客获得被尊重的感觉。

在最后促成订单的阶段，门市销售人员首先不要害怕被拒绝。在此基础上，恰当地运用促成的技巧，坚持不懈，就一定能够成功地缔结订单。门把法是在最后阶段继续坚持。

交易完成，不妨来个法兰克式的结束

当客户坚持一定不购买时，再度的降价不是好方法，会让客户怀疑你的商品有问题。让客户看到商品的很多优点和极少缺点，以视觉化的方式让客户放心。法兰克结束法，通过视觉化的比较刺激顾客购买欲望。

法兰克结束方式是指销售人员通过优点与缺点直接明确地视觉化的方式达成最终成交的一种技巧。当顾客难以决定，需要再考虑或者询问他人意见，而销售人员的一再启发并没有在现场解决问题，这时销售人员应该做出什么样的处理？

销售人员可以这样说："我们公司的老总在遇到难以决定的问题时，都是用这种方式来解决，我们花一分钟来试试看……"然后用法兰克的方式指出优缺点，促使顾客购买。

销售人员可以准备一张白纸，在中间画一条线，左侧列出购买产品的优点，右侧列出购买产品的缺点。然后，销售人员和顾客共同完成该表格，这是法兰克结束法的具体应用。在优缺点的视觉化对比之下，很容易证明购买的正确性。此外，经验证明，人眼对于左侧具有视觉重力，会更多地投放注意力在纸张的左侧。在法兰克结束法中，强调老总的方法可以有效地避免顾客对方法的不信任，充分表明销售人员对顾客的尊重。

而不能采用下面的两种方法：

（沉不住气一直催）："很划算！很划算！"

"1000元怎么样，那800元呢？700元总可以了吧！"

上例中，销售人员沉不住气，一直以很划算来催顾客的方式错在给予顾客很大的压力，很容易引发顾客的恐惧感。

销售人员一再降价也是一种错误的促成方式。当销售人员为了达成订单的缔结而不断地在价格方面满足顾客时，并不会使顾客满足，相反会引起顾客对于价格的怀疑，产生无穷的想象空间。降价不仅使顾客怀疑商品的价格空间，更糟糕的是，顾客还会怀疑产品的质量。

第六章

读懂顾客求"安全"的心理，
可靠健康先试用

派送试用品，让顾客先"尝"后买

免费试用、派送小试用品，让消费者感受或使用。通过顾客亲身使用，他们对产品有了最真实和最全面的体验，自然也就会对自己的购买决定非常自信并会很快停止对其他产品的信息搜集与评估，从而很快产生购买决定。

促销策略中样品的含义包括赠送小包装的新产品和现场品尝两种。许多企业在推出新产品的时候愿意以向消费者赠送小包装的产品为手段来推广产品和刺激购买，如果是食品，则干脆拿到商店里请顾客直接品尝。宝洁公司曾在北京大量赠送"潘婷"洗发液的样品，以加强消费者对这种产品的认识。

单纯地派发宣传单就希望有愿者上钩，在时下的市场营销中恐怕不会有太大作用了。派样作为派发模式发展的新元素，逐渐成为结合宣传单的最好方式，从洗发水开始，到饼干、糖果、饮料，只要能够做成试用品的产品都尝试过派样了。至今派样还是全球范围内被认为最有效、最流行的宣传方式。

海飞丝在广州街头派发瓶装洗发水，是中国最著名的也是第一个派发整支产品的行动。正是这种气魄，在当年成为传诵话题，迅速打开了海飞丝消费市场，并奠定了它去头屑产品的霸主地位。即使后来派样已成为洗发水行业不可缺少的一种宣传手段，但派发整支产品的行动似乎并没有谁再模仿，可见宝洁公司的大胆、敢为人先。

同样，奇宝饼干在广州新上市时，选择了《泰坦尼克号》上映期在各电影院入场处向每人派发两袋饼干的活动。电影本已是大热门，奇宝饼干竟敢如此大派产品，不仅在大电影院派，小放映厅也不放过，只要是放映《泰坦克尼号》的地方，就有奇宝饼干派送，而且是每人两袋，口碑和形象立即崛起。又因为它第一个做成便利装饼干可随身携带，口味也非常好，脆而不干，于是电影过后，人们品尝完毕，即刻到超市选购奇宝饼干。此后的日子常常在公车上见到很多年轻人撕开奇宝饼干包装袋，津津有味地嚼着，办公室里的下午茶或早晨点心也成为奇宝饼干的世界。没有投入产品广告，奇宝就如此奇迹般撕开了市场，这样的消费热潮持续了几年之久，直到其他的竞争对手跟上。后来有许多饼干选在写字楼派送一片装或两片装试用品，也有许多糖果类产品开始在电影院向情侣们派送两粒装赠品，但都没有那么强烈的吸引力了。要知道，国外商店里的糖果摊开来随便试吃，就是要你吃到不好意思愿意花钱去买。

力保健也是一个派送整支产品的品牌，它没有特别选择派送地点。海飞丝选了一条商业街，奇宝饼干选了电影院和最热门的电影，力保健则是最平常的自由街派，在全城主要马路上由派样小姐向路人派送，但它的成功在于同样选择了派发整支产品，并且加上一个"买一赠一"的促销内容。见到宣传单里包着那么一支大大的产品，你甚至会疑惑是不是属于你的，派样小姐再告诉你凭单可以到7-11便利店以5元的价格买到两支力保健时，你根本不会扔掉这张宣传单了，无论如何也要先尝一尝，尝过之后发现味道不错更会拿着传单喜滋滋地享受5折的购买优惠，这样的馈赠谁不心动？力保健的产品口碑也是不错的，许多学生都表示开夜车时喝力保健最能消除疲劳，它是真正能补充能量的保健饮料，所以虽然5元一小支，相对于其他饮料来说真不够大众的，但它可以在大都市的商场里，保持固有的消费群，也自有它的道理。

选择派发整支产品，首先第一印象会让消费者感动，然后产品在很长一段时间内都直接和消费者接触，足以延续记忆，加深印象，当消费者对产品的感觉越来越好时，忠诚度便培养出来了。不过，这种方式一定是建立在对本身产品有足够信心的基础上，如果人们试用你的产品发现一般，差异化不够明显，产品形象或利益点不够突出，虽然你投入了很多，恐怕收获也会很小。

考虑派样的宣传手法时，一定要计划好多少量才能触动消费者的神经，所谓有"舍"才有"得"。顾客通过样品的试用，如果满意就会购买商家的产品，这不失为一个体验营销的好方法。

亲身尝试，使顾客彻底放心

谈到娱乐圈炒得沸沸扬扬的电影《哈利·波特与魔法石》简称《哈》，相信大多数中国人还记忆犹新，从《哈》剧引人入胜的故事中走出来，我们不难看出：其实这正是精明的商家们将"体验营销"的全新概念，在恰当的时机成功地用来满足人们对一些虚幻梦化的"情景体验"的需求，使人们在超现实的纯真精神境界中产生共鸣，在沟通和互动中不自觉地沉浸于作品的情景中，从而产生美妙的印象，使心理得到极大的满足。

购买服装时，如果一家服装店不能让顾客试穿的话，有很多顾客就会马上离开；购买品牌电脑时如果消费者不能亲自试试性能感觉一下质量，大多数消费者就会对其质量表示怀疑；购买手机时如果销售人员不太愿意让顾客试验效果，顾客马上就会扬长而去……分析一下这些现象背后的原理，我们会发现消费者在购买很多产品的时候，如果有"体验"的场景和气氛，那么对消费者的购买决策就能产生很大的影响。

所谓"眼见为实，耳听为虚"，在终端的导购上即使导购人员再如何说得天花乱坠，不如让顾客亲自体验一下更有说服力。在导购的同时，可以利用某种手段，把导购的内容在产品上直观地量化出来。比如，某家纺品牌，为了证明其面料质量的可信，特意在床上放置一放大镜让消费者通过放大镜来观察面料的细密，从而取信于消费者。

尽量把产品按实际使用方式陈列在展厅里，请消费者亲自触摸使用到产品，感受其真正的使用效果，以身临其境的方式体验产品的优越性。

不管运用何种方法，其目的就是要通过视觉、触觉等感觉器官对消费者进行全面的刺激，恰如其分地把产品展示出来，使品牌核心诉求得到更加突出的表现，让消费者对产品有更加全面的认知，使其从内心深处感知品牌的独特之处。

从这点可以看出，体验式营销方式非常的重要。以顾客体验为价值诉求的美国"星巴克"（Starbucks）就是例子。美国"星巴克"咖啡馆所渲染的氛围是一种崇尚知识、尊重人性的文化。气氛的感染、顾客的体验才是星巴克制胜的法宝，世界各地每个城市的星巴克咖啡，陈设不见得一样，建筑形式也各不相同，但都传达的是一种轻松、温馨的氛围，提供的是雅致的聚会场所、创新的咖啡饮用方式和过程，从而把星巴克咖啡变成了一种情感经历，将普通人变为咖啡鉴赏家，使这些人认为3美元一杯咖啡的高价合情合理。几乎没有做任何广告，星巴克就成为世界的知名品牌，其利润约等于该行业平均利润的5倍。星巴克真正的价值所在，就是"体验"。

长久以来，传统营销把消费者看成理智购买决策者，事实上，很多人的购买行为是感性的，他们对消费行为很大程度上受感性支配，他们并非非常理性地分析、评价、最后决定购买，而是会存在幻想，有对感情、欢乐等心理方面的追求，特定的环境下，也会有冲动。正如伯恩德·H·施密特所指出的那样："体验式营销人员应该明白，顾客同时受感性和理性的支配。也即是说，顾客因理智和因为一时冲动而做出购买的几率是一样的。"

企业只提供场景和必要的产品或服务，让顾客亲自体验消费过程的每一个细节。只有通过亲自尝试，顾客才会放心地购买。

有时候，尽管顾客认可销售人员的商品，也认可商品的价格和价值，但是真正购买又是另外一回事。这时，销售人员就要及时地冲淡顾客购买商品的恐惧感。销售人员可以利用购买的机会、产品的质量等多方面因素，来消除顾客购买商品的恐惧感，有效地转化为不购买的恐惧感。让顾客亲自体验产品是很好的消除恐惧的方式。

以环保为导向，以绿色为主题

树立绿色营销观念，开发绿色产品，开拓绿色市场，已成为21世纪企业营销发展的新趋势，也给企业发展创造了新的机遇。绿色营销观要求企业在营销中，要以可持续发展为目标，注重经济与生态的协同发展，注重可再生资源的开发利用，减少资源浪费，防止环境污染。绿色营销强调消费者利益、企业利益、社会利益和生态环境利益等四者利益的统一，在传统的社会营销观念强调消费者利益、企业利益与社会利益三者有机结合的基础上，进一步强调生态环境利益，将生态环境利益的保证看做是前三者利益持久地得以保证的关键所在。

西方发达国家对于绿色产品的需求非常广泛，而发展中国家由于资金和消费导向和消费质量等原因，还无法真正实现对所有消费需求的绿化。以我国为例，目前只能对部分食品、家电产品、通讯产品等进行部分绿化；而发达国家已经通过各种途径和手段，包括立法等，来推行和实现全部产品的绿色消费。从而培养了极为广泛的市场需求基础，为绿色营销活动的开展打下了坚实的根基。以绿色食品为例，英国、德国绿色食品的需求完全不能自给，英国每年要进口该食品消费总量的80%，德国则高达98%。这表明，绿色产品的市场潜力非常巨大，市场需求非常广泛。

在当今世界500强的企业中实施"绿色营销"战略的企业不在少数。如GE顺应时代潮流，捕捉到了"绿色营销"的机会。2005年，GE在伊梅尔特执掌后推出了著名的"绿色创想"的营销战略，传达其管理和利用地球上稀缺资源的理念。

备受关注的零售商沃尔玛公司则号称要"以绿色来拯救地球"。沃尔玛在2005年就公布了它的环保期望值：在未来3年内将沃尔玛分布在全球的所有营运车辆的行驶效率提高25%，10年内提高50%，以此减少汽车能源浪费；同时，采取措施降低沃尔玛全球连锁店的电能耗用，并计划在未来10年内在原来基础上节约30%；另外，沃尔玛已经成了世界上最大的有机牛奶供应商和有机棉花购买商，并还在积极地与供应商筹措怎样减少商品包装。沃尔玛也许并没将保护生态环境仅仅停留在口头上，至目前为止，它已在可持续发展项目中投资5000多万美元。

全球著名的工程机械和发动机制造商卡特彼勒公司始终致力于为客户提供适当的解决方案，开发更清洁更绿色的产品，以减少排放，提高能源和燃料的利用率，降低对环境的影响，使企业达到可持续发展目标。2005年，可持续性发展成为卡特公司的"战略性改进领域"，整个组织深化对可持续性发展的理解。

国内某大型柴油发动机企业A公司（以下简称A公司），面对发动机行业激烈的竞争环境和绿色环保的大趋势。在发动机行业倡导"绿色动力"战略，A公司技术进步和产品创新的步伐，早在2005年就开始启动了发动机"欧Ⅲ"排放项目，使全系列发动机产品能达标"欧Ⅲ"，部分产品达标"欧Ⅳ"的技术成果，2007年，遂先在业内推出"欧Ⅴ"排放的发动机，科研创新成果的广泛应用不断提高着A公司产品的品质，也为A公司产品的市场拓展提供了强力的支撑，A公司成了发动机行业"绿色动力"的代名词，取得了很大的市场份额。

绿色产品成本比较高，在为绿色产品定价时，要考虑的因素主要有：目标消费者对绿色产品的需求状况，目标消费者的素质，企业和消费者的沟通情况，以及企业在消费者心目中的绿色形象等等，最为关键的是一定要充分考虑到消费者对"绿色"的支付能力和支付意愿。经有关调查显示，消费者一般情况下不愿意为了环保而花更多的钱，但是在相同质量的前提下，消费者会更多地倾向选择绿色环保产品。

比如，A公司的"欧Ⅲ"以上排放标准的发动机，在制定价格时就充分考虑到这个因素，因为并不是排放越低的发动机，消费者就会越愿意花高价购买。

因此，绿色产品在制定价格时，不宜过高，应考虑消费者的购买能力和购买意愿，以及竞争的因素、销售量和销售利润相结合的因素，制定一个让消费者能接受的价格，细水长流，必将为企业带来更强的竞争力。

当然，随着人们的收入水平的上涨，绿色环保意识的加强，人们对绿色产品愿意花更多钱的意识会提高。从这个角度来看，企业通过对绿色产品的定位、绿色产品的质量、绿色产品的促销，以及企业绿色形象的塑造，在消费者心目中建立独特的绿色形象至关重要。

贬低对手就是贬低自己

在现代商务活动中，为了突出自己而贬低别人，是很多销售人员习惯采用的方式。例如，某公司的产品价格贵、某公司的产品质量有问题、某公司的规模不如我们大、某公司的售后服务很差劲等，这些都是攻击性的语言。

有一种认识上的误区，认为贬低别人就能抬高自己，其实不然。背后贬低别人体现了自我素质的不高。在销售人员攻击竞争对手的时候，客户心中反而会产生疑问，"真的吗？人家真的不行吗？如果他不对你造成威胁，你为什么要攻击他？是不是你害怕人家的产品比你好，我倒要看看你所攻击的产品到底

怎么样。"结果适得其反，贬低竞争对手反而激起客户对自己的怀疑，对竞争产品的好奇。此外，一般来说，人们都不喜欢跟攻击性太强的人在一起。

攻击别人没有好处，即使对方主动挑衅，也不要去攻击对方，只有站稳自己的脚跟，做好自己的事，才是明智之举。在产品方面推陈出新，做到人无我有，不要跟在竞争对手后面，更不要去模仿对方，即便客户指定要你生产竞争对手的样式，也不要去生产，否则会让客户觉得你其实就是一个模仿秀。

在纽约有一位知名的大律师，还有一位不出名的小律师。小律师常常写文章投到报纸上骂大律师，第一次，大律师不理他，第二次，大律师还是不理他……，次数多了，大律师发火了，于是也写文章回骂那位小律师。结果正中小律师的下怀，如果小律师不够分量，大律师为什么要骂他，如果他不够优秀，大律师又怎么会在乎他，所以这件事证明他是有能力的，于是小律师的身价暴涨，而大律师的形象受到大大的影响。

互相攻击的恶性竞争只能导致两败俱伤，发挥自己的优势才是最重要的。

小王和小李都在追求小蕊，两人条件相当，棋逢对手。为了赢得竞争对手，小王总是在小蕊面前挑小李的毛病，说小李人傻傻的，反应慢；而小李也不甘示弱，逮着机会就向小蕊抨击小王，说小王懒惰得很，袜子一个多月都不洗。

可是，最后谁也没有追到小蕊，因为小蕊心中有数，看到两人互相攻击，觉得两个人的人格都不怎么样，所以同时拒绝了两人。

市场的经营需要大家共同维持，就像大家坐在一条船上，批评就好像在船上凿一个洞，小批评凿小洞，大批评凿大洞，刚刚出现一两个小洞的时候，大家还感觉不到，随着洞越来越多，越来越大，这条船就沉了，船上的人一个也逃不了。

做销售，我们力求"知己知彼，百战不殆"，所以不可能不去了解竞争对手的一些长处和短处，不至于当客户问到竞争对手情况时一问三不知，同时肯定也都会像"王婆卖瓜，自卖自夸"，不会说自己的产品不好的。因此当客户拿竞争对手来跟我们做比较的时候，有的时候还真是苦恼，很多销售人员不是对他们的产品不了解，而是怕有意或无意之中贬低或诋毁或抨击了竞争对手，给某些客户留下了不良的印象。因为有些客户，可能他比较好这一口，喜欢你给他点分析和比较，因他还不懂这个行业，如果你说到竞争对手时，不去揭人家的短，反而还觉得你心虚、底气不足、不如人家，而有些客户，你说了同行的坏话，尤其当他遭遇到同行之间相互攻击的话，他搞不清楚谁是谁非，会觉得你也不可信，心里同时也产生一定的抵触情绪。

贬低同行是不可取的，有的时候我们会觉得同行之间竞争，贬低竞争对手是常见之事，没什么要紧的，殊不知客户不是这样想的，其实"王婆卖瓜，自卖自夸"，王婆只是说自己的瓜甜，没说李婆的瓜苦！你可以多方位展示你产品的优点，但不要靠贬低别人来抬高自己，因为每个人都有自己的评判标准。一定要切记，在贬低同行的时候，其实就是在贬低你自己。

建立投诉机制，顾客才更放心

随着全球贸易一体化进程的加快，当今国际市场上国与国之间、地区与地区之间、企业与企业之间的竞争越演越烈。竞争的焦点集中在产品和服务质量上。在社会发展过程中，没有任何一个国家的政府，任何一个社会组织，任何一家企业能把所有的事情做得尽善尽美，把产品做得完美无缺，碧玉无瑕。因此，任何政府机关、任何社会组织、任何企业都可能面临着它所服务的对象或它所提供的产品购买者的抱怨或投诉。只有建立投诉机制，才能让顾客消费得放心。

顾客进行投诉是希望能跟你继续做生意，同时其对卖场服务不满信息的反馈无疑也给卖场提供了一次认识自身服务缺陷和改善服务质量的机会。于情于理，我们都要真诚地对顾客表示感谢。所以可以写一封感谢信感谢顾客所反映的问题，并就公司为防止以后类似事件的发生所做出的努力和改进的办法向顾客说明，真诚地欢迎顾客再次光临。

为表示慎重的态度，常以企业总经理或部门负责人的名义寄出，并加盖企业公章。当顾客是通过消费者保护机构提出投诉时，就更需要谨慎处理了。原因在于零售企业回函的内容，很可能成为这类机构处理中的一个案例，或作为新闻机构获取消息的来源。

商场在处理各种顾客投诉时，要掌握两大原则：一是顾客至上，永远把顾客的利益放在第一位；二是迅速补救，确定把顾客的每次抱怨看做商场发现弱点、改善管理的机会。只有这样才能重新获得顾客的信赖，提高商场的

业绩。当然，即使我们能够教授员工清空顾客不满的技巧，我们也有必要认识到使顾客烦恼的共同原因。一旦我们做到了这些，就能够持续地培训我们的员工以使他们回答和处理好这些问题，接着我们就能采用解决问题的具体方法，来看是否能够在长期内根除这样的问题。

商家要设立投诉电话，所有投诉内容及处理过程和处理意见都有详细记录。任何一位员工接到投诉后（无论是电话、信函或直接投诉，无论对他人或对自己的投诉），都应立即担当起"第一负责人"处理顾客投诉的责任。记录顾客投诉内容和时间，填写《顾客投诉登记表》，并填写本人对此事的处理意见和方法。

同时，分清责任性质和责任人，了解顾客的实际困难和愿望。如果投诉的是体验中心的工作人员或是本人的服务态度，针对具体情况，能当时解决的就当时向顾客解释，直到顾客满意为止。并将处理结果填写在登记表中。如不能当时解决的，留下顾客的详细资料，并告诉顾客会在48小时内给予答复。

如果顾客投诉的是产品质量问题，应认真做好记录，包括购买时间、地点及使用情况，损坏部位及顾客的期望结果，并对顾客说："您放心，我们会立即反映此事。"不要强调原因或理由，按照《消费者权益保护法》执行。找出令顾客满意的解决方法及时处理，最后向顾客主动道歉。

服务中心接到顾客投诉后，首先调查原因，如果属于工作人员责任，立即通报责任人。有关责任人接到服务中心的投诉通报后，应尽快直接与顾客联系，向顾客道歉，并做出合理的解释。

服务人员在处理顾客的投诉时，一定要诚心诚意地和顾客沟通意见，多采取恰当的询问方式，不要怕花时间，争取了解顾客的真正意愿。

赵先生买了一台便携式计算机，到家后却发现这台电脑的外壳出风口处有一处划痕。赵先生非常气愤，带着电脑找到了那家商店。根据规定，赵先生有三种选择：①退货；②换一台新的；③由商店免费修理。赵先生想要第一种选择，然而，出于面子的考虑，赵先生没有直截了当地提出要退货，而是反复强调不再信任这种品牌的电脑，买回去也不放心。由于赵先生没有陈述自己的真实要求，促销员又坚持免费修理，最后双方形成僵局。

这个案例中，促销员没有了解顾客真正的意愿，其实，促销员如果能听出赵先生反复强调的那句话的弦外之音，按其希望给予退货，事情很快就能得到解决。

第七章

读懂顾客求"方便"的心理，
小的可能是好的

谁让顾客方便谁就有钱赚

当收银员打价打到一箱饮料时，询问她是否带有同样的单瓶饮料，否则就得拆开饮料的纸箱取一单瓶打价。王女士心想，刚才购买时，促销员再三强调"买三赠一"，为何不提醒她带一单瓶！因为已经很累，虽然饮料要送礼，但她还是让收银员打开了纸箱，所幸收银员用透明胶带将纸箱给封住，倒也看不出"破绽"。

付完款后，王女士索要饮料赠品时，却被告知要拿着购物小票到西出口处领取。王女士无奈只有将购来的两大塑料袋物品与饮料存在服务台，拿着购物小票到西出口领赠品。再次回到东出口时，近二十分钟时间又过去了。正欲离开时，王女士又遇到麻烦了，由于购物太多，超市又没有装饮料箱的特大号塑料袋，王女士一次还无法将物品带走，只有将饮料箱挪几步，再回去将两只大塑料袋提几步，如此往返，终于将买来的物品挪到了马路旁。坐上出租车，王女士深深地叹了一口气："这购物怎么这样的累，这钱怎么花得这么不开心？"

这样的商家就很容易失去顾客。

满足顾客对方便的需求要做的文章有很多。比如，商品布局要考虑到顾

136

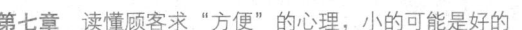

客购物的方便，而目前百货店大多是从商家自身的角度考虑，因此，出现了许多大百货店把化妆品、黄金首饰装点门面的商品放在一楼经营，而把该放在距离商场出口近的地方经营的商品却放在较高的楼层。

商家把化妆品、黄金首饰放在一楼主要是考虑到店面视觉形象，整洁漂亮。但是，化妆品、黄金不是顾客随机购买的商品，而是选择性非常强的商品，而且要求选购时的环境要雅静。商家把化妆品、黄金放在一楼，客流非常多，熙熙攘攘，商家的形象好看了，而顾客的购物环境却变得恶化了，商家不知不觉损失了一部分客流。即使把化妆品放在距离商场出口最远的楼层，由于顾客选购化妆品的目标性非常强，而且携带非常方便，所以顾客是不会吝惜几步路的。

同理，大家电对顾客来讲也是选择性、目标性非常强的商品，放在距出口远一点都没关系，顾客选购时，是不害怕多上几个楼梯的。有部分商场把大家电放在一层或距出口近的地方，主要是考虑到自己提运商品方便，而不是考虑顾客方便。买大家电商品，目前是不需要顾客搬动的，因此，自己多搬动一些是为了从整体上方便顾客。

作为大商场，经营的品类比较多，考虑到方便顾客，应把那些顾客随机购买的商品，以及体积和重量稍大的商品，摆放在一层或距出口近的地方，因为这些商品一般都是顾客随身带走，不需要商家提供送货上门服务，如日常的生活用品等。如果把化妆品、黄金、家电放在一楼经营，其他顾客随机购买且体重较大的商品就不能放在一楼或距离出口近的地方经营，这样从整体上讲，顾客购物就不方便了。

顾客对方便的需求还有一个重要的方面，就是怕来回多跑冤枉路。目前，许多商家在顾客交款方面对顾客的考虑欠妥，让顾客交款跑来跑去的，让顾客等很长时间，信用卡消费有的得等半个小时，支票更麻烦，统一到一个部门去交，顾客像走迷宫一样，好不容易找到了交支票处，得到答复是得等3天或5天以后取货。顾客等着急用商品，又不能提货，若退货吧，不仅顾客白费了半天劲，既得罪了顾客，商家也损失了销售。若不退货，顾客无奈之下还得跑第二趟。这何谈方便顾客？

商家也许会说，这是制度，这是出于资金安全的考虑，银行就是这种运转机制。金融部门的事商家管不了，但商家可以考虑解决这一问题，也许有那么极少数的人利用支票诈骗，但相信绝大多数顾客都是诚实的，商家不能仅仅为了自身资金的安全，而"惩罚"99%诚实的顾客。其实解决资金安全问题也并非难事，即使有困难，也应想办法解决，即使解决不了，如此"惩罚"顾客也不妥。有人会说，一个大型商店每年的支票诈骗有几十万元乃至上百万元，这只是绝对数，而相对数也不过是千分之一不到。这比起决策失误、管理漏洞、跑冒滴漏造成的损失实在是小巫见大巫。

当然，要满足顾客对方便的需求有很多，商品布局和交款只是比较大的方面。小的方面，如临时休闲椅，让走累的顾客可以临时坐下来休息一下。但要注意休闲椅不易多，因为商店不是旅店。另外可以有对现场临时的病发者及时的抢救措施等等。其实满足顾客对方便的需求就是满足人的天性——"懒惰"的需求。这里要做的文章很多。这也正是为什么在中国混合业态比单一的超市业态和百货店业态具有生命力的原因，因为混合业态能满足顾客对方便的需求，顾客购物时一次性购足了衣食住行的全部商品。

顾客一般喜欢到那些能够轻松停车的购物场所购物。无论是汽车停车场还是自行车停车场都是影响顾客去留的关键。据统计，一个汽车停车位一年可以带来10万元的销售额。在停车场内，一般左转进入比右转进入更适合人们的习惯，在入口处需有明确的标志，场内宽敞明亮，没有垃圾、积水，如遇购物高峰期还必须有专人调度。当然，卖场专用停车场必须都是免费的。

入口的设置同样相当关键，不但要方便临街正门行人的进入，还要考虑开车的顾客是否方便进入、骑自行车的顾客是否方便进入。通过各种途径到来的顾客，无论哪类顾客如果需要绕着弯子，哪怕是多走几步路，只怕第二次就很难看见他的光临了。其次，有的卖场需要上若干级台阶或下几级台阶才能到店内，这都是顾客不愿意支付的体力成本，好卖场是绝对杜绝的。另外，入口必须宽敞明亮、干净整洁、充满朝气和活力。如果条件允许，还要为顾客提供诸如雨伞筐、擦鞋器、方便袋等必备器具。

一个好的卖场首先在建筑结构上应相当合理，便于顾客进入。其次，店门需要宽大透明，让顾客在外面就能浏览到店内的商品；同时，在一般情况下店门都需打开，如果因为冬季或需要开放空调等原因，至少也应换成自动玻璃门或轻盈隔温的透明帘子。除此之外，还应检查地板是否过于光滑、商品是否会堵塞入口、纸箱是否乱堆乱放等包括视觉、听觉、嗅觉、审美等多

方面的不妥！这些细节常常会给顾客留下深刻的第一印象，是至关重要的。

顾客对卖场的外观是否接受决定顾客是否会走进店内，当踏进店内第一步后，安全感是决定顾客购物心情的关键所在，只有在顾客认为一切都是自由时才会安心地选购商品。安全感来自于以下三个方面：

能否从店中安全地出来。如果卖场设置比较阴暗、死角多，在店内人少的时候会感到特别不安，如遇销售人员冷不防在远处射来窥视的目光（防止顾客偷盗商品），更会让顾客恐惧顿生。因此在店内设置上要考虑到顾客的心理因素，尽量减少阴暗面。

个人预算标准就是决定顾客是否购买的关键因素，如果商品价格过高或是不标价，仅凭销售人员说价，会给顾客担心被"宰"的不安全感。为了打消因为预算和价格之间的矛盾，要明确地标出价格，在销售过程中再略低于标价出售，更能吸引顾客。

如果顾客没有购物，销售员用异样的目光看着顾客离开，保证这个顾客很难光临第二次。销售人员要有极度亲和力，顾客只要进店就会得到最好的礼遇，才能争取更多的销售和回头客。

便携式，时代的选择

随着科技的进步和移动办公观念的普及，许多产品已经开发出小巧玲珑的便携式产品。便携式产品可流动使用，既方便了使用、保管、运输，又增加了设备使用率。

比如，在大家旅游时，很喜欢携带方便的纪念品。

旅游商品包装设计就应考虑旅游商品的"旅游"二字，长途跋涉，转车转船转飞机行程紧张，所以，旅游商品必须体现"小、轻、快、灵"四个字，易于携带易于保管。前不久，家住北京的钱先生一家去上海旅游，儿子在去东方明珠电视塔玩儿时，买了一个东方明珠电视塔的模型作纪念品准备带回幼儿园给老师和小朋友们看，可还没等他们踏上返回北京的飞机，这件旅游纪念品就已经"缺胳膊断腿"了，弄得小孩非常不开心。据调查，旅游购物消费52%的人指出，旅游商品包装差，不便携带、馈赠和收藏。包装其中一个功能就是携带方便，这在旅游中尤为重要。游客在游览的同时要买一些随手可带的小商品或作纪念或备后用，此时旅游商品的包装设计就要设身处地地从消费者的使用角度去考虑。

现代市场竞争激烈，许多商品畅销的主要原因就是方便携带，同时使用起来更容易更方便。一些笨重的、不方便使用的商品往往会在旅途中扫了游客的兴致，即便人们再喜欢也会考虑途中的困难而望而却步。因此，包装设计关注细节，为消费者考虑到细处看起来是方便了消费者，其实它是在为商品销售创造机会点的同时也传达了商品包装对人性及生存环境的深度关怀，这种无声的关注更是体现了一种深层的文化内涵。法国依云矿泉水为开发旅游用品，在1999年重新进行了包装设计，依据是很多消费者希望产品能在走路时方便携带又有时尚的外观。新包装在瓶子中间有一个手纹凹陷，方便携带，顶部的拉环与一只吸管相连，方便饮用。这种设计打破大多瓶装水的设计，把瓶口放在瓶子顶端的一侧。该设计被认为是第一次从消费者的角度去考虑，既实用又美观的创意体现了设计深层的人文内涵。该包装上市后广受欢迎，被认为是外出旅游的贴身伴侣。包装不仅体现了一种深层的人文内涵，而且对建立消费者品牌偏好度和忠诚度有潜移默化的作用。

便携式产品是技术融合、发展的必然产物，便携式是我们消费电子娱乐产品的发展必然趋势，处于移动状态的终端会越来越多，在市场竞争非常激烈的同时，新的技术方案也不断涌现，引发新一轮个人便携多媒体终端及相关配套市场发展的浪潮。笔记本电脑的诞生是因为其便携性的特点，最初由于价格昂贵只是高级商旅人士的专用品。而随着成本的下降，规模效应的出现，笔记本开始走入平常百姓家庭。

以笔记本为例，随着手机、UMPC等更加便携产品的普及，而且它们的智能性已经可以满足最简单的办公需求，年轻的商务人士越来越感觉到普通笔记本电脑的体积太大，重量太重，他们渴望性能比手机和UMPC更强，体积比普通笔记本电脑更小，价格适中的笔记本产品。

于是，我们看到了夹在普通笔记本和UMPC等便携式设备之间的一个崭新的需求，那就是"便携式笔记本"。便携式笔记本的使用人群大多应该是经常走动的人，而在走动的过程中他们要使用电脑办公，因此很明显，这部分特定人群应该是年轻的商旅人士。

各大品牌纷纷推出自己的便携式笔记本来满足这块需求，但是定位各不相同。比如，HP Mini是针对"Young professional"一族推出的，这部分人群包括Soho一族、设计师、文体明星或者是往来于各种会议的商务人士。满足这些人群对娱乐、商务安全和移动的三重需求。该定位也正迎合了便携式笔记本的用户群需求。

移动办公的人越来越多，对便携式产品的需求也会越来越大，有效地满足这个需求市场，就意味着厂商抢先占据了一片蓝海。

推出不同号码，迎合多样需求

顾客虽然都有着共性的需求，但每位顾客的需求是有差异的，这个差异就是个性化需求。顾客之所以有个性化需求，是因为顾客有年龄、性别、身份、知识素养、工作的忙闲、身体健康状况等许许多多的不同所致。因此，应满足顾客个性化的需求，其实服务的最佳境界就是满足顾客的个性化需求。当所有顾客的个性化需求满足了，顾客自然也就满意了，服务工作也就真正做到家了。比如，有行动不便的老人或残疾人购物，可以提供电话购物，大小商品都送货上门服务；对工作繁忙的无暇购物者，除开辟电话购物外也可进行网上购物，在约定的时间送货上门；对与众不同的顾客可开展定做特体衣服鞋帽等穿用商品服务；大百货店可为顾客提供行李车，可提供母子购物用车；可提供礼仪送货上门服务等。总之，顾客有什么个性需求，只要是合理合法的，都尽量满足。

在纽约一家饭店里，一位挑剔的女顾客正对服务员说："我要热苹果派，不要把冰淇淋放在上面，要单独放在里边。另外我还要一份草莓冰淇淋，不要生炒的。如果没有，我要现做的罐奶油……"

就像美国消费者协会主席艾拉马塔沙所说："我们现在正从过去大众化的消费进入个性化消费时代，大众化消费的时代即将结束。"现在的消费者可以大胆地、随心所欲地下指令，以获取特殊的、与众不同的服务。哪怕部分消费者总体上倾向于和大众保持同质化的产品或服务消费，但也期望在送货、付款、功能和售后服务等方面，供货方能满足其特别的需求。

出现个性化消费，一是由于人们消费水平不断提高，价值观念日益个性化，进而要求产品的"文化色彩"或"情感色彩"浓厚，能体现主人独特的素养。二是产品越来越丰富，供大于求，消费者可以在众多的同类产品中随意挑选。所有这些，向营销者提出了新要求，企业要生存和发展，就要具备个性化的营销能力。

传统的目标市场营销能满足不同消费者群的不同需要，但它主要着重同一消费群体对某一商品属性的共同要求，而不是每个消费者与众不同的特殊要求。这就决定了它对个性化需求的满足是不充分的。

现代市场营销观念，就是"顾客至上""顾客永远是正确的""爱你的顾客而非产品"的思想。而个性化营销是满足以顾客个性化需求为目的的活动，要求一切从顾客需要出发，通过设立"顾客库"，与库中每一位顾客建立良好关系，开展差异性服务。

在竞争日益激烈的市场上，谁的产品最能满足顾客需要，谁就最终赢得市场。而个性化营销是顾客根据自己的个性需求自行设计、改进出来的产品，是顾客最满意的产品，如海尔提出了"您来设计我来实现"的新口号，由消费者向海尔提出自己对家电产品的需求模式，包括性能、款式、色彩、大小等，产品更具适应性，更有竞争力，也就牢牢占据了市场霸主地位。

在传统的目标市场营销中，消费者所需的商品只能从现有商品中选购，消费者的需要可能得到满足，也可能得不到满足，这时消费者只能选择与自己的理想产品最接近的商品将就一下。而在个性化营销中，消费者选购商品时完全以"自我"为中心，现有商品不能满足需求，则可向企业提出具体要求，企业也能满足这一要求，让消费者买到自己的理想产品。如上海有一家"组合式"鞋店，货架上陈列着7种鞋跟、9种鞋底，鞋面的颜色以黑白为主，搭配的颜色有50多种，款式有近百种，顾客可挑选出最喜欢的各个部位，然后交给店员组合，前店后坊，只需等上十几分钟，一双符合顾客个性的新鞋便可到手，顾客很满意。

如果和消费者保持长期的互动关系，企业便能及时了解市场需求的变化，有针对性地生产，不会造成产品积压，缩短了再生产周期，降低了流通费用。另外，个性化产品使产品需求价格增加了弹性，售价提高从而提高单位产品利润，企业经济效益自然凸现。

企业可以进行"一对一"生产。先让消费者设计出产品构图或模型，然后厂家照葫芦画瓢地把产品加工出来。消费者自己动手做，如厂家把零部件卖给消费者，同时附上组装说明书，消费者买了这些零部件后，自己动手组装成最终产品。这种方式之所以可行，是基于人们对"自己的劳动成果"的特殊感情和动手过程中享受到的乐趣。适用于劳动强度小，较悠闲有情趣的产品。厂家设计的产品，花色、品种、款式、型号尽可能多，供消费者在这个范围内自己选择，找出最适合自己的一个。

　　顾客的需求是多种多样的，只有满足顾客不同的需求，企业才能取得长远的发展，才能在激烈的竞争中占据一席之地。

上门服务，送货到家

　　把顾客变成忠诚顾客并不容易，优质的售后服务是企业取得消费者信赖的最直接途径。售后服务是一个系统工程，须用完善的售后服务体系加以保证，要使消费者从购得产品之刻起直到产品消费完毕，包括送货上门、安装到位、人员培训、维修保养、事故处理、零配件供应以及产品退换等每一个环节都处于满意状态。

　　例如，海尔的星级服务，不仅在上门安装、回访、维修等各个环节有严格的制度与质量标准，还细致到上门服务时，事先套上一副脚套，安装空调时先把沙发家具用布蒙上，自带矿泉水，临走把地打扫干净等等。目前，海尔在全国各大城市都设有"9999"售后服务热线，用户只需一个电话，剩下的事全由海尔来做，这些措施，使消费者对海尔的忠诚度达到了顶峰。

　　台湾一位雄踞世界企业家之林的亿万富翁王永庆，他的资产近26亿美元，但他创业时只是一家小小的米店。那时电话还不普及，买米一定要上街，有时到煮饭时才发现没米了，很不方便。可是多数米店的老板往往坐等顾客上门，生意非常惨淡。

　　王永庆看到这种情况便想到一个办法，没等那个顾客上门买米时，他就问："您住在哪里，我把米送到您家里好吗？"面对这种服务态度，顾客当然乐意。

　　王永庆送米的时候，总会掏出随身携带的笔记本，详细地记下这家人的米缸容量，然后对顾客说："您能不能告诉我一些简单的资料，像您家里有几口人，一天用米量大概多少？"这些对顾客来说并非难事，他们便欣然地告诉了他。王永庆就根据这些资料计算出这家客户的用米量，以便在客户吃完米的前两三天把米送到客户家中。就这样，王永庆的米店客户越来越多，生意越做越大，不久，他又开了一家碾米厂，挣得了万贯家产。

在生意场上，经营者如果能像王永庆那样为顾客着想，真正把顾客当作上帝，其生意必然红火。

把顾客视为"上帝"，无非是想赢得更多的顾客群。要做到这一点，除了你的产品的价值和质量等因素外，提供超值服务也很重要。提供超值服务的方法有多种，如产品实行三包、送货上门、终身保修等。由于你坚持提供超值服务，就可以将产品的价格定得稍微高一些（实际上，可认为是超值服务的附加费）。

尽管各种非价格竞争活动已经大大发展，价格竞争仍是现代企业市场竞争的一个焦点。无论是绝对的价格竞争，还是相对的价格竞争，都是现代企业及其市场销售人员争夺顾客的一种主要手段和方式。

要使顾客回头，就应该给顾客一些甜头。优惠老顾客的方式很多，例如，给老顾客发放各种购买优惠证、优惠卡，对持优惠卡的老顾客实行不同比例的折扣优待。还可以经常为老顾客提供一些优质低价的新产品，免费为老顾客送货上门，免费为老顾客提供一些与本产品无关的其他各种服务。

顾客反正总是要买东西的，不买你的，就买他的。但总要比较比较，货比三家是从前的事了，而今也许要比上几十家。比来比去，免不了要比一比价格，买得要放心，也要合算。因此，在价格上你不能玩花招，顾客的眼睛是雪亮的，你骗他一回，他记你一生。那种"屠刀高悬，进门便宰"的"君再来"酒店，有谁愿意再来呢？

在价格公平的前提下，谁能提供更好的服务，消费者肯定就会选择谁的。因此，送货上门是非常必要的。企业的使命就在于服务社会，说到底，就是服务顾客。顾客是企业之本，是推销之本，是市场之王，也是财富之源。没有顾客之本，也就没有企业之花。从大营销理论上讲，学生是学校的顾客，读者是作者、编者、出版发行者的顾客，病员是医院的顾客，选民是总统竞选人的顾客，等等。没有顾客，也就没有企业和市场，也就没有收入和利润。

一对一服务，有问必"答"

一对一销售服务是指销售人员通过与每一位顾客进行一对一沟通，明确把握每一位顾客的需求，有针对性地为其提供专门的个性化服务，以求最大限度地满足购买者的需求。

在一对一销售服务中，销售管理是以顾客为中心开展的，对企业的每一位顾客都必须设定直接的管理者。由于顾客的人数众多，每一位顾客管理者往往要同时管理许多顾客。所以，每个顾客管理者都应设立自己的"顾客库"，并与"顾客库"中的每一位顾客建立良好关系，以求最大限度地提高每位顾客的生涯价值，提高企业的顾客占有率。

在顾客管理的组织结构中，虽然也有产品管理，但其作用已经不再是将产品卖给尽可能多的顾客，而是针对每一位顾客的生涯价值，开发、提供顾客需要的特定产品，从而支援顾客管理者。进行一对一销售服务，必须追踪每一位顾客并分别与之进行沟通。进入20世纪90年代，信息与网络技术的高速发展为企业与顾客一对一沟通提供了越来越多的选择手段。

商家要依靠内容与情感吸引客户，要不断推出新创意，提供有用的内容吸引客户上门，同时充分利用电子邮件来维持与顾客的情感交流，增强其对产品和企业的信任。

海尔的经营理念叫做"真情到永远"，在这种经营理念的指导下，海尔人创造出一种一定要设法让顾客满足的企业文化。举例来说，客户提出这样的问题：

"这里气候潮湿，有没有可以强劲除湿的空调？"

"登高擦拭不便，有没有可以升降的空调？"

"气候炎热，有没有耐高温、可以长期长时间保持运转的空调？"

对于这些问题，海尔的回答一律是：

"有！我们很快为您设计制造！"

"行！也可以自己设计，我们帮助您生产。"

从海尔的案例中可以看出，没有解决不了的问题，自然就不会引起顾客抱怨。有能力就没有压力，想服务就不会觉得它是困难，服务者的心态和理念是很重要的。

还有一个例子，夏天市场上的洗衣机销售成为淡季。这是为什么呢？经过市场调研发现，不是夏天人们不洗衣服，而是因为衣服都比较短、薄、少，而且更换频繁。假如使用普通型的洗衣机去洗夏天的衣服，费水、费电，成本加大。所以人们倾向于把衣服集中起来洗涤，或者不使用洗衣机。

经过调研以后，海尔研发出一种新产品——小小神童洗衣机。这种洗衣机采用水位三挡调节，1.5公斤型的，一件衬衫也照洗，小孩子也可以使用这款洗衣机自己洗衣服。这种产品1996年上市之后，开发了12代，5年销量超过200万台。因此，产品设计主要是满足顾客为第一优先考虑，以服务导向来思考产品的设计。

另外，在四川有的客户投诉洗衣机常常出故障。海尔技术人员去查看以后，发现海尔的洗衣机品质没问题，是四川的消费者使用不当：他们没有衣服洗的时候，用洗衣机来洗土豆。这种情形一般的商家会说，我们没有错，是你们使用不当，所以我们不会赔偿。但是海尔不是这样，他们开始研发设计，如何开发新型的洗衣机，既能够洗土豆，又能洗衣服。这就是海尔的服务，对这种服务的理念只能用两个字来评价：可贵！他们对于顾客服务满意度的追求有着可贵的执著。

在如今酒店供大于求竞争日益激烈的情况下，为了吸引、留住顾客，酒店服务越来越讲究精细化、人性化。因此，在酒店中，一对一服务应用得比较广泛。它强调酒店员工有针对性地为单个顾客提供服务。一对一服务如今已被一些酒店广泛运用并取得了良好的服务效果。

但是一对一服务不是某一固定的服务员服务某一固定的顾客。事实上，酒店的每一个员工都代表着酒店的整体形象，都可以成为酒店常客的"一对一服务"人员。特别是在当某一个酒店常客来到酒店，而为其提供固定服务的服务人员不能为其提供服务时，酒店其他员工应能够熟识客情，顺利为其提供相应服务，使顾客的问题得到满意的答复。

第八章

读懂顾客求"舒适"的心理，
换位思考做生意

想顾客之所想，把舒适送到心里

所谓众口难调，虽然顾客的需求各种各样，但作为顾客都有一个共同的购物心理，只要我们懂得了这个道理，就可预先考虑顾客需要什么。比如，顾客在烫发后，我们还可以问顾客是不是需要做一个营养焗油。

为顾客服务不仅要为顾客解决问题，而且还要给顾客快乐的心情，带给顾客美妙的感觉。

每个顾客的能力都是有缺陷的，何为顾客能力缺陷？比如，顾客买大件商品（如冰箱）仅靠顾客自身的能力搬运起来就非常费劲。因为，一般顾客没有能力搬运，包括没有运货汽车，搬不上楼，甚至没有能力卸掉外包装。若找车辆、找司机、再找一两个人搬运到楼上的家里，不仅不少花钱，而且非常麻烦，还搭上了人情。因此送货上门自然也就成为商家争夺顾客的重要手段。这是针对顾客的能力缺陷。蓝岛在这方面做得比较突出，率先在京城提出实施无远近送货上门，不仅送货到家，而且还要到位。即把冰箱不仅送到家里，也送到了顾客要放置的位置。

顾客的能力缺陷不仅是指力量上的缺陷，还有专业技术技能的缺陷。随着社会的发展，商品的知识含量和科技含量越来越高，顾客不可能都是专家能手，对所购置的商品可能不会使用，甚至使用不当，造成一定的损失。此时，作为商家就应当针对顾客专业技能的上的缺陷及时提供相应的服务，解决顾客的烦忧。

想顾客之所想，把舒适送到顾客心里，服务不是唱出来的，应是做出来的，让顾客切实感受到的。因此，套用一句歌词就是，"说到不如做到，要做就做最好"。真正把服务附加到商品上，使顾客购买到商品的同时，也买到了服务，即使商品的价格不低，也要顾客切切实实感受到物有所值，物超所值，达到增强商品竞争优势的目的。

目前，许多大商场，在服务附加上，大多是说到做不到，承诺得多，兑现得少。然而，承诺把顾客的心理预期吊了起来，因此，顾客在心理预期得不到满足的情况下，就会认为商家是在搞欺骗宣传，商家的形象将大打折扣。其实，商家的主观愿望是好的，没有欺骗顾客的意思。

事实上，许多人在服务时，并不了解顾客的需要和期望，不了解顾客迫切需要的是什么样的服务，结果往往不是很好。就如一对夫妻相处时，妻子需要的是丈夫的关心、呵护、疼爱有加，但丈夫并不理解而只给她买钻戒和鲜花，实际上不管买多少礼物给她，都替代不了心灵的关怀。

因此，把握市场需求，想顾客之所想，才能在激烈的竞争中占有一席之地。北辰购物中心对顾客的研究表明，"一次购齐，一次观赏齐"是大多数消费者所需要的。为了有效地满足这种需要，北辰购物中心确定了很有特色的商品组合。他们把商品分为两个大类，即生活必需品和差异品。生活必需品主要包括超市中的食品、日用百货、部分文化用品、家用小电器等；差异品主要包括服装、工艺品、家居用品之类。

为满足消费者对必需品一次购齐的要求，有关商品部就得在有限的面积内，既要尽可能地摆足旺销的品种，又要照顾到需求量不大但总有人需要的连带品种。因为没有连带品种就会影响到顾客对商店的印象，影响客流量，从而影响到旺销品种的销售。

为了满足消费者对差异品一次观赏齐的要求，他们对消费者看重的品牌商品，在类别、品种、品牌和价位的组合上采取措施，给消费者以充分比较选择的余地；对于以流行时尚为主要特征的差异品，他们组货时则以面料、时尚、质量为选择标准。

更为重要的是，各商品部有权随时根据顾客需求调整品种组合。比如，食品部了解到北京人爱吃炸酱面，但北京本地产的酱太咸，就选择购进天津产的口味比较淡的酱和甜面酱销售；医药部从记录顾客需要而本部未能提供的药品入手，发现顾客对保健品的需求与媒体广告同步，就及时调整保健品品种以满足顾客的需求；文化部在手机经营中，发现顾客需要较多的品牌比较，就在一家经销商的基础上，又引进了一家经销商，增加了更多的品牌，从而使销售额增长了数倍。

现在是一个快节奏、高效率的时代，时间很宝贵。因此，我们在为顾客服务的时候，首先要考虑如何节省顾客的时间，为顾客提供便利快捷的服务。所以，设身处地为顾客着想，以顾客的观点来看待商品的陈列、商品采购、商品种类、各项服务等，才会让顾客感到方便满意。

总之，要把最大的舒适送给顾客，顾客才会给我们以肯定，才会让我们的生意更好做。

不同群体分类，不同舒适标准

对于一个经验丰富、老练的销售人员来说，她们往往能够从一群人中一眼就判断出谁是真正的顾客、什么样的顾客，应该如何接待。而对于一般的销售人员，可能会经常遇到这样一种情况：在使出浑身解数，说得口干舌燥之后，才发现费尽心力所说服的顾客根本就不是"真正的顾客"。所以，销售人员必须慧眼独具，把握好不同顾客的消费动机和心理特征，采取不同的接待技巧，可以有效地提高成功率。

根据年龄层次，我们一般将消费者分为老年顾客、中年顾客和青年顾客三种类型。

老年顾客对原有的东西比较留恋，对新产生的东西常常持以怀疑的态度，一般是受家人或亲友的推介才能接受新生事物，但心理稳定，认定的事情不会轻易放弃更改。他们一般是希望质量好，价格相对低；但决策行为缓慢，多比较，喜欢问长问短，对销售人员接待的态度反应非常敏感。对于这类阅历丰富的老年顾客，我们要主动出击，诚心以待，当好参谋，减轻对方心理负担，如代客交钱、包装好物品并送货上门等。同时要注意在交流过程中把握好：音量不可过低，语速不能过快，态度要和颜悦色，语气要表示尊敬，说话内容要表现谦虚，做到简单、明确、中肯。让他们对你形成一种依赖感和信任，这样的客户群一旦形成消费决策就不会轻易改变。

中年顾客相对来讲是属于理智型的，他们一般不会轻易相信别人的建议和主张，那样他会感觉没有面子，而是要在赞同他的基础上再加以拓展。这个年龄段的顾客分两种，一种是高薪阶层的，对他们就要强调消费档次、品位和审美；一种是收入一般，我们需要强调的是品质、价格和服务。

青年顾客具有强烈的生活美感，对价格表现得比较淡漠，而是一味地追求品牌、时尚、新颖、流行，往往是你新品推出的第一批消费者。消费具有明显的冲动性，易受外部因素影响，易受广告宣传的影响，也是二次消费最多的群体。所以我们要迎合此类顾客的求新、求奇、求美的心理进行介绍，尽量向他们推荐公司产品的流行性、前卫性，并强调公司新产品的新特点、新功能、新用途。

优柔寡断型的人往往在销售人员长时间的反复说明解释后，仍优柔寡断，迟迟不能做出决策，有时甚至在做出购买决策后仍犹豫不定。对于这类顾客，销售人员需要极具耐心并多角度讲解，并要注意有理有据，有说服力，切忌信口开河。

针对不同群体不同的舒适标准，零干扰服务是一种不错的选择，它是新兴的商业服务观念，意指企业在提供销售服务的同时不对顾客构成干扰和妨碍，为消费者提供适时、适度的服务。消费者的购买活动通常按照一定的时间顺序，经历一定的过程。零干扰服务注重"时"与"度"的有机结合，强调在最合宜的时间为消费者提供适度的服务，体现了服务质量的更高层次和服务水平的更高境界。

与传统的销售服务方式相比，零干扰服务更充分地体现了现代服务"以人为本"的理念。现代消费者更加注重精神的愉悦、个性的实现、感情的满足等高层次需要，而零干扰服务正是从消费者角度出发，以他们的需求、兴趣、心理等作为服务的基本出发点。它强调充分发挥消费者在购买过程中的自主性、主动性，提高购物热情。此外，消费者直接面对商品，自主进行选

择，从而在很大程度上摆脱了对销售人员的依赖，大大减少了相互之间产生矛盾和冲突的机会。而且零干扰服务所体现出来的对消费者的信任感和尊重感，使整个购买过程更加人性化，更富有人情味。所以在零干扰服务过程中，消费者的心理状态是放松的、自由的，能最大限度地得到自尊心理的满足，这也是现代生活条件下顾客产生购买行为的必要前提。零干扰服务可以实现"服务创造顾客"这一目标，即不仅在最大程度、最高层次上满足消费者的需要，也要为商家带来利润。

实现零干扰服务，要求销售人员"看人行事"，以识别顾客为第一要事。要针对消费者各个购买阶段的心理活动特征，采取相应的销售服务方法和技巧，提供适时、适度的服务，而不妨碍消费者的行为自由度。

现代商业企业的竞争焦点主要表现在服务的竞争上，谁能提供高质量、高境界的服务，谁就掌握了驾驭市场的主动权，就能在日益激烈的市场竞争中发展壮大。

切莫热情过度，让顾客自己做出决定

大家一定有这种经历，有时候我们在专卖店或商场购物时，我们会碰到一些过分热情的导购，他们老远就会和你打招呼，当你走进她的专柜时，他更是尾随而至，寸步不离，并且喋喋不休地开始介绍他们的服装如何如何。作为顾客来说喜欢有一种宽松的自由的购物环境供他们观赏和挑选，不分青红皂白的介绍反而会让他们感到一种无形的压力而趁早"逃之夭夭"。所以服务人员切忌"不要过分热情"。

在服务工作中，常常发生这种情况，尽管服务员满腔热情地为客人提供服务，但客人有时不仅不领情，反而流露出厌烦或不满的情绪。

是客人不通情达理吗？当然不是。这里有一个很重要的原因，那就是服务员没能充分了解客人的需求，实行无干扰服务。

所谓无干扰服务，就是指在客人不需要的时候感受不到，需要的时候招之即来的服务。在服务业中，机械的规范服务并不能换取客人百分之百的满意，这是因为服务需求的随意性很大，尽管服务员已尽心尽责，但客人会因其情绪、个人癖好、意外情况、即时需求等原因提出服务规范以外的各种要求。

这说明，标准化的规范是死的，而人的需求是活的。服务必须满足客人形形色色的需求，才能上一个新台阶。

就客人的需求而言，"无需求"本身也是一种需求，客人的各种各样的需求中当然也包括"无需求"这种需求。因此，充分了解客人的这种"无需求"，有针对性地提供无干扰服务，对于提高服务质量具有十分重要的意义。

过分热情往往会让人讨厌，新来的促销员小李非常积极，顾客赵大爷一进来就赶紧迎上去，热情地问："您需要些什么？"

赵大爷说："我随便看看。"

小李说："那我帮您介绍吧。"

赵大爷看他这种架势，说："不用了。"说完急忙地走了。

这种现象在我们身边随处可见，在酒店中也经常有这样的现象。五月初的一天中午，李强陪一位外宾来到某酒店。他们找了个比较僻静的座位，刚入座，一位女服务员便热情地为他们服务。

菜刚点完，服务员就开始铺餐巾、摆碗碟、酒杯，然后给他们斟满茶水，递上湿巾。看着服务员忙前忙后，李强没能和外宾说上一句话。

当一大盆"西湖牛肉羹"端上来后，她先为两人报了汤名，接着为他们盛汤，盛了一碗又一碗。一开始，外宾以为这是吃中餐的规矩，但当李强告诉他用餐随客人自愿后，正当服务员要为他盛第三碗汤时被外宾谢绝了。

这位女服务员满脸微笑，手疾眼快，一刻也不闲着：上菜后即刻报菜名，见客人杯子空了马上添茶斟酒，见碟里的骨刺、皮壳多了随即就换，见湿巾用过后立即换新的，见碗里米饭没了赶紧添上……她站在两人旁边忙上忙下，并时不时用一两句英语礼貌地询问他们还有何需要。这让李强有些不高兴，原本想在餐桌上商议的几件事也都被服务员的"热情服务"打乱了。

吃了一会儿，外宾把刀叉放下，从衣服口袋里拿出一盒香烟，抽出一支拿在手上，略显无奈地对李强说："这里的服务真是太热情了，让人觉得有点……"可这位女服务员似乎并没有察觉到外宾的不悦，她见外宾手里拿着香烟，忙跑到服务台拿了个打火机，走到外宾跟前说："先生，请您抽烟。"说着，熟练地打着火，为他点烟。

"喔……好！好！好！"外宾忙把烟叼在嘴里迎上去点烟，样子有些无奈。

　　服务员给外宾点了烟后又用公筷给李强和外宾碗里夹菜。外宾见状，忙熄灭香烟，用手止住她说："谢谢，还是让我自己来吧。"听到此话，她却说："不用客气，这是我们应该做的。"说着就往他碗里夹菜。李强和外宾相视一下，笑着摇了摇头。压在李强心中的火气，都不知该如何表达。

　　见服务员实在太热情，外宾都有点透不过气来了。李强只得对外宾说："我们还是赶快吃吧，这里的服务热情得有点过度，让人受不了。"听到此话，外宾很高兴地说："好吧！"

　　于是，他们匆匆吃了几口，便结账离开了这家酒店，结束了这次压抑的"用餐苦旅"。

　　其实顾客的无需求本身也是一种需求，那么，如何才能把握客人的这种需求，适时地提供无干扰服务呢？

　　首先，服务员要留心观察客人当时的体态表情。这位服务员并未留心观察客人用餐时的体态表情，在外宾脸上已流露出不悦时，仍然热情地为其提供服务。殊不知，这种热情过度的服务反而易造成客人拘谨和压抑的感觉。

　　其次，服务员要注意分析客人的交谈言语或自言自语。客人的自言自语能够反映出客人的需求趋向。外宾已略显无奈地对李强说："这里的服务真是太热情了，有点让人觉得……"服务员站在旁边服务，听到此交谈话语后，就应该领会客人的意思，站在远处为他们服务。然而这位女服务员不但没领悟，还继续热情地为客人服务，从而进一步引起客人的厌烦情绪。

　　最后，服务员要注意客人所处的场所。一般来讲，选择安静角落就餐的客人，希望服务员站得远一些，尽量少打扰他们。李强和外宾一开始就在一个比较僻静的地方坐下，本来就不希望别人打扰。女服务员在向李强和外宾提供服务时，没有注意到客人就餐的场所，一味地按酒店规范提供服务，结果适得其反。

巧妙发问，了解顾客的真正需求

　　在销售过程中根据客人不同行为和语言反应运用不同的沟通手段，巧妙发问，把握消费者心理。在电视小品《卖拐》里面，赵本山对范伟心理把握的技巧令人叫绝。首先以"拐卖"的叫喊引起范伟的注意，然后以"恐吓"引发范伟的深入关注，以"猜出来历"引起范伟的浓厚兴趣，环环相扣，恰到好处，充分掌握了范伟的心理。

赵本山：就这病发现就晚期！（恐吓引发其关注）

范伟：你怎么回事你啊？大过年的说点好听的！怎么回事儿！

赵本山：别激动，看出点问题来，哎呀，说你也不信——（欲擒故纵）

范伟：你得说出来我信不信呐，怎么回事儿啊？

赵本山：先不说病情，我知道你是干啥的！（转移话题，吊起范伟浓厚的兴趣，为下文做铺垫）

范伟：咳咳，还知道我是干啥的，我是干啥的？

赵本山：你是大老板——（试探）

范伟：啥？

赵本山：那是不可能的。（灵活转移）

赵本山：在饭店工作。

高秀敏：你咋知道他是在饭店呢？

赵本山：身上一股葱花味——是不是饭店的？（观察细节）

范伟：那——你说我是饭店干啥的？

赵本山：厨师！

范伟：咦？

赵本山：是不？

高秀敏：哎呀，你咋知道他是厨师呢？

赵本山：脑袋大，脖子粗，不是大款就是伙夫！——是不？是厨师不？

那些闲逛走进门店的客人的心理阶段和范伟也是一样，从随意的观察浏览，到对一件漂亮的衣服引起注意，到引发联想：自己穿上是如何的漂亮，再到试穿体验阶段，然后对比评价衣服的价值是否划算，一直到最后是否决定购买等，都是客人的各个心理阶段。这个过程中，要注意巧妙地发问，来洞悉顾客的需求。

通过询问客户来达到探寻客户需求的真正目的，这是营销人员最基本的销售技巧，在询问客户时，问题面要采用由宽到窄的方式逐渐进行深度探寻。比如："王经理，您能不能介绍一下贵公司今年总体的商品销售趋势和情况？""贵公司在哪些方面有重点需求？""贵公司对产品的需求情况，您能介绍一下吗？"

适时地采用扩大询问法，可以让客户自由地发挥，让他多说，让我们知道更多的东西，而采用限定询问法，则让客户始终不远离会谈的主题，限定客户回答问题的方向，在询问客户时，营销人员经常会犯的毛病就是"封闭话题"。比如："王经理，贵公司的产品需求计划是如何报审的呢？"这就是一个扩大式的询问法；又如："王经理，像我们提交的一些供货计划，是需要通过您的审批后才能在下面的部门去落实吗？"这是一个典型的限定询问法；而营销人员千万不要采用封闭话题式的询问法，来代替客户作答，以造成对话的中止，如："王经理，你们每个月销售产品大概是六万元，对吧？"

通过直接性提问去发现顾客的需求与要求时，往往发现顾客会产生抗拒而不是坦诚相告。所以，提问一定要以有技巧、巧妙、不伤害顾客感情为原则。药店销售员可以提出几个经过精心选择的问题有礼貌地询问顾客，再加上有技巧的介绍药品和对顾客进行赞美，以引导顾客充分表达他们自身的真实想法。

所以在提问时，不要单方面地一味询问。缺乏经验的销售员常常犯一个错误，就是过多地询问顾客一些不太重要的问题或是接连不断地提问题，使顾客有种"被调查"的不良感觉，从而对销售员产生反感而不肯说实话。

同时要将询问与商品提示交替进行。因为"商品提示"和"询问"如同自行车上的两个轮子，共同推动着销售工作，销售员可以运用这种方式一点一点地往下探寻，就肯定能掌握顾客的真正需求。销售员可以从比较简单的问题着手，如"请问，您买这个是给谁用的？"或"您想买瓶装的还是盒装的？"然后通过顾客的表情和回答来观察判断是否需要再有选择地提一些深入的问题，就像上面的举例一样，逐渐地从一般性讨论缩小到购买核心，问到较敏感的问题时销售员可以稍微移开视线并轻松自如地观察顾客的表现与反应。

也可以通过向顾客推荐一两件商品，观看顾客的反应，就可以了解顾客的愿望了。例如：一位顾客正在仔细观看消炎药，如果顾客只是简单地应酬了一句，那么药店销售员可以采用下面的方法探测这位顾客：

"这种消炎药很有效。"

顾客："我不知道是不是这一种，医生给我开的药，但已用光了，我又忘掉是哪一种了。"

"您好好想一想，然后再告诉我，您也可以去问一下我们这里的坐堂医师。"

"哦，我想起来了，是这一种。"

就这样，药店销售员一句试探性的话，就达成了一笔交易。仍以顾客所看的消炎药为话题，而是采用一般性的问话，如："您要买什么？"顾客："没什么，我先随便看看。"药店销售员："假如您需要的话，可以随时叫我。"药店销售员没有得到任何关于顾客购买需要的线索。所以，药店销售员一定要仔细观察顾客的举动，再加上适当的询问和推荐，就会较快地把握顾客的需要了。

所以，询问的方法很重要，如果方法不对就会直接导致销售的失败。

笑脸应对抱怨，切莫火上浇油

顾客始终正确，这是个非常重要的观念，有了这种观念，就会有平和的心态来处理顾客的抱怨。应该认识到，有抱怨和不满的顾客是对企业仍有期望的顾客，对于顾客抱怨行为应该给予肯定、鼓励和感谢，并且尽可能地满足顾客的要求。顾客与企业的沟通中，因为存在沟通的障碍而产生误解，即便如此，决不能与顾客进行争辩，那样的话会失去顾客与生意。

当顾客投诉或抱怨时，不要忽略任何一个问题，因为每个问题都可能有一些深层次的原因。顾客抱怨不仅可以增进企业与顾客之间的沟通，而且可以诊断企业内部经营与管理所存在的问题，利用顾客的投诉与抱怨来发现企业需要改进的领域。

比如，一个顾客在某商场购物，对于他购买的产品基本满意，但是他发现了一个小问题，提出来替换，是售货员不太礼貌地拒绝了他，这时他开始抱怨，投诉产品质量。但是事实上，他的抱怨中，更多的是售货员服务态度问题，而不是产品质量问题。

对于顾客的抱怨应该及时正确地处理，拖延时间，只会使顾客的抱怨变得越来越强烈，顾客感到自己没有受到足够的重视。例如，顾客抱怨产品

质量不好，企业通过调查研究，发现主要原因在于顾客的使用不当，这时应及时地通知顾客维修产品，告诉顾客正确的使用方法，而不能简单地认为与企业无关，不予理睬，虽然企业没有责任，这样也会失去顾客。如果经过调查，发现产品确实存在问题，应该给予赔偿，尽快告诉顾客处理的结果。

对于顾客的抱怨与解决情况，要做好记录，并且应定期总结。在处理顾客抱怨中发现问题，对产品质量问题，应该及时通知生产方；对服务态度与技巧问题，应该向管理部门提出，加强教育与培训。处理完顾客的抱怨之后，应与顾客积极沟通，了解顾客对于企业处理的态度和看法，增加顾客对企业的忠诚度。

企业员工在处理顾客的抱怨时，除了依据顾客处理的一般程序之外，要注意与顾客的沟通，改善与顾客的关系。对于顾客的抱怨要有平常心态，顾客抱怨时常常都带有情绪或者比较冲动，作为企业的员工应该体谅顾客的心情，以平常心对待顾客的过激行为，不要把个人的情绪变化带到抱怨的处理之中。

俗话说"伸手不打笑脸人"，员工真诚的微笑能化解顾客坏情绪，满怀怨气的顾客在面对春风般温暖的微笑中会不自觉地减少怨气，与企业友好合作，达到双方满意的结果。

在处理顾客的抱怨时，应站在顾客的立场思考问题，"假设自己遭遇顾客的情形，将会怎么样做呢？这样能体会到顾客的真正感受，找到有效的方法来解决问题。大部分情况下，抱怨的顾客需要忠实的听者，喋喋不休的解释只会使顾客的情绪更差。面对顾客的抱怨，员工应掌握好聆听的技巧，从顾客的抱怨中找出顾客抱怨的真正原因以及顾客对于抱怨期望的结果。

聆听顾客抱怨时，积极运用非语言的沟通，促进对顾客的了解。比如，注意用眼神关注顾客，使他感觉到受到重视；在他讲述的过程中，不时点头，表示肯定与支持。

这些都鼓励顾客表达自己真实的意愿，并且让顾客感到自己受到了重视。当不是自己的过错时，人们不愿意道歉。为使顾客的情绪更加平静，即使顾客是错的，道歉也总是对的，一定要为顾客情绪上受的伤害表示歉意。顾客不完全是对的，但顾客就是顾客，他永远都是第一位的。

一定要发自内心地向顾客表示歉意，不能口是心非、皮笑肉不笑，否则就会让顾客觉得是心不在焉的敷衍，觉得自己被玩弄。当然，也不能一味地使用道歉的字眼儿来搪塞。

当道歉时，最大的诱惑之一就是说："我很抱歉，但是……"这个"但是"否定了前面说过的话，使道歉的效果大打折扣。差错的原因通常与内部管理有关，顾客并不想知晓。最经典的例子是，当一家餐厅说到"我很抱歉，但是我们太忙了""谁在乎？"这样往往只会被人认为是在推卸责任。

要为情形道歉，而不是去责备谁。即使在问题的归属上还不是很明确，需要进一步认定责任承担者时，也要首先向顾客表示歉意。但要注意，不要让顾客误以为公司/卖场已完全承认是自己的错误，我们只是为情形而道歉。例如，可以用这样的语言：

"让您不方便，对不起。"

"给您添了麻烦，非常抱歉。"

这样道歉既有助于平息顾客的愤怒，又没有承担可导致顾客误解的具体责任。要用自己最真诚的微笑去面对顾客的抱怨，切实地去处理问题。服务人员的存在完全是为了服务顾客，因此，企业和服务人员都有责任和义务帮助顾客消除他的抱怨，使顾客重新感到满意。在面对抱怨的同时，服务人员尤其不要慌张，要很冷静、很有自信地处理问题，坚信问题能够得到圆满的解决。

第三篇
卖什么都成交
——最高效实用的销售必杀技

很多人感叹："销售越来越难做了。"然而，在同一时代却不断涌现出新的金牌销售人员。他们为什么会成功？是他们幸运吗？绝对不是，而是因为他们知道顾客所关注的那些细微之处。学习和掌握他们的销售技巧，在平时多加训练，你的成功指日可待！

第一章

循循善诱——俘获客户的心

用微笑征服顾客

微笑是一种美好的表情，让人觉得友善、觉得亲切、觉得美丽。

在与人交往中，你真诚的微笑往往会给别人留下美好而深刻的印象，微笑有着独特的美丽和神奇的力量，用微笑来征服客户，比其他任何方式都更加持久。微笑时对人心灵的安抚，能给予对方心理上的巨大安慰。对于销售员来说，通过微笑不仅可以拉近彼此的距离，增强自己的亲和力，还可以给自己以自信，使你变得随和，受人欢迎。因此，微笑是成功者的秘密武器，优秀的销售员都是经常面带微笑的。

著名推销员乔·吉拉德说，有人拿着100美金的东西，却连10美金都卖不掉，为什么，你看看他的表情，要推销出去，自己面部表情很重要：它可以拒人千里，也可以使陌生人立即成为朋友。

和客户第一次接触时，脸上有灿烂的笑容往往能够让客户放松对推销员的戒备。没有几个人会拒绝笑脸迎人的推销员，相反，人们只会拒绝满脸阴沉，显得十分专业的推销员。

在处理客户异议的时候，脸上同样要挂着笑容。因为此刻的笑容代表推销员的自信，自信有能力圆满地解决问题，自信能够让客户满意。

当对顾客要求表示拒绝时，脸上同样要有笑容。此刻的笑容表示推销员很认同客户的观点，但是确实无能为力，还希望客户能够体谅。

当达成交易与客户道别时，脸上还是要有笑容。此刻的笑容表示，推销员十分感谢客户的购买，对商谈的结果十分满意。

当未达成交易和客户道别时，脸上理所当然地要有笑容。此刻的笑容表示虽然对于没有达成交易，推销员有些遗憾，但是买卖不成友谊在，以后肯定还有合作的机会。

有些推销员在推销的过程中，容易受到情绪的控制。当客户表示对成交要求表示不满，提出新的要求时，他们容易显示出失落的表情。这种表情如果被客户捕捉到，极容易被利用来控制推销员。在这样的时刻，推销员不妨脸上挂着笑容，微笑地对客户说"不"。当然不能直截了当地拒绝客户的要求，可以说"我认为……"之类的话。

人是很容易被感动的，而感动一个人靠的未必都是慷慨的施舍、巨大的投入。往往一个热情的问候，温馨的微笑，也足以在人的心灵中洒下一片阳光。

威廉是美国推销寿险的顶尖高手，年收入高达百万美元。他成功的秘诀就在于拥有一张令客户无法抗拒的笑脸。但那张迷人的笑脸并不是天生的，而是长期苦练出来的。

威廉原来是美国家喻户晓的职业棒球明星球员，到了40来岁因体力日衰而被迫退休，而后去应征保险公司推销员。

他自以为凭他的知名度理应被录取，没想到竟被拒绝。人事经理对他说："保险公司推销员必须有一张迷人的笑脸，但你却没有。"

听了经理的话，威廉并没有气馁，立志苦练笑脸，他每天在家里放声大笑上百次，邻居都以为他因失业而发神经了。为避免误解，他干脆躲在厕所里大笑。

经过一段时间练习，他去见经理。可经理说还是不行。

威廉没有泄气，继续苦练，他搜集了许多公众人物迷人的笑脸照片，贴满屋子，以便随时观摩。

他还买了一面与身体等高的大镜子摆在厕所里，只为了每天进去大笑三次。隔了一阵子，他又去见经理，经理冷冷地说："好一点了，不过还是不够吸引人。"

威廉不认输，回去加紧练习。一天，他散步时碰到社区管理员，很自然地笑了笑，跟管理员打招呼，管理员说："威廉先生，您看起来跟过去不太一样了。"这话使他信心大增，立刻又跑去见经理，经理对他说："是有点意思了，不过仍然不是发自内心的笑。"

威廉仍不死心，又回去苦练了一阵，终于悟出"发自内心如婴儿般天真无邪的笑容最迷人"，并且练成了那张价值百万美元的笑脸。

笑可以增加你的面值。吉拉德这样解释他富有感染力并为他带来财富的笑容：皱眉需要9块肌肉，而微笑，不仅用嘴、用眼睛，还要用手臂、用整个身体。

投其所好，打动客户

客户是因为需求而产生购买的，要想让你的客户购买你的商品，你必须了解他的需求，并能投其所好，让他知道你的产品为什么能够满足他的需求，这样才能打动客户。

具体到不同的人身上，人们的需求可能会因为社会地位、职业特点而有所不同。这就需要销售员懂得观察和分析客户，了解他对这个产品的具体需求是什么，然后再有的放矢地告诉客户，你的产品恰恰能满足他的这种需求。

有一位汽车销售员为客户推荐一辆豪华轿车。他引导客户从不同的角度观看车的款式，让客户看到汽车造型是多么气派，他请客户坐在车上感受车子的宽敞、舒适及豪华；他还拿出几位商场知名人士签下的订购合约，给这位客户过目。

就这样，他们很快开始谈到车子的价格及交车的手续。不一会儿，客户就签下了一辆近120万元车子的合约。

这大的一笔交易，为什么销售员这么快就说服了客户呢？因为他知道，具有如此高收入的客户，一般自己并不亲自开车，往往备有专职的私人司机；客户本人对车子并不是很了解，他需求的重点只有两个字——"气派"。因此，销售员只针对"气派"这个诉求进行说服，结果很快与客户成交。

同样是汽车，如果是销售价位不高的普通家用型轿车，在对客户进行推销时，用这个策略就可能不会成功了。

因为购买家庭经济型轿车的人，首先重视的是经济、实用，此外根据各人爱好不同，对外形或附加功能也有不同的需求。这时，销售员就要把重点放在经济和实用的特征上面，然后根据客户的个人特点，突出自己产品的某种特色，从而打动客户。

也就是说，销售员在推销的时候，要根据客户身份、背景、特点的不同，分析他们可能的需求重点，然后把自己产品的能够满足他需求的特性重点强调出来，这样才能有效地打动客户，使之产生兴趣和决定购买。

销售员在向企业推销的时候，也要根据拜访的对象不同，分析他们各自不同的需求，从而采取不同的说服策略。

比如，一个销售员拜访一位老板，试图卖给他一些电脑和软件以改善他们公司的会计职能，这位老板很可能缺乏兴致。因为老板一般最关心的是盈利，而他的思维往往不会将会计和盈利直接联系起来。卖这种东西，销售员可能找错了对象。

你要了解公司里不同部门的人关心的各是什么。如果你和公司老板讲话，那么他想要的则是改进盈亏平衡点。如果你和一位行政负责人谈，这人最关心的不是别的，而是降低成本。如果你和一个搞市场或销售的人谈，他们最感兴趣的是增加销售和随之带来的收入。

假设你在推销一套销售培训系统，并在与一位销售经理谈此事，你的介绍应该全部放在改善销售业绩，而不是改善赢利上。因为销售经理不是靠利润获奖，而是靠全体销售人员的业绩而受到评价。

总之，向企业里的人销售产品或服务，关键是提出的问题要与这个人做什么和对什么后果负责有关。你需要知道，他的工作的主要绩效指标是什么？他因为什么而领到工资？他应为公司谋取什么样的成果？他的上级对他的评价方式是什么？就是说，你的推介应该集中在这位客户自身能享受到的"特定"的好处上，而不是一些"笼统"的好处上。

关于客户的需求，作为推销员还要知道：不同种类的产品，其客户往往具有不同的需求。

每一个行业销售的商品，都有一些最能打动客户的诉求重点，销售员顺着这些重点去诉求，才能收到事半功倍的效果。例如，客户选择货品运输服务时，最关心的是货品能否安全、准确无误地到达目的地，因此运输业的销售员向客户展示的大方向，就应该朝着安全、准确无误的方向去说服。

下面我们针对生活中几种常见的产品，分析一下它们各自的客户都有哪些需求。

1. 房产购买需求

（1）投资：购买房屋可以保值、增值。

（2）方便：上班、上学、购物的方便性。

（3）居住品质：空气新鲜、环境安静。

（4）安全：保安设施、大楼管理员配置、住户都有一定水准。

（5）社会地位：附近都是政界、商界名流居住，能代表个人的社会地位。

具体到个人，购买房子的动机也许不一定一样。例如，有的因为上班方便，必须居住在都市，有的只想有一间房屋能住就好，不在乎地点，有的追求较有品位的居家环境，有的想显示身份地位等。对这些需求都要区别对待。

2. 生产设备购买需求

（1）生产率：生产设备的购置是理性的行为，生产率的高低是选购的关键。

（2）投资报酬率：生产率再高，如果市场需求没那么大，也会影响投资报酬率。因此投资报酬的高低及风险也是一项重要的指标。

（3）稳定性：生产线上的主管最关心生产设备的稳定性，因为他们要对每日的产量负责，生产设备不稳定会直接影响他们的绩效。

3. 办公机器购买需求

（1）操作性：操作起来是否方便，是否需要专人，都是影响办公效率的重点。

（2）体积大小：目前办公室的租金都非常贵，几乎每个办公室都缺乏足够的空间，因此体积过大的办公机器不太受欢迎。

（3）办公合理化：办公机器就是要提升公务处理的效率及促进合理化，因此效率及合理性是办公机器的诉求重点。

（4）功能、价格及实用性：功能多固然是一种利益点，但过多的功能却往往用不到，只会增加成本，这样利益点就成了弱点。因此，功能要实用，而不一定要多。

4. 玩具购买需求

（1）教育性：即要具有某种启发教育性。

（2）安全性：不会让小朋友受到意外伤害。

（3）好玩：要好玩才能玩得久。

一般来说，比较"理性"的产品，如建材、电脑、测量仪器、模具等产品，展示的大方向在于能否充分地提供咨询服务，解决客户的问题；而其他如化妆品、保健食品、美容健身等，是比较"感性"的产品，其诉求的大方向，往往是要描绘一个充满希望的远景，以打动客户。

快速获得客户的信任

如果你在销售工作中对客户以诚相待，那么，你每一次的生意会愈做愈容易成功，并且经久不衰。

销售是一门直接与人打交道的艺术，销售人员每天都要面对客户，处理客户的各种疑问和难题，如果你了解并善待人的各种特性，就会与客户建立真正的信任关系，从而发现他们的真实需求，一切问题都可以得到解决。

销售人员只有让顾客产生信任感，他才会相信你销售的产品。如果无法与客户建立信任，就无法销售。如果客户对销售人员的信任是有限的，他对于你说的每一句话都会抱着审视的态度，如果再加上不实之词，其结果可想而知。

当销售人员以一个陌生人的身份向客户销售商品时，客户开始当然是怀着半信半疑的态度来看待你的商品。从这时起，你就应致力于沟通客户的心，让顾客觉得你是个与他志趣相投的好伙伴，逐渐地博得他的信任，让他的疑虑逐步消失，最后对你完全信任，交易也就可以顺利完成了。

销售人员向客户销售产品，就是向客户销售人品，也就是向客户销售诚实。美国销售专家齐格拉对此深入分析道："一个能言善道而心术不正的人，能够说服许多人以高价购买低劣甚至无用的产品，但由此产生的却是三个方面的损失：顾客损失了钱，也多少丧失了对他的信任感；销售员不但损失了自重精神，还可能因这笔一时的收益而断送了销售生涯；以整个销售来说，损失的是声望和公众对它的信赖。"

要博取素不相识客户的信任是一件很复杂很困难的事情，加上自己要在很短的营销时间里就要得到他的信任，更是一件不易的事。但是你要知道，他既然来看你的商品，就表明他对你的商品感兴趣，至少没有厌烦。只要抓住你们在这一点上的共识，大家都有一个共同的目标，其他一切都好商量了。在这个基础上找到突破口，投其所好，对他讲的一些有道理的东西加以附和，并不时地以自己的语言表达他的意思，渐渐地他就觉得你们在一些问题上是有共同语言或在某些方面有许多共同之处。于是，他便慢慢地与你靠近了，不再像开始时那样存有很多的顾虑和不信任感。此时，你就应趁热打铁，向他介绍你的商品，并留有适当的思考想象的余地。当他提问题时，以那种老朋友、知心人的语气给他讲解，回答问题。当他对某些方面还有疑问时，应主动详细地向他介绍，并逐步排除他的一切疑问。

与客户之间的信任，不只是客户对你产品的信任，客户对你自己本人的信任更为重要。做销售最重要的就是信守承诺，讲信用，说到做到。作为销售人员，你不光要销售出你的产品，而且要能站在客户的角度来想想。

日本企业家小池先生出身贫寒，20岁时在一家机械公司担任销售员。有一段时间，他销售机械非常顺利，半个月内就达成了25位客户的业绩。

可是有一天，他突然发现自己所卖的这种机械，要比别家公司生产的同性能机械贵了一些。

他想："如果让客户知道了，一定会以为我在欺骗他们，甚至可能会对我的信誉产生怀疑。"

深感不安的小池立即带着合约书和订单，逐家拜访客户，如实地向客户说明情况，并请客户重新考虑是否还要继续与自己合作。

这样的行为，使他的客户大受感动，不但没有人取消订单，反而为他带来了良好的商业信誉，大家都认为他是一个值得信赖且诚实的销售员。结果，25位客户中不但无人解约，反而又替小池介绍了更多的新客户。

取得顾客信任是买卖成交的一个关键环节，也是销售过程的第一个阶段，是整个过程的开始，是基础。销售人员只有取得顾客的信任，才能谈及成交与否。如果顾客不信任你，不信任你的商品，那么交易就不会成功。

　　顾客往往都会觉得，交易中存在着无数的谎言，价格的谎言、产品的谎言，当他们面对销售人员的时候，本来就已经怀着这种心理，如果销售人员还继续自己的谎言，那么，得到的将是无休止的拒绝。一个成功的销售员，需要做的是让别人用肉眼看到你的诚实与守信。如果成为客户信任的销售人员，你就会受到客户的喜爱、信赖。而且能够和客户形成亲密的人事关系。一旦形成这种人事关系，客户仅仅看在你的分上，就会自然而然地购买你的产品。

引导客户说"是"

　　在推销过程中，若能一开始就让客户说"是的"，这说明这件事已经成功了一半，你若能让对方连续说"是的，你说得对"，那么这件事的成功就有99.9%的把握。在你与客户沟通时，你有没有让对方不断地说"是，是的"？你有没有不断地让对方点头表示对你的赞同？

　　如果没有的话，你就必须从现在开始改变你的谈话策略，设法让对方说"是"。实践表明，在谈判中"不"的出现是最不好的开始，一旦对方说出一个"不"字，这意味着你的观点未被认可，如果对方连续说出几个"不"字的话，你最好趁早结束你的谈话，因为你的谈话并没有得到对方的欢迎。所以，如果你想改变结局，最好的办法就是改变话题，或者改变谈话的策略。先强调对方和你都赞同的部分话题，然后慢慢地在双方有分歧的部分中，再找出双方都可以接受的部分，如此往复，你就能缩短彼此的差距。接着，你还可以与对方商讨成功是最重要的，只有双方达成合作，才能使双方在合作中获利，达到双赢，这样你将最终获得谈判的成功。

　　记住，这就是谈话的技巧，如果你遇上比较难以对付的客户，而一时半会儿又想不出好策略的时候，最好马上试试，我认为没有比这个方法更实用的了。

　　为什么有些人很快就与对方达成合作？而你的谈判总是说得多多，成交得却少之又少？你千方百计地向对方解释你的观点，你的产品怎样怎样好，你甚至滔滔不绝地使尽口才，可总是不尽如人意？其根本原因就是因为你没有让对方说"是的，是这样"。

"是的，是这样"，有许多推销员没有做到让对方说这句话。他们总是顺着自己的思路强调自己的观点，总以为自己说得越多，口若悬河，滔滔不绝地证明自己的口才，很少有人会考虑到这样做，并不一定就能说服对方。事实上，在你与他人的交流中，你必须设法让对方说"是"，因为，你们的交流决定着对方对你的反应，以及对方的决定，是与合作，还是"否"。"是"的回答意味着对方对你的看法的许可和赞同，意味着同意你的见解或观点，意味着可以与你合作。

让对方说"是"，是一种说话的艺术，如果你学会了这种艺术，你将终身获益。这种让对方说"是"的反应会带来什么呢？

美国电机销售员哈里森，讲了一件他亲身经历的有趣的事。

有一次，他到一家新客户的公司去拜访，准备说服他们再购买几台新式电动机。不料，刚踏进公司的大门，便挨了当头一棒：

"哈里森，你又来推销你那些破烂了！你不要做梦了，我们再也不会买你那些玩意儿了！"总工程师恼怒地说。

经哈里森了解，事情原来是这样的：总工程师昨天到车间去检查，用手摸了一下前不久哈里森推销给他们的电机，感到很烫手，便断定哈里森推销的电机质量太差，因而拒绝哈里森今日的拜访，推销更是无门。

哈里森冷静考虑了一下，认为如果硬碰硬地与对方辩论电机的质量，肯定于事无补。他便采取了另外一种战术，于是就有了以下的对话：

"好吧，斯宾斯先生！我完全同意你的立场，假如电机发热过高，别说买新的，就是已经买了的也得退货，你说是吗？"

"是的。"

"当然，任何电机工作时都会有一定程度的发热，只是发热不应超过全国电工协会所规定的标准，你说是吗？"

"是的。"

"按国家技术标准，电机的温度可比室内温度高出42℃，是这样的吧？"

"是的。但是你们的电机温度比这儿高出许多，喏，昨天差点把我的手都烫伤了！"

"请稍等一下。请问你们车间里的温度是多少？"

"大约24℃。"

"好极了！车间是24℃，加上应有的42℃的升温，共计66℃左右。请问，如果你把手放进66℃的水里会不会被烫伤呢？"

"那是完全可能的。"

"那么，请你以后千万不要去摸电机了。不过，我们的商品质量，你们完全可以放心，绝对没有问题。"结果，哈里森又做成了一笔买卖。

哈里森的成功，除了因为他的电机质量的确不错以外，他还利用了人们心理上的微妙的变化。当一个人在说话时，如果一开始就说出一连串的"是"字来，就会使整个身心趋向肯定的一面。这时全身呈放松状态，容易造成和谐的谈话气氛，也容易放弃自己原来的偏见，转而同意对方的意见。

使用让对方说"是"的方法，有以下几点要特别值得我们注意。

（1）一定要创造出对方说"是"的气氛，要千方百计避免对方说"不"的气氛。因此，提出的问题应精心考虑，不可信口开河。

例如，一名销售员与客户之间有一场对话：

"今天还是和昨天一样热，是吗？"

"是的！"

"最近通货膨胀，治安混乱，是吗？"

"是的！"

"现在这么不景气，真叫人不知如何是好！"

这一类问题虽然很正常，不论销售员如何说，对方都会回答"是的"，好像已经创造出肯定的气氛，可是注意他说话的内容，却制造出一种让人无心购买的否定的悲观气氛。也就是说，客户在听到他的询问后，会变得心情沉闷，当然什么东西也不想购买了。

（2）要使对方回答"是"，提问题的方式是非常重要的。什么样的发问方式比较容易得到肯定的回答呢？最好的方式应是：暗示你所想要得到的答案。

在推销商品时，不应问客户喜不喜欢，想不想买。因为你问他"你想不想买""喜不喜欢"时，他可能回答"不"。因此，应该问："你一定很喜欢，是吧？"当你发问而对方还没有回答之前，自己也要先点头，你一边问一边点头，可诱使对方做出肯定回答。

让对方说"是"最有效的方法是把要说的话说对。戴尔·卡耐基曾经说过，人是不可能被说服的，天下只有一种方法可以让任何人去做任何事，那就是让他自己想去做这件事。而让他自己想去做这件事，唯一的方法是让他认为你说的是对的，让他认为他是在遵循对的东西才这样做。

让对方说"是"意味着双方的交流是"启示式"或"询问式"的。事实上"启示式"或"询问式"的交流比普通的交流更有效。因为大多数人对事物的认知都是有限的，尽管他们认为自己并不比别人差，但他们确实需要更多的启示。

激发客户的好奇心

好奇是人类的天性，巧妙地利用消费者的好奇心，会促进整个销售工作的顺利开展。

在实际销售工作中，利用客户的好奇心，引起其注意和兴趣，然后转而道出产品的各种好处，转入销售面谈。

一位英国皮鞋厂的销售业务员曾几次拜访伦敦一家皮鞋店，并提出要拜会鞋店老板，但都遭到了对方拒绝。这次他又来到这家鞋店，口袋里揣着一份报纸，报纸上刊登了一则关于变更鞋业税收管理办法的消息，他认为店家可以利用这一决定节省许多费用。

于是，他大声对鞋店的一位店员说："请转告您的老板，就说我有路子让他发财，不但可以大大减少订货费用，而且还可以本利双收赚大钱。"

有人向老板提供赚钱发财的建议，老板怎么不动心呢？

不一会儿的工夫，鞋店老板就出来接见这位远道而来的销售业务员。

如果客户对你是谁或者对你的产品或者产品的某点感到稀奇或神秘，你就已经获得他们的好奇了。相反，如果他们一点也不好奇，你将寸步难行。

也就是说，如果你能激起客户的好奇心，你就有机会创建信用，建立客户关系，发现客户需求，提供解决方案，进而获得客户的购买。实际上，只需要一分钟就可以让客户感到好奇，但问题是客户因何而好奇。

1. 让客户自己判断

有许多方式可以激发人们的好奇心，但最简便的方法就是问"猜猜发生了什么"。

差不多每一个人听到：你猜猜发生了什么？都会立刻停下手边的工作。

我们常常会看到这种销售方式：

一个销售员一手拿着铁锥，一手拿着一双新袜子。不停地嚷嚷："大家猜猜看：将铁锥穿过袜子后，用力向一边拉，袜子会不会烂？"

周围的人赶紧放下手头的工作，七嘴八舌地议论起来，有人说会烂，有人说不会烂。

销售员看时机成熟，便在人群中找一人试试。

可以想象，参加试验的人按照销售员教的方法，将铁锥穿过袜子后用力向一边猛拉的结果是什么。

这个游戏，不过是销售员设计的一个圈套，用来证明袜子是结实无比的。

于是，人们不再怀疑袜子不结实了，陆续有人开始购买袜子。

2. 刺激性问题

刺激性问题或陈述可以激发客户的好奇心。人们会好奇为什么你要这么问或这么说。比如，前面"猜猜看"就是刺激性问题的一个例子，这使得人们会情不自禁地想：到底是什么？

"我能问个问题吗？"的效果也是一样的，你所要询问的对象一般都会回答"好的"，同时他们还会自动设想你会问些什么，这就是人类的天性。

3. 只提供部分信息甚至坏的消息

有时销售员花费了大量时间、不厌其烦地向客户反复陈述自己的公司和产品的特征以及能给客户带来的利益，然而效果并不一定很好。

这时，你可以反其道而行之。

例如，销售员："王先生，我们的工程师前几天对您的系统进行了测试，他认为其中存在着严重的问题。"

王先生："什么问题？"

如果有人告诉你将要面临严重的问题，你会不会感到好奇？当然会！

销售员："通过研究系统结构，我们发现其中的一个服务器可能会损坏数据。不过好在还有解决的办法。你能不能把有关人员集中起来，以使我们能公开展示一下问题所在，同时解释可供选择的解决方案？"

坦诚献家丑，往往能赢得客户的尊重和信任，有时也能产生奇特的效果。

4. 新奇的东西

新东西人们都想"一睹为快"。更重要的是，人们不想被排除在外，所以我们也可以利用这一点来吸引客户的好奇心。

比如，销售员："张先生，我们即将推出两款新产品，帮助需要者从事电子商务。或许对你会有用，您愿意看看吗？"

5. 利用趋同效用

如果其他所有人都有着某种共同的趋势，客户必然会加入进来，而且通常想知道更多信息。

比如，销售员："坦率地说，先生，我已经为你的许多同行解决了一个非常重要的问题。"

这句话足以让客户感到好奇。

根据你采取的拜访方式的不同，你可以采用不同的激发好奇心的策略。有不少方法可以帮助你做到这一点，只要能让你的客户感到好奇，你就可以发展更多的新客户，发现更多的需求，传递更多的价值，销售业绩也会大大提高。

像朋友一样与客户谈生意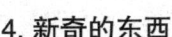

销售员与客户之间的关系不是对立的，也不是此消彼长的，而应该是互利的。所以在谈生意的时候，销售员要学会像对待朋友那样来对待客户。要亲切友好，不要斤斤计较，为长远的发展着想，使彼此之间的交往更加融洽。

在很多销售员的观念里，与客户谈生意就是为了赚钱，双方可以为一点点利益而拼得你死我活。实际上，相互争斗不仅会伤了和气，还会导致两败俱伤。而友好的谈判则会让双方在和谐的气氛中构建良好的合作关系。生意需要双方坐下来真诚地谈判，只有在和谐的氛围中，才会取得好的结果。在谈判中，销售员要对客户表示出足够的理解和尊重，消除客户的抵触情绪，使彼此的情感升级，从陌生人变成朋友，这样才会顺利地进行交易。

销售员在面对客户的时候经常会遇到一些让自己很为难的事，可能客户根本就不打算与你达成交易，可能客户还会对你有很大的意见，并会对你产生或多或少的抵制情绪，你当然会因此受到心理压力的侵袭。所以，学一些巧妙的交际方法非常必要。

在推销员们看来，向一个对自己有严重抵触情绪的客户推销自己的产品几乎是无法做到的事，但威伯先生在很短的时间内就做到了。这是因为威伯先生掌握了"处理人际关系"这把金钥匙，他可以非常巧妙地去处理同客户之间的关系。销售活动其实就是在建立人与人之间的关系。在客户还不承认你是个"诚实的、可信赖的人"之前，许多生意是无法做成的，因此销售员要学会像朋友一样同客户谈生意，只要能成为客户的朋友，想要实现交易就会顺利很多。

要想同客户相处的过程中将简单的客户关系发展成为朋友关系，需要有诚恳的态度，更需要有相互的信任。心理专家指出，如果能够取得彼此之间的信任，设身处地地为对方考虑，不断去理解对方，就完全有可能使两个本为对手的人成为好朋友。这样不仅有利于谈判的成功，更重要的是这样能够帮助你化解来自客户的压力。试想，敌人给予你的只能是高压，而朋友给你的却是关爱。所以，无论在什么情况下，都能与别人结成朋友的人，总会从朋友那里获得生存的帮助，更关键的是将客户的压力转化为动力，让自己身心轻松地面对工作。

牢牢记住顾客的姓名

有一位经营美容店的老板说："在我们店里，凡是第二次上门的，我们规定不能只说'请进'，而要说：'请进！小姐（太太）。'所以，只要来过一次，我们就存入档案，要全店人员必须记住她的尊姓大名。"

如此重视顾客的姓名，使顾客感到备受尊重，走进店里颇有宾至如归之感。因此，老主顾越来越多，不用说生意愈加兴隆了。

安德鲁·卡内基被人誉为钢铁大王，但他本人对钢铁生产所知无几，他有几百名比他懂行的人在为他工作。他致富的原因是什么呢？他知道怎样利用顾客的名字来赢得顾客的好感。比如，他想把钢轨出售给宾夕法尼亚铁路公司，当时，那家公司的总裁是齐·埃德加·汤姆森，卡内基就在匹兹堡造一座大型钢铁厂，并取名为"埃德加·汤姆森钢铁厂"。这样，当宾夕法尼亚铁路公司需要钢轨的时候，就只从卡内基的那家钢铁厂购买。

在任何语言中，对任何一个人而言，最动听、最重要的字眼就是他的名字。

当你走在陌生人群中，突然听到有人呼唤你的名字，什么感受？兴奋！假如这个能叫出你名字的人是曾经向你推销过某种商品的人，这丝毫不影响你的愉快情绪，只能加深对他的好感。这种推销技巧被人们叫做记名推销法则。真心地向顾客求教，是使顾客认为在你心目中他是个重要人物的最好办法，既然你如此看得起他，他是不会不给你面子的。

难道你比罗斯福和拿破仑第三还要忙吗？

当然，你没有。

但是，你为什么记不住别人的名字呢？

罗斯福总统知道一种最简单、最明显、最重要的得到好感的方法，就是记住别人的名字，使人感到被重视。曾经发生过这样一件事：克莱斯勒公司为罗斯福制造了一辆汽车。当汽车送到白宫的时候，一位机械师也去了，并被介绍给罗斯福。这位机械师很怕羞，躲在人后没有同罗斯福讲话。罗斯福只听到他的名字一次，但当他们离开的时候，罗斯福寻找到这位机械师，和他握手，并叫着他的名字，谢谢他到华盛顿来。机械师深受感动，数年以后还经常提起这件事。

拿破仑三世（即拿破仑的侄子）曾自夸说，虽然他国事很忙，但他能记住每一个他所见过的人的姓名。所以你要知道，记不住下属的名字，忙是最蹩脚的借口。

当然，记住客户的名字，并不是一件轻而易举的事，需要下一点工夫，还得有一套行之有效的方法。一般记住大量名字的方法，有如下几种。

1. 正视别人

现代社会里人际关系越来越疏远，甚至有些人还会认为正视别人是不礼貌的事。为了增进记忆人名的能力，必须克服这些感觉。当你正视对方时，对方会感到激动，因为正视对方表示对他很感兴趣，因而对方也将注意你。

2. 注意对方特征

当把注意力集中在对方的面孔上时，尽量找出有关的资料记忆。人有多方面的特征，有外形的特征，如眼睛特别大、胡子特别多、前额很突出……也有职业上的特征、名字上的特征等。把这些特征联系起来，记住名字就没有那么难了。要找出特殊之处，如"浓眉""塌鼻子""焦红的头发"或有伤痕。卡通或漫画最能将个人独特之处借简单的两三笔线条表示出来。假如能发展这种能力，对识人本领将有莫大的帮助。

3. 认真记忆

记住别人的名字有时相当困难。也许某人能在短时间之内注意10张面孔，却无法同时注意10个姓名。在宴会中，主人总是匆匆忙忙地介绍每位客人，往往你还没来得及注意，介绍已经完了，这样便无法分析姓名及其特征。有时候只得请介绍者介绍得慢一点。若是可行的话，你不妨主动走到别人面前对他说："刚才介绍得太快了，我实在无法记住你的名字。我叫×××，你呢？"这样你就有机会记住对方的名字，并且试着找出这个人的特点。

4. 特色记忆

找出姓名的特色可从下面三点考虑：

一是这个名字是否与众不同或很有趣？

二是这个名字是否很普通？

三是名字和你所看到的面孔配不配？

最重要的是把注意力放在名字上。假如你听到一个名字能够把它以句子的形式复述出来，对记忆将大有帮助。比如，"布朗先生，真高兴认识你"，把注意力直接放在姓名上，并且把名字和面孔进行比较，有助于把姓名和面孔联系在一起。

5. 多与客户接触

见面的次数多了，你想忘记都难了。

既然你并不是日理万机，那就不妨试试看吧，也许你想象不到记住客户的名字对你征服人心有多么大的帮助。

被人记住姓名，可以满足人性的最基本需要——感觉自己重要，以及受到别人的接受和尊重。

记住人名，是创造自己对别人影响力的一种手段。

据说俄罗斯前邮政总局局长杰姆·弗雷有惊人的记忆人名的能力，他能记住4500多人的姓名，因此常常令人备觉亲切。虽然一般人不必表现出这种卓越的记忆力，但是一定要能叫出经常往来的客户，以及常相往来朋友的姓名。

记住你的客户的名字，这将充分表现你对他的重视。人是崇尚礼尚往来的动物，你重视他，他也会重视你。

真诚的赞美赢得客户

有这样一位教员，呕心沥血写了一本书，但是出版之后，出版社让他推销1000册。对于他这样一个没有一点销售经验的教员来说，推销这1000本书远比讲课要难得多。

为了把书推销出去，他在学员中进行了一次演讲，他说："作为老师，我站在讲台上没有讲课而试图推销自己写的书时，心里总不免有些尴尬。不过，如今这个时代，作者也很难，写了书，还得卖书。出版社一下压给我1000册，稿费一文没有，所以我不推销不行。这本书写得怎样，我自己不好评说。不过有两点可以保证：第一，这本书是我用3年时间完成的，是我心血的结晶；第二，书的内容绝不是东拼西凑抄下来的，是我自己长期思考的见解。前不久，这本书被思想政治工作研究会评为社科类图书的二等奖，这是获奖证书。说实话，对于我们这些教书匠来说，搞推销比写书还觉得难，只是硬着头皮来找大家帮忙。不过，买不买完全自愿，决不强迫。如果觉得这本书对你有用，你又有财力就买一本，算是帮我一个忙。谢谢。我向大家推销这本书，不仅仅是因为要完成我的任务，更不是因为这是我写的书，而是我相信大家能够用自己的慧眼来识别这本书。如果是垃圾书，我绝对不会推荐给大家，另外，买不买完全自愿。我相信自己的能力，我更相信大家的眼光。"

这位教员不是专职推销员，但是他却获得了成功。他的这次演讲立即产生了效果，一次就卖掉了300多册。

从某种意义上说，他的成功就在于他恰到好处地表达了自己的真诚，赢得了听众的信赖，又不失时机地加以赞美，其言外之意是：买了这本书的人，都是有眼光的人。这次推销的成功也说明，在讲话中学会表达真诚要比单纯追求流畅和精彩更重要。

对于以与人打交道为职业的销售人员来说，赞美是友谊的源泉，是一种理想的黏合剂，它不但会把老相识、老朋友团结得更加紧密，而且可以把互不相识的人连在一起。

历史上，戴维和法拉第的合作是一个典范。虽然有一段时间，法拉第的突出成就引起了戴维的嫉妒，但两人的友谊仍被世人所称道。

这份情缘的取得少不了法拉第对戴维的真诚赞美这个原因。

法拉第没有和戴维相识前，就给戴维写信："戴维先生，您的讲演真好，我简直听得入迷了，我热爱化学，我想拜您为师……"

收到信后，戴维便约见了法拉第。

后来，法拉第成了近代电磁学的奠基人，名满欧洲，他也总是念念不忘戴维，说："是他把我领进科学殿堂大门的！"

这样的友谊谁不羡慕呢？这份友谊恰恰就是用真诚的赞美来搭建桥梁的。

作为一个销售人员，最重要的就是要做到被人接受，被越少的人拒绝就意味着越成功。那么，怎样才能做到被顾客接受呢？在销售人员话术中，赞美是行之有效的方法，但是盲目赞美也是不能被人接受的，甚至会引起顾客反感也说不定。因此，我们说，赞美必须发自内心，即赞美必须注入真诚，说话的魅力并不在于你说得多么流畅、多么滔滔不绝，而在于是否善于表达真诚！

用真挚诚恳的语言去打动对方，是一种在销售行业中被广泛使用的语言表达方式。这里的真诚不仅仅是只包括"真实"的意思，更重要的还在于要有"真情"。

真实、笃诚和真情是赞美顾客时尤须注意的要素。以真实为铺垫、为基础，以真情动人，以真情感人，才能达到在赞美的同时说服对方的目的。鲁迅说得很深刻："只有真的声音，才能感动中国人和世界人；必须有真的声音，才能同世界人同在世界上生活。"

有一个5岁大的女孩，在教堂表演中首次登台演唱。她有着优美的歌声，她的天才从一开始就颇堪造就。当她长大时，她的家人了解到她需要专业声乐训练，就请了一个很有名的声乐老师来训练她。这位老师造诣很深，很少有人比得上他。他是一个十分苛求完美的老师。不论何时，只要这女孩一想到放弃或节奏稍微不对，他都会很细心地指正。经过一段时间以后，她对教师的崇拜日益加深。即便双方年龄相差很大，他的严格远胜于鼓励，她最后还是嫁给了他。他在婚后继续教她，但是她的朋友发现她那优美自然的腔调已有了变化，带着拉紧、硬邦邦的音质，不再是以前那种清爽而悠扬的声调了。渐渐地，邀请她去演唱的机会越来越少。最后，他们几乎不邀请她了。

这时，她的先生，也就是她的老师死了。以后几年，她很少演唱或根本没有演唱。她的才能很少用到，直到又有一位推销员追求她为止。有时候，当她正在哼着小调或某个乐曲旋律时，他会惊叹歌声的美妙："再唱一首，亲爱的，你有全世界最美的歌喉。"

他总是这样说。事实上，他可能不知道她唱得是好是坏，但是他确实非常喜欢她的歌声，所以他一直对她大加赞扬，她的自信心开始恢复了，她又开始前往世界各地演唱。后来，她嫁给了这位"良好的发现者"，又重新开始了成功的歌唱生涯。

那位推销员对她的称赞出于诚挚、真心，衷心恭维事实上是最有效的教导与驱动。赞美是一种艺术，它的魅力相信任何人都无法抵挡。

人是有情感的高级动物。情感是人的心理过程的重要组成部分，它是人对他人和外物是否符合自己的需要所产生的内心体验。这种内心体验具有情境性和直接性。情感的产生则需要外界的刺激，据研究发现，饱含真情实感的言语是唤起情感的一种最具神力的武器。运用真情的言语策略，可以顺利促使双方产生情感共鸣，使关系融洽，形成良好的交际氛围；可以较快地促使双方强化相应的感性认识，形成并巩固某种态度倾向和观念信仰；可以有力地推动人们将某种行为动机付诸实施，并做出积极的反应，这就为赞美的有利作用提供了科学的依据。俄国文豪托尔斯泰说："真诚的称赞不但对人的感情，而且对人的理智也起着巨大作用。"

把客户的错误揽到自己身上

作为一个销售人员，你的责任心就是你的信誉，你的责任心，决定着你的业绩。

　　销售人员在与客户进行业务来往中，不可避免地会发生一些失误或其他一些意想不到的事情，而有些失误可能是客户单方面或者双方共同造成的，这时，你不妨抱着包容的心态，主动地把客户的错误揽到自己的身上，勇于承担责任。这是赢得客户的最佳方法。

　　有一位名叫克鲁斯的保险销售员，下面是他的一次经历：

　　有一位客户在购买了克鲁斯的一份意外伤害保险后，忘记了取回一张非常重要的单据。而克鲁斯在交给这位客户一叠材料的时候，已经把所有的单据都帮他整理好了，可能是这位客户在克鲁斯的办公室看完后遗漏了。于是，这张重要的单据就隐藏在克鲁斯存有一堆客户资料的文件夹里，之后被束之高阁了。

　　三个月之后的一天，这位客户在外出旅游时不慎摔伤，当他找到保险公司要求赔偿的时候，保险公司要他提供两张证明，否则不予赔偿，其中就有他遗忘的那张单据。

　　其实，在这种情况下，克鲁斯没有任何责任，他也不知道那张要命的单据就在他这里。当那位客户找到克鲁斯的时候，克鲁斯迅速和他一起寻找那张单据，他帮助客户仔细地回忆了存放单据的每一个细节，但始终找不出单据的下落。

　　后来，克鲁斯把存放客户资料的文件夹取出进行查找，当客户看到那张单据的时候，埋怨他不负责任，而克鲁斯却真诚地说："真对不起，是我工作的失职，没有提醒您取走这张重要的单据，差点就耽误了您的事情。"

　　经过了这件事情以后，克鲁斯不但没有失去这位客户，反而赢得了这位客户的信任。后来，他还为克鲁斯介绍了很多的客户。

　　就这件事情本身而言，客户显然是错的，是客户自己忘记拿走那张重要的单据，克鲁斯可以理直气壮地说明情况，如果这样做，能说克鲁斯错了吗？但他并没有这样做，在为客户找单据的同时甚至将客户的错误主动地揽到自己的身上。试想，客户错了的时候你据理力争，把客户说得哑口无言，即便客户认识到是自己的错误，心里会舒服吗？心中不悦便不会再来，其结果是你做得再对，最终失去的是客户，与销售的最终目的——通过创造顾客获得经济效益是相悖的；相反，抱着尊重客户的态度，抱着"客户永远是对的"这样一种理念，以理解的方式处理客户遇到的所有问题，甚至主动把责任揽过来，达到让每一位客户满意，则与销售的最终目标是一致的。

有一个发生在雅典的真实故事。

一天下午，两位中国妇女走进了一家专门经营旅游纪念品的商店。这家商店的经营面积不小，但商品的陈列非常凌乱，店里没有一只玻璃货柜，铜雕银器、彩瓶挂盘、仿古的大理石雕像，都随意地摆在一张张木台子上。

当时，商店里没有什么人，两位中国妇女闲逛了一圈后，在就要走出店门时，其中一个妇女大概仍然留恋某件商品吧，转身要再看一眼——就在她转身之际，她腰间的挎包将门口木台子上的一个五彩瓷瓶挂到了地上，当场摔了个粉碎。若在其他商店里出现这个场面，毫无疑问，店主要坚持索赔，顾客要据理力争，指责店主商品摆得不是地方。可这次不然，正当那位妇女有些不知所措的时候，店主已经走到她面前说："对不起！没吓着您吧？"那位妇女也连声道歉，问他，"要我赔吗？"店主说，"您在告诉我，应该把东西摆在恰当的地方。请吧，欢迎您再来！"

最后的结局是这样的：那位中国妇女买走了一个古希腊的铜像。她的朋友大概也觉得这位店主可以信赖，买走了两个彩色挂盘。皆大欢喜。

为什么会出现这样的结局呢？就是因为这家店主从顾客的角度去思考问题，当商品打破时，他首先想到的不是自己的利益而是顾客的感受，他不认为这是顾客的错，相反，却检讨自己。把顾客的错误主动地揽到自己的身上，正是他赢得顾客的法宝。

把顾客的错误主动地揽到自己的身上，是一种高级的商界处事原则和职业素养。销售人员要树立"客户永远是对的"理念，不与客户发生争吵，主动承认自己的过失，不论事实如何，都要认真处理，力求客户满意。

读懂顾客的身体语言——从细节上洞察顾客的心理变化

客户表示怀疑的肢体语言

下列身体语言是客户表示猜测与怀疑的信号：

眼睛看着天花板，或者是拉下眼镜、低着头、眼睛向上看人，好像是说："你在耍我了，你认为我很好骗，是不是？"

手揉搓鼻子、玩胡子，或者摸后脑勺。

身体向椅背靠，两手交叉放在胸前。

皱眉、假笑或头左右大幅度地摇摆，嘴巴张得大大的，表现出一副不相信、吃惊或"一脸讽刺"的样子。

挑起眉头，眼睛往旁边看。

嘴巴微微张开，手指放在下牙齿上，表现出一副困惑的样子……

这类客户根据自身使用过不好而又类似的机器的经验，觉得你提供的数据根本就不真实。因此，当销售员的论点变得牵强附会与难以置信时，即使是真的，客户也会有所怀疑。这种猜测、怀疑与反对，一般都会通过身体语言清楚地告诉人们："我不相信你所说的话。"客户需要更多的证据来证明销售员说的话是真实的。

如果客户出现这样的动作销售员应该做如下反应：

表示与客户有同感，诱使客户说出自己怀疑的原因。然后，再决定如何才能使客户完全相信自己。

确信自己已经将强调的重点解释清楚了。可以借助于例子、图片、类比与解释等方式，使客户完全理解自己的观点。在客户赞成自己的说法之前，必须让他理解有关问题。

提供充分的证据证明自己的观点或主张。当然，这些证据必须是可信的。这些证据必须是经过测试的结果、统计图表，以及其他独立的权威机构提供的报告、产品示范或者是使用过本公司产品或服务的客户的现身说法。这样一来，客户不仅更容易信服，而且也更容易赞同自己的观点。

客户表示不满、反感的肢体语言

下面是客户生气、沮丧或其他不愉快的典型的身体语言信号：

身体突然挑衅性地摆动，手势忽动忽停，还有其他一些突然性动作。比如，上半身突然前倾，手指不停地摇晃。

双手交叉放在胸前，而手指紧紧地抓住上臂。

双手紧紧地抓住桌子或大腿，或者紧紧抓住椅子的扶手。

站立时，双手紧紧地放在背后，两腿站得笔直，而且纹丝不动。

不停地揉鼻子，抓后脑勺、脖子或脸颊，表现出一种不耐烦的情绪。

既不笑也不做出反应地点头，整个下巴的肌肉都绷得紧紧的，双眉紧锁，有时眼睛还向别处张望。

在许多销售场合中，经常会引起客户发怒、争吵、防范、失望或者其他怀有敌意的行为。这种情况的发生，大致有如下几个方面的原因：一是销售员失言，特别是对客户重要的事情的承诺失言；二是销售员直接表达反对客户的意见或者对客户提出了挑战性意见（客户被迫挽回自己的面子）。有时，销售员的某些失礼或轻浮的行为与态度也会使客户不满。客户也会因为销售员没有给予他认为是合理的某些产品销售特权而感到沮丧。

在客户生气或者说发脾气时，不一定会经常表现出一些明显的特征。有时，客户为了顾及自己的地位与自尊心，他会试图暗自控制自己的情绪。

此时销售员必须立即停止正在谈论的主题或正在做的事情，先关切地提出安慰性的问题，表现出自己真诚地关心客户，以得到他的信任，进而找出出现这种情绪的原因。

如果时机恰当的话，销售员应该向客户表明，自己愿意在某些方面做出让步，以达成协议，但是也希望客户能够在某些方面做出让步，以实现双赢。同时，要突出并强调彼此之间的共同点，而不要老是强调彼此之间的不同点。

你要放松下来，舒适地靠椅背坐，给客户一种没有威胁的感觉。但是，千万不要下意识地模仿客户挑衅性的姿势。

说话的语调要平和、缓慢，速度适中，声音要比平时小一点，使客户感到轻松自在。

如果客户因为听不懂你们讨论的重点而感到沮丧的话，讨论一定要暂停一下，问问客户是否有什么问题没有提出来。千万要记住，如果要责备的话，销售员只能责备自己（而不能责备客户，因为客户永远都是对的）、道歉及请求再讲一遍。

最关键的是：无论发生了什么事情，销售员都不能同客户进行争吵或强烈地否定某些事物。

客户表示积极态度的肢体语言

下面是客户发出的积极的身体语言信号：

客户微笑、点头或其他兴奋积极的脸部表情。

双手自然地放在桌子上，或者手势自然、友好；双脚突然不再交叉；手臂也不再交叉放在胸前；其他动作也轻松自然，表现出当事人的观念已经在改变。

拍一拍你的手臂、肩膀或背部，这样的动作表现出对你的温暖、友好、关心或同情的姿态。但是，需要注意的是，触摸行为表达出一种强烈的情绪，而且如果这种行为发生在男女之间，那么，这种行为反而会给人以一种不真诚或胁迫的感觉，从而使人难以接受甚至感到厌恶。

身体坐得靠近一点。这看起来好像是一种彼此之间的关系比较密切的信号。

讨论期间，解开外套的扣子或者脱下外套，或直接卷起袖子。可能表示愿意接受他人的看法与建议。

客户坐在椅子的边缘，上身微微前倾，表现出一副渴望仔细倾听销售员所说的每一个字的样子；而其两腿却在桌椅下自然下垂，只用脚尖点地，这种姿势通常表现出客户已经准备签订购买合同或愿意同销售员合作等信号。

如果客户专注地观看产品展示或产品示范，这将是一个好兆头，表示客户对销售员和对谈话的内容有浓厚的兴趣。

头微微倾斜。这种姿势通常表示完全接受谈话内容。

两手缓慢地相互搓揉，看样子是等不及想买下来！

站着时，两脚张得很开，而两手又放在臀部上。

对于销售员来说，遇到一位心无偏见而又愿意倾听自己的产品展示说明的客户，真是一件令人愉快的事情。因为销售员有遭受客户拒绝与反对或遭人白眼的心理准备，所以，如果自己受到客户的尊重与友好接待，销售员的感觉当然很好！

当然，比较典型的情况可能是，由于销售员和客户之间已经建立了良好的关系，销售员取得了客户的信任，此时，客户才会发出积极的身体语言信号。而销售员所谈内容确实引起了客户的购买兴趣或者真正解答了客户的疑惑与需求时，客户也会发出真正有兴趣购买的积极的身体语言信号。

如果客户对销售员销售的产品表现出极大的兴趣与热情，那么，销售员也要表现出同样的热情，以使客户保持兴趣与热情，并使客户确信，如果他购买产品的话，他一定会做出正确的决策。

如果客户赞美销售员及其公司或者销售的产品，此时销售员要感谢客户，以有助于客户继续谈论积极的事。

如果客户还在对你感兴趣，你不妨继续使用开放型的身体语言，同时，使自己靠客户更近一点。

客户表示考虑的肢体语言

客户表示考虑的信号有：

坐在椅子上，身体会向前倾，不断地自言自语："嗯，嗯……"

客户目光呆滞或者两眼瞪视，通常是眼睛望着窗外或者是看着地板、墙壁或天花板，双眉紧锁，头一动也不动。

客户看似在娴熟地擦拭着眼镜，而实际上根本就没有这样做。

客户双手交叉放在背后，低着头，肩膀下垂，两只眼睛紧紧地盯着地，装出一副沉思的样子。

客户不停地摆弄着自己的头发、胡须等。

客户慢吞吞地、若有所思地、反复地摆弄着某件物品以拖延时间。

客户的头下垂，双眼紧闭，一只手轻轻地抚摸着自己的鼻子，双唇相互摩擦，或者一只手轻松地抚摸前额。

客户的一只手托着下巴，手指置于脸的两颊，同时，轻轻地抚摸着脸颊……

实际上，客户真的需要一点喘息的空间进行思考。如果这样的话，客户可能会说一些积极的话，提出一些关切的话题或新的要求。

如果客户举棋不定——对购买决定犹豫不决，销售员就要努力找出其中的原因。

销售员要将本公司的产品或服务的主要优点整理出来，指出本公司的产品或服务优于竞争对手的产品或服务的质量与特性所在，强调一些老客户的满意保证。

千万不要去打断客户的思路，客户在经过未受任何干扰的思考之后，可能会提出购买。

让客户自己提出一些问题、要求或意见等，销售员应该事先有准备，并且恰当地进行处理。

客户做出购买本公司的产品决定后，销售员要肯定地告诉客户，他做出的这个决定是一个完全正确的决定。同时，销售员还要用真实的资料（统计数字、测试结果、示范、保证）来提高客户目前的兴趣，或者重新激发客户不那么强烈的购买欲望。客户需要的是感觉自己做出了正确的购买决定，而不仅仅是知道自己即将做出正确的购买决定。

客户表示冷漠、无动于衷的肢体语言

客户表示漠不关心的身体语言信号为：

客户既不提出问题、做出解释，也不提出要求，以此来表示自己对销售员的话题不感兴趣。

目光呆滞，看起来像一个木讷呆板的人，或者看上去像一个睁着眼睛睡觉的人。

客户的整个身子都转到销售员的另一边。

客户心不在焉地在笔记本上乱涂乱画，时不时地看看表，清洁手指甲等。

客户在下面各干各的，好像销售员做的产品展示与自己无关似的，要不就是彼此间说笑话。

手指敲桌子、双脚不停地敲地板，或者拍打身上的某个地方，或者做出拿着笔玩之类的不耐烦的动作。

客户的双脚交叉，并且左右快速移动，或者有韵律地踢着。

客户在椅子上坐立不安，眼睛不愿意正视销售员，反而是在不断地东张西望，试图寻找一些有趣味的事物。

由于各种原因，客户也许会对销售员销售产品或服务不感兴趣。其实，在大多数情况下，客户之所以会不感兴趣，主要是因为客户完全看不出销售员推荐的产品或服务对自己究竟有何帮助或好处。然而，不幸的是，很多销售员对客户谈的大多是一些没有意义的产品细节，或者是谈一些客户已经知道的内容，因而导致了客户的漠不关心。

销售员还要善于运用其他客户成功地使用自己的产品的实际例子加以说明，尽量描述为其他企业所带来的好处，以增强客户的信心。

销售员要注意为自己的销售演讲增添一点魅力：充满热情，避免单调。

销售员发现客户看上去好像是很疲惫，最好是先让其稍微休息片刻，以便重新集中精力，保持活力。

客户有意拖延时间的肢体语言

不集中精力倾听销售员说话，阅读文学作品、日程表，反复阅读同一份文件。

客户头和眼皮下垂，双手托着下巴，好像整个人都瘫在椅子上，双腿向前伸得笔直。

客户在与销售员讨论问题时不停地点头，同时，口中发出断断续续的

"嗯""哈"的声音，一直持续到访问结束。

此时，销售员要提出一些问题，并且运用良好的倾听技巧，让客户更多地参与到销售员讨论中来。如果条件允许的话，在进行产品示范展示时，可以让客户亲自参与示范操作。一般来说，客户参与这种活动越多，会变得对产品越来越有兴趣。

透视客户的每一个心理细节

竞争是现代社会的显著特征，千军万马过独木桥，总会有人失足落水。面对他人的成功，检讨自己的失败，每个人都应该有一个正常的竞争心理。但是，并不是每个人都能面对竞争而心静如水，当竞争的压力带来了巨大的心理落差时，各种不良心理就表现出来了。下面几种竞争过程中的不良心理类型，就值得大家注意。

1. 自我辩护心理

这种心理是指一个人为掩饰易被他人取笑的行为寻找理由为自己辩护，或是运用语言，巧妙地证明事实上他不能承受的感情和行为。例如，某君几经努力都发表不了一篇论文，当看到与自己朝夕相处的同事发表后，就曰"天下文章一大抄"，以此掩饰自己发表不了的困窘。又如，学生考试不及格时，就说教师评分不公或试题太偏等。

2. 自我补偿心理

这种心理是指个人因身心某个方面有缺陷不能达到某种目标时，常有意识地采取其他能够获取成功的活动来补偿某种能力缺陷而弥补因失败造成的自卑感。其特点是，以一种活动代替另一种活动，类似替代作用。例如，某女子因身体发育有缺陷而努力学习，以优异的成绩赢得别人的尊重。

3. 转移发泄心理

这种心理是指把在某种情境下是危险的情感或行动转移到另一个较安全的情境下释放出来。例如，一位中层领导受到上级领导批评以后，把不满情绪发泄到他所管辖的职工身上。又如，在单位受了领导的"气"，回到家对亲人发泄出来，都是移位平衡法。

第三章

学会情感投资——成为销售精英的人脉心理学

老客户是一座金矿

对于已经成交的客户，有些销售人员认为没有必要再与他们联系了。他们认为这类客户已经向自己购买了产品，销售的任务也就完成了。其实，这只是销售的开始。因为老客户其实是一笔宝贵的资源，是一座价值连城的金矿。

老客户购买过推销员的产品，他们对产品的需求不是一次性的，除了大型的耐用消费品更新周期长之外，他们很有可能进行多次重复购买。因此，第一次销售的成功仅仅是销售的开始，更多的订单还在后面。国外的一则调查数据也表明：维护一个老客户的成本仅仅是开发一个新客户成本的1/6。

更重要的是，这类客户对产品有亲身的体验，他们认识推销员，并且彼此之间建立了信任和友好的关系，所以，如果推销员跟一个客户建立了良好的人际关系，那么就可以通过他再去影响别的客户。他们对产品的推荐和宣传更具有影响力，事实也证明老客户推荐的成功率高达85%以上。成功的推销员，常常拥有庞大的客户关系网。

人与人之间的联络是以一种几何级数来扩张的。无论是善于交际的人，还是内向木讷之人，其周围都会有一群人，这群人大约有250个。而对于推销员来说，这250人正是你的客户网的基础，是优秀的推销员的财富。

建立良好的客户关系网络，与客户交往过程中以诚相待，同客户交朋友，分担他们的忧愁，分享他们的喜悦。他们可能会向你介绍他的朋友、他的客户，这样，你的客户队伍将不断扩大。

同时，当你在和他们谈你工作上的困难时，他们很可能会主动地帮助你，介绍新的客户给你认识或者帮你直接把生意做成。

推销员应当尽量选择那些具有影响力的人物去"攻坚"，这样效果更好。比如，医疗器械推销员可取得医生的信任和合作，他们是病人的中心人物；司机、教师分别是乘客、学生的中心人物；社会名流是崇拜者的中心人物等。中心人物在一定的范围内有较大的影响力和带动性，有着广泛的联系和较强的交际能力，信息灵通。因此，推销员应多交些朋友，这些朋友在很多时候会给你带来意想不到的帮助。

有人脉才有钱赚

每个人所从事的行业归根结底都是人的事业，人脉就是钱脉，有着良好的人脉关系，你的通路就会多。成功也要靠别人，而不是单凭自己。一个人有多成功，关键要看他服务了多少人，和多少人在为他服务。

所有成功人士都有一个共同点，就是拥有大量的人脉资源，并保持着良好的关系。比尔·克林顿是罗斯福以来当选的第一位民主党总统。他在接受采访时告诉《纽约时报》，每天晚上就寝前，他都会回忆当天联系过的每一个人，并记录在小卡片上，内容包括重要的个人资料、会面时间与地点，以及所有其他应该注意的相关信息。

没有关系就没有销售。维持良好的人际关系，建立新的人际关系，就要不断地、主动地和客户联系。每个客户都是被动的，每个人都期望别人主动跟他联系。客户花钱购买你的产品或服务，他没有义务主动找你联络。所以，你要不断以打电话、寄信、拜访、网上交流的方式与你的客户联系，表示你对客户的关心，表示你在乎他们的存在。即使对于那些不再购买你的产品的客户，也要跟他们联络，感谢他们过去对你的支持，并请教他们现在不再购买的原因，他们会觉得你非常重视服务，跟你做生意非常愉快，可能会重新向你购买。

当客户需要你的时候，就是你与客户建立感情、塑立口碑与表现诚意的最佳时刻。遇到偶然的机会或场合，必须保持应有的礼节。例如，客户的公司开业了或举行庆祝酒会，要请你参加，你必须准时出席。同时又要考虑是否要送贺礼，如花篮、贺卡之类。送礼一方面可以讨人喜欢，另一方面又可免费宣传，实在是一项划算的投资。每逢过年过节，如圣诞节、新年等，最好能寄上贺卡；在客户有特别纪念意义的日子中，如生日、结婚纪念日等，也应有所表示，最低限度也要电话恭贺。

通过电子邮件、电话、信件、贺卡、企业资讯、午宴及会议等方式始终与客户保持联系。记住：客户会轻易离开一个不太熟悉的推销员，却不会轻易抛弃一个亲密的合作伙伴。

这样你就为客户建立了一个情感储蓄账户，你通过尽责、真诚、注重服务而建立起客户信任的情感储备。存入得越多，得到的信任越高，积累的关系也就越多。并且要时常地、以富有创造性的方式感谢他们，以使他们了解你是很关注和在意他们的。

如果你不主动跟客户联系，那么你的客户就会以每年10%的速度流失。为了和客户建立稳固的关系，汽车销售大王乔·吉拉德每个月都会给客户寄一张贺卡，而且贺卡的设计每次都不一样，每次都是不同的设计和颜色，并在每个月施以不同的问候。一月是"乔·吉拉德祝你新年愉快！"；二月是"情人节快乐！"；三月是"妇女节快乐"等，一直到感恩节和圣诞节为止。一年当中每月都有乔·吉拉德的问候和祝福。他一个月寄出一万四千多张卡片，一年就是十六万八千多张。虽然在这些卡片上会花费不少的钱，但也给乔·吉拉德建立了大量的人脉资源，他的真心诚意使每位想要买车的朋友都和他做生意。正是由于乔·吉拉德用心地工作，用心地对待客户，所以他的收获也是最大的。他的零售业绩打破吉尼斯世界纪录，至今无人突破。

如果你现在也在从事销售，你有他这样用心吗？如果你想要提高销售业绩，请你想一想如何更好地服务你的客户，让客户感到你是一个非常坦诚而且与众不同的人；如何在最短的时间内影响更多的准客户，并建立稳固的关系，使他们每当有需求的时候就会想起你，并迫切地想要向你购买。如果你现在开始这样想并立刻去这样做，你的人生已变得与众不同。

如何吸引更多的客户，建立优质的人脉资源？请注意以下四点：

（1）充分搜集有关客户的资料。

（2）为客户建立详细档案。

（3）关心服务好客户的亲人。

（4）研究客户的个人爱好。

成功等于客户满意度。在销售中，我发现大部分的人都在研究如何增加业绩，如何提高收入。事实上他们都没有找到成功的真正原因，这个原因就是客户满意度。一个人之所以会成功，是因为他做了非常好的服务。金钱是价值的交换，你赚多少钱和你给别人提供了什么样的价值成正比。你服务的品质就是客户满意度。

如果你研究世界成功的公司，你会发现他们有一样共通的特质——杰出的公司都会提供最优质的服务。同样，每一个表现优秀的销售人员，也都是全心全意地服务于他们的客户。他们想尽办法来取悦客户，不管销售什么产品，他们始终夜以继日地为客户服务，每一行的佼佼者都是如此。

不断地用服务对客户疲劳轰炸，竞争者就无可乘之机。一两次的行动无法赢得终身客户，只有永不懈怠地服务客户，才能建立长久关系。如果你这么做，就会被客户视为可信赖的人，因为你永远是随传随到。这听起来很简单，也没有什么困难和复杂的地方，但如果一如既往地这样去做那确实需要毅力和耐性，但会收到意想不到的结果。

一位将要走进婚姻殿堂的新娘定制了一套白色的婚纱，但由于天气的问题，在结婚当天，快递公司没有及时送到。新娘非常伤心，当这家快递公司知道情况后，由公司专程派一架直升机把这套婚纱送到结婚现场。新娘万分感动。当然，以如此的方式送一套婚纱对这家公司的业务是得不偿失的，但此举却赢得了参加婚礼的所有宾客对这家快递公司为客户着想的服务态度的由衷赞叹。当然，他们以后需要快递业务，一定会选择这家公司。

金杯银杯，不如客户的口碑；千好万好，不如客户说好。一定要尽最大努力对客户关心的事情和遇到的难题做出快速反应。记住，燕子去了，有再来的时候；桃花谢了，有再开的时候；失去的客户，却一去不回头。根据一项消费调查研究表明：抱怨之后得到满意响应的客户，有70%成为该公司最忠实的客户。假如你听到了一个抱怨的声音，你在解决问题的过程中，一定要做得比客户想象的还要好。物超所值的服务，就是最佳的卖点。

　　杰出的服务赢得回头客，带来财富。差劲的服务会使客户流失到你的竞争对手手中。

　　买东西的人在支持我；夸奖我的人在取悦我；投诉我的人在教导我，他们教会我如何取悦别人以便有更多的人光顾；心里不快而又不投诉的人在伤害我，他们连让我纠正错误、改进服务的机会都不给我！如果对客户能保持这样积极的认知，相信你会赢得更多客户的信赖。

扩大自己的熟人圈子

　　为了拓宽你的业务，你必须不断扩大你的熟人圈。可以通过加入各种社会团体、群众组织、体育活动组织，如专业团体、行业协会、街区组织等，多参加一些社会活动来扩大你的接触圈。多一个朋友多条路、多一个信息资源，每一个朋友身后又有许多你看不见的、未知的关系网，这些关系网上的各类人就是你的潜在客户。

　　广泛接触人的目的是为了生意，但不能把生意写在脸上，挂在嘴上，让人明显感到你功利主义的商人气息而引起反感。接触人，首先是销售你个人，让客户接受并喜欢你。让客户觉得你诚实可信、有能力、吃苦耐劳、有事业心、乐于助人、为人随和、能愉快与人相处，就很不错了。这些给人的印象和感觉不是逢场作戏，而是努力使自己真正成为一个让客户接受并喜欢的人，一个值得信赖、人品不错的人。

　　做事之前先做人，善解人意、会站在别人的角度考虑问题，你就会站在客户的角度考虑你的生意，就会知道从哪方面抓住客户的心理，把你所接触的人、你的朋友，都变成你的客户。

　　通过接触、熟悉以后，无论什么时间，有机会你都要巧妙地告诉人们你在做什么，向人们介绍你所做的事情的意义和前景。如果你自我感觉良好的话，可以告诉人们你干得是如何认真，如何辛苦，如何漂亮有成绩。要做到这一点，你可以把前后的故事联系起来，谈谈你的工作经验，滔滔不绝地谈谈有关你的能力，你生意的前景，你的生意能为大家带来哪些益处，提供哪些服务，能满足你潜在客户的哪些需求。这些用嘴说的广告，面对面地交谈，比通过电话和信函联系更容易使你接近客户，更容易使人相信、接受。

宣传自己并没有什么不道德，关键是要恰到好处，这也是商业广告的一部分。重要的广告宣传是让人了解你的生意，并对你的生意感兴趣。要做到这点并不难，只要你让人们感到并实际能做到：你的生意比同类型其他人的生意价格低、服务好、有特色，你的朋友在你这里能够得到较优惠的价格和优质的服务。比如，你开饭店，你的熟人、朋友在你的饭店消费，能比在其他饭店吃得舒服、可口、便宜，那么，下次他还会来，而且会介绍新的朋友、新的客户来。

生意刚开始，最难的是寻找最初上门的客户，你可以通过在你的熟人朋友中发展你生意的"消费会员贵宾卡"，持卡消费享受打折及其他优惠，这也是招揽最初客户的办法。对主动上门的最初客户，也应热情相待，视为贵宾，使其成为你的长期客户。

总之，开发新客户难，维护老客户更难。要重视最初上门的客户，使其成为回头客；要重视你的熟人朋友，使他们得到实惠，成为你的长期客户。只要你做得认真，以诚相待，客户的朋友，朋友的朋友，这些潜在的客户都会成为你的客户。万不可做"熟杀熟"，这无疑是销售行业中的"自杀行为"。

广结善缘才能成功

推销工作其实就是一种交际工作，作为一名推销员，只有扩大交际范围，与不同的人接触，广结"关系网"，这样才能把推销工作做好。此外，你要明白，推销员没有一定的上班时间限制，因此你可以随时随地地拉关系、结善缘。

琳达·迈尔斯开了一个咨询公司。她相信和客户维持良好关系是很重要的，所以她常利用在飞机上的时间写一些附有祝福语的短签给他们。她说："我已经养成这样的习惯了。"一位同机的旅客在等候提领行李时对她说："我在飞机上注意到您，在2个多小时的旅行里，您一直在写短签，我敢说您的老板一定以您为荣。"

迈尔斯回答："我就是老板。"

科利特·奥布莱恩的旅行社有许多外国客户，所以就连她坐飞机时都带着一卷传真信息，等飞机降落后，奥布莱恩便会去商业中心把信息传送给她的客户。她说传真信息可以横跨时区，所以特别有效，当客户一打开传真机，她的信息就已经在恭候大驾了。

不管你多有效率，总是有人会让你等待：你可能错过公车、地铁、飞机，碰上出其不意的中途休息；你也许已经尽可能小心地计划每一件事，但是你可能意外地被困在机场，平白多了3个小时可利用。高成就者说他们在这种情况下所做的事是："我带本书；我写东西；我修改报告；我检查我的语音邮件、打电话；我尽可能多地认识一些人。"

即使每天单程上班只要30分钟，几年下来的总数也相当惊人。假如你从未计算过总数，也许你会对这个结果大吃一惊：如果你一周上班5天，每天单程30分钟，50个星期总共花在上班路上的时间是250小时，等于每年花上超过6个星期、每天8小时的工作时间。多么可怕的事情呀！整整6个星期的时间就这么浪费掉了！

其实，在乘车时，一路到底都看书或睡觉的邻座并不多，总可以找个机会打开话匣子。一旦搭上话题，不但有开怀解闷之效，还可以消除疲劳。运气好的话说不定可以获得一个客户，至少多了解一个人也可多一些生活经验。

美国人寿保险创始人弗兰克·贝特格在他的《从失败到成功的销售经验》一书中这样写道："即使看见成群结队的鱼游来，但若无准备也将望洋兴叹。若想有所收获，必须随时准备着抓鱼的网。而捕捉人生中成功的机会也和抓鱼完全相同。"

若与邻座谈不来，你可倾听别人在谈什么。偷听谈话虽不光明，但只要不心怀不轨，也不是什么了不起的罪过，因为他们是在公共场所高谈阔论，推销员只要是"听者有意"，是可以获得有用信息的。

能否成为一个出色的推销员，其实是取决于你自己，如果你能够广结善缘，积极地拉关系，那么就会建立属于自己的"关系网"，这样成功也就指日可待了。

全面掌握客户信息

有一位名叫一川太郎的销售员极受客户的喜爱。他是汽车销售员，每天早上开完早会后，他就向课长详细地报告当日行程，然后马上展开挨家访问。他的早课是中午以前会见10名用户，询问产品使用后的情况怎样，有时也会亲自调整汽车的零件、检查汽车机油是否无误等。据说，他的客户都对这种关心表示好感，特别是女性用户，更是欣赏之至。

一川太郎最厉害的招数是，若无其事地推动新客户进入自己的销售网中："太太，上次您提到一些朋友，目前情况怎样？希望有机会帮我美言几句。"对一川太郎来说，售后访问变成了发现准客户，而当前的客户，便成为最有力的情报源。大道理是一样的，具体方法还靠自己去搜求。

有力的情报源该如何建立？情报源的选取又该依照什么标准？一川太郎曾一一列举：第一，过去销售成功的客户，最适合担任情报源；第二，居于情报往来最频繁的地区，如商店老板，都是理想的情报源人选。听说一川太郎对这些老板非常亲切，他们也乐于将情报提供给一川太郎。其他角落其实也存在着客户信息源，像左邻右舍、街道干部、托儿所的保姆以及街头巷尾的老太太们，也都是有分量的客户信息源。这些人在地区上都具有发言权，甚至还能影响当地舆论，因此要拉拢他们，使其成为自己销售员的伙伴。

在公司方面，一川太郎是以私人关系建立人缘的。首先，他会找同校毕业的校友为他铺路；其次，再与同乡会的人搭上关系，有劳他们在各公司宣传。另外，如朋友聚会与其他种种餐会，也是攻略要地，只是彼此陌生，必须随时顾及对方感受，且不要忘记说声"请多关照"。

一川太郎的客户信息源中，不乏社会上的名流之士，也有不少是各界重量级人物。在与这些人联络感情时，绝不能出现笨拙的小动作，毕竟他们都深具洞察力的眼光，一旦被他们看不起，就没有回旋的可能。因此要以大方、诚恳的态度去面对他们。

总之，客户信息源是建立在人与人之间的交往中，因为是像蜘蛛网般的线路，所以不能经常地整理。最好是在客户生日时寄张小卡片或小礼物，随之附上一张名片即可。

一个销售员对于准客户的调查，不必考虑太多，也不可犹豫不决，机会稍纵即逝，因此必须立即行动，咬住不放。只有不断寻找机会的人，才能够及时把握住机会。

一位优秀的销售员能与销售融为一体，时刻都在想着怎样进行销售，从不放过任何一个机会来收集有助于推进销售工作的信息。

一个杰出的销售员，不但是一个好的调查员，还必须是一个优秀的新闻记者。他在与准客户见面之前，对准客户一定要了如指掌，以便在见面时，能够流利地述说准客户的职业、子女、家庭状况。由于句句逼真亲切，很快就能拉近彼此的距离。

因此，在与准客户见面之前，除非把对方调查得一清二楚，否则绝不与他见面。销售成功与否与事前调查工作的好坏成正比。

与准客户见面的时候，就对方而言，是平生第一次见到你，但对你而言，已经摸清了他的底细，就像10年的老友了。

准客户卡是销售员作战的最重要资料，因此都被视为"一极机密"的档案。客户越多，你的成功几率就会越高。因此，不要放过任何一个发现新客户的机会，要利用一切资源去扩大自己的客户网络。

为客户建立档案

原田一郎进入明治保险公司，整整工作了30年。

原田一郎平均每个月用1000张名片，30年下来，他累积的准客户已达2.8万个以上。他把这些准客户依照成交的可能性，从A到F分级归类，建立了准客户卡。

"A"级是在投保边缘的准客户。这一级的准客户，只要经他奉劝，随时都可能来投保。

一个准客户要从"F"级晋升到"A"级，虽然偶尔也有只见过一次面的，在原田一郎充分的事前调查工作基础上，一拍即合，但大多数都还是历经数月或数年，一级一级爬升上来的。

"B"级是由于某种因素不能马上投保的准客户。这一级的准客户，只要稍待时日，会晋升至"A"级。

"C"级的准客户与"A"级的相同，原来都属随时会投保的准客户，但因健康上的关系，目前被公司拒保。

"D"级的准客户健康没问题，不过经济状况不太稳定。由于人寿保险属长期性质的契约，保费须长期缴纳，若收入不稳定，要长期支付保费就成问题了。这类准客户则有待他们的经济状况改善后再行动。

总而言之，从"A"级到"D"级的准客户的共同点是，对保险制度有充分的了解，他们也都有投保的需要和意愿。原田一郎只不过就彼此间的不同点，加以分门别类，以便于自己分析与辨认。

原田一郎从事了50年的销售保险工作，从来不勉强准客户投保。若忽视了这一点，而用种种软硬兼施的方法，勉强准客户投保的话，将会产生许多中途解约的后遗症，这是得不偿失的。做到这一点尤其难。

身为保险销售员，最高兴的事莫过于准客户主动说：喂！你来得正好，我左思右想，还是决定投保了。

设法使准客户对商品有正确认识之后，再诱导他们自发前来购买，这是销售员的任务。

"E"级的准客户对保险的认识还不够，销售员与准客户之间还有一段距离。这表示销售员的努力不足，还须再下工夫进行深入调查。

"F"级的准客户包括两种：第一种是在1年之内很难升等级者；第二种是仅止于调查阶段。

针对第一种"F"级准客户，只能根据实际状况，再做调查，或继续拜访，以求能逐渐晋升等级。

至于第二种"F"级准客户，他们很可能富有、健康，但因为还在进行调查工作，因此尚未正式访问。这些人很可能在面谈之后，立即晋升至"A"级。

上述"A"级至"F"级的准客户，不论哪一级，只要原田一郎与他们一有接触，马上详细记在准客户卡上。比如，与准客户交往的情况：时间、地点、谈话内容、感想等；如果不能见面，把原因详细记下；自己为准客户所做的服务工作一一记下；自己对这次访问的意见。

原田一郎通常会根据这些准客户卡上的记录，回想当时交谈的情形与对方的反应，然后边想边反省，并做下列两件事：

第一件：检讨错误的内容，加以修正或补充。

第二件：修改自己的姿态，以便于更能接近准客户。

从准客户卡上，不但要看到准客户的全部情况，也要看出自己在这次销售工作中的全部记录，然后反省、检讨、修正，再拟订出下一次的销售策略。

除了上述的"A"级至"F"级的准客户之外，还有一种原田一郎自己都无法掌握其未来动向的准客户。原田一郎本打算将这些准客户归入"F"级，但因为自己的努力不够，或是他们的条件不合，致使无法把他们归类到"F"级。

原田一郎把这些无法归类的准客户整理成一堆，暂时束之高阁，等待时机。不过，每逢闲暇时刻，他会取出这些准客户卡，一一仔细检查，看看过去的做法是否有遗漏或疏忽之处，以便给这些卡片以新生命。

现代的社会是瞬息万变的，而准客户的情况也随时在变。所以我们要把握住每一个变化契机，然后进行最有利的行动。

原田一郎说："我的每一张准客户卡都是有血、有肉、有生命的。它经过多次的记录与检查后，已成为我的知己，陪伴我度过无数的岁月。在一张张卡片上，我看到了自己成长的足迹。"

及时跟踪和回访客户

客户"回访"和"跟踪"是客户服务的重要内容，做好客户"回访"与"跟踪"是提升客户满意度的重要方法。客户"回访"和"跟踪"对于重复消费的产品企业来讲，不仅通过客户"回访"和"跟踪"可以得到客户的认同，还可以创造客户价值。充分利用"回访"和"跟踪"技巧，会得到意想不到的效果。

通过对各类客户群的跟踪随访，全面系统掌握产品在客户群中的使用动态，能及时、准确地反映出产品的质量，还有客户在使用中遇到的一些问题。同时对客户进行回访与跟踪有利于第二次销售。要想保住老客户，做好回访和跟踪是关键。除了销售出的产品或服务质量过硬以及有良好的售后服务外，销售员还应该定期与自己的客户保持联系，不断地沟通感情。为什么要强调回访客户呢？

1. 80%的销售业绩来自20%的客户

这20%的客户是销售员长期合作的关系户。如果丧失了这20%的关系户，那么销售员将会丧失80%的市场。当产品普及率达到50%以上的时候，更新购买和重复购买则大大超过第一次购买的数字。这些表明，销售员若能吸引住老客户，让老客户经常光顾，其加大销售额的机会就更大。

2. 确保老客户可节省成本和时间

因为，维持关系比建立关系更容易。据美国管理学会估计，开发一个新客户的费用是保持现有客户的6倍。因为进行一次个人销售访问的费用，远远高于一般性客户服务的相对低廉的费用。维护老客户，是降低销售成本的最好方法之一。

3. 避免失去任何一个客户是销售成功的秘诀

开发新的客户群本无可厚非，但是值得注意的是，销售员不应当把开发新的客源建立在抛弃或忘掉老客源的基础之上。对于新客户的销售只是锦上添花，如果没有老客户做稳固的基础，对新客户的销售也只能是对所失去的老客户的抵补，总的销售量不会增加。有人打了个形象的比喻：老客户可以说是销售员今天的饭，而新客户则是销售员明天的饭，没有今天就肯定不会有明天。

俗话说得好，"打江山难，保江山更难"，用这句话来概括销售员开拓销售业务的过程，再恰当不过了。开发新客源难，留住老客源其实更难。如果销售员将已经是老客户的客源丢掉了，那么他曾经付出的时间、精力都会付诸东流了，其损失很难估计。如果一个销售员不能经常关心、联系自己的老客户，那么无疑是给竞争对手留下了一个乘虚而入的机会。因此，不让竞争对手进来的最好办法，就是要不断地关心自己的客户，使之只认准你一个人。

美国著名销售大王乔·吉拉德每月要给他的13000名客户每人寄去一封不同大小、格式、颜色的信件，以保持与客户的联系。正是这小小的一封信，使很多人成了乔·吉拉德的铁杆客户。

一般来说，售后的回访和跟踪可分"定期拜访"和"不定期拜访"两种。"定期拜访"多半适用于技术方面的维护服务，如家电业及信息产业等，公司通常会定期派专员做维修保养方面的服务。

"不定期拜访"也称为"问候访问"，指不定期的访问，这是销售员必做的工作。这种售后的访问，通常是销售员一面问候客户，一面询问客户产品的使用情况。

销售员最好在事前拟订好访问计划，定期而有计划地做好回访跟踪。销售成交后，真正的回访和跟踪也就开始了。在回访的最初阶段，聪明的销售员一般都会采用"二四八"法则。

"二"是指在产品售出后的第二天，销售员就应同客户及时联系并询问客户是否使用了该产品。如已经使用，则应以关怀的口吻询问，他是如何使用的，有无错误使用，这时"适当的称赞和鼓励"有助于提高客户的自尊心和成就感。如没有使用，则应弄清楚原因，并有针对性地消除他的疑虑，助其坚定信心。

"四"是指产品售出后的第四天。一般来说，使用产品后的四天左右，有些人已对这一产品产生了某种感觉和体验，销售称之为"适应期"。这时如果销售员能打个电话给他，帮他体验和分析适应期所出现的问题并找出原因，对客户无疑是一种安慰。

"八"是指产品售出后的第八天。一般来说，使用产品后的八天左右，销售员应该对客户进行当面拜访，并尽可能带上另一套产品。当销售员与客户见面时，销售员应以兴奋、肯定的口吻称赞客户，诚恳而热情地表达客户使用该产品后的变化或感受。在这个过程中，无中生有、露骨的奉承是不可取的，而适当的、恰到好处的称赞，消费者一般都能愉快地接受。若状况较佳，销售员则可以顺利推出带来的另一套产品。

对老客户的"回访"与"跟踪"服务，固然不会在短期内实现利润，表面看起来似乎是亏本的买卖，可是若是从长远的角度来看，销售员在老客户身上所花费的时间和精力都不是白费的，都一定会有所回报。售后回访和跟踪服务的完美周到，能使客户产生强大的信任感，并愿意保持长期稳定和谐的关系。

当然，客户"回访"与"跟踪"过程中遇到客户抱怨是正常的，正确对待客户抱怨，不仅要平息客户的抱怨，更要了解抱怨的原因，把被动转化为主动。建议单位在服务部门设立意见搜集中心，收集更多的客户抱怨，并对抱怨进行分类，如抱怨来自产品质量的不满意（由于功能欠缺、功能过于复杂、包装不美观、使用不方便等）、来自服务人员的不满意（不守时、服务态度差、服务能力不够等）等方面。通过解决客户抱怨，不仅可以总结服务过程，提升服务能力，还可以了解并解决产品相关的问题，提高产品质量，扩大产品使用范围，更好地满足客户需求。

客户"回访"与"跟踪"是客户服务的重要一环，要重视客户"回访"与"跟踪"，充分利用各种回访技巧，在满足客户的同时创造价值。

把客户联系在一起

为了更好地联络客户、抓住客户，销售员不妨试着打造一个"客户俱乐部"。就是说把你所有的客户都紧密地联系起来，并通过第三者的介绍，结识更多的客户。

第三者介绍的主要方式是信函介绍、电话介绍、当面介绍等。接近时，销售员只需交给客户一张便条、一封信、一张介绍卡或一张介绍人名片，或只要介绍人的一句话或一个电话，便可以轻松地接近客户。

当然，介绍人与客户之间的关系越密切，介绍的作用就越大，销售员也就越容易达到接近客户的目的。介绍人向客户推荐的方式和内容，对接近客户甚至商品成交都有直接的影响。因此，销售员应设法与客户搞好关系，尽量争取有关人士的介绍和推荐。但是，销售员必须尊重有关人士的意愿，切不可勉为其难，更不能欺世盗名，招摇撞骗。

第三者介绍接近法也有一些局限性。由于第三者介绍，销售员很快来到客户身边，第一次见面就成了熟人，客户几乎无法拒绝销售员的接近。这种接近法是比较省力和容易奏效的，不可加以滥用。因为客户出于人情难却而接见销售员，并不一定真正对销售的产品感兴趣，甚至完全不予以注意，只是表面应付而已。另外，对于某一位特定的客户来说，第三者介绍法只能使用一次。如果销售员希望再次接近同一位客户，就必须充分发挥自己的接近能力。

比尔·盖茨在25年前创业的时候，他就知道了这一点。25年前，在20岁的时候，他签到了一份合约。这份合约是跟当时在电脑行业排名全世界第一的公司签的，该公司叫做IBM。那时候比尔·盖茨是一个无名小卒，他在哪里签得到这么大的"鲸鱼"？可能很多人不知道，比尔·盖茨之所以可以签到这份合约，中间有一个中介人——比尔·盖茨的母亲。她是IBM的董事，妈妈介绍儿子认识董事长，这是理所当然的事情。假如当初比尔·盖茨没有签到

IBM这个订单，他今天绝对不可能成为世界首富。

　　另外必须指出，有些客户讨厌这种接近方式，他们不愿意别人利用自己的友谊和感情做交易，如果销售员贸然使用此法，会弄巧成拙，不好下台，一旦惹恼了客户，再好的生意也会被告吹。

　　要成为优秀的销售员，你必须随时考虑各种策略，不断努力。如果你的表现让你的客户觉得你很有敬业精神，可能产生这样的效果：即便你不积极地去争取，客户也会自动上门。能够做到这一点的绝对是一个卓越的销售员。

　　如果你的老客户对你抱有好感，就会为你带来新的客户。他会介绍自己的朋友来找你。但是这一切的前提是你用自己的魅力确确实实感染了他。而且你们之间有一种信任的关系，也许是那种由于多次合作而产生的信任关系，但不一定是朋友的关系。因为总是有一些人把工作和生活分得很清楚。其实，只要你让你的老客户对你产生了这样的好感，他会对他的朋友介绍说："我经常和某个销售员合作。他很亲切而且周到，我对他很有好感。"既然是朋友的推荐，那位先生一定会说："这样啊，那我也去试试看。"这对销售员来说，就等于是别人为你开了财路。

　　所以基于这种想法，你平时要不断地设法拓展自己的客户群体。去争取新的客户，固然很重要，但是留住老客户更加重要。只要能好好地维系和每一位老客户的关系，建立一个和谐的"客户俱乐部"，你或许能因此而增加更多新的客户。相反，失去了一位老客户，则可能使你失去许多新客户上门的机会，绝对不能做"得了芝麻，丢了西瓜"的傻事。

　　作为个人，还可以向公司提出组织相关活动的建议。

和客户建立友谊

　　在日本，没有一个人不知道大名鼎鼎的原一平。作为一位顶尖销售大师，他曾著有《撼动人心的销售法》和《销售之神原一平》两本书。

　　每一本书都是他根据自己多年的销售经验和心路历程所写成的。在书中，他不仅仅告诉人们他的成功业绩，还教会人们应该如何从失败中站起来。许多销售行业的新手都对他的书如痴如醉，里面有些心得体会让他们受益终身。

　　原一平在书中提到了一条原则，就是要与客户建立真诚的友谊。这并不是说到就能做到的事情。

　　有一次，原一平的一位旧友告诉他，他认识一家建筑公司的经理，这家建筑公司实力雄厚，生意做得非常大。于是，原一平请他的朋友写了一封介绍信，他带着信去拜访那位年轻的经理。

　　谁知，朋友的这位熟人并不买原一平的账，他瞥了一眼原一平带来的介绍信，说道："你是想跟我要保险订单吧？我可没兴趣，还是请你回去吧！"

　　"山田先生，你还没有看看我的计划书呢！"

　　"我一个月前刚刚在另外一家保险公司投保，你看我还有必要再浪费时间来看你的那份计划书吗？"

　　年轻的经理断然拒绝的态度并没有把原一平吓走，他鼓起勇气，大胆问道："山田先生，我们都是年龄差不多的生意人，你能告诉我你为什么这样成功吗？"

　　"你想知道什么？"

　　"你最开始是怎样投身于建筑行业的呢？"

　　原一平很有诚意的语调和发自内心的求知渴望，让这位年轻的经理不好意思再用一种冰冷的态度来回绝他。

　　于是，年轻的经理开始向原一平讲述自己过去那段艰难的创业史，每当他说到他是如何克服挫折和困难，遭受很多不幸的经历时，原一平总会伸出手拍拍他的肩说："一切不幸都过去了，现在好了。"

　　整整3个多小时过去了，突然，经理的秘书敲门进来，说有文件要请经理签字。等女秘书出门之后，二人相互对望了一下，都没有开口说话。最后，还是那位年轻的经理打破了沉默，他轻声问道："你需要我做些什么呢？"

　　"哦，你只需要回答我几个问题就可以了。"

　　"什么问题呀？"经理好奇地问道，他原以为原一平会直接让他买保险呢。

　　原一平提了几个关于山田先生在事业方面的问题，大致了解了他今后的打算、计划和目标。山田先生一一向他做了说明，后来山田先生又一次自言自语说道："真搞不懂，我怎么会告诉你那么多关于我自己的事情，有很多事我甚至连我妻子都没有告诉过呢！"

　　原一平笑着起身告辞，他说："山田先生，谢谢你对我的信任，我想我会对你告诉我的那些话做一些回馈。再见，下回再来拜访你。"

两个星期之后，原一平带着一份计划书又敲开了山田先生的办公室，这份计划书可是他熬了三天三夜，苦心做出来的。在计划书里，原一平详细拟订了山田建筑公司在未来发展方面的一些计划。

山田再次看到原一平，非常亲热地走上前握住他的手说："欢迎光临。""谢谢你的盛情，请你看一下这份计划书吧，里面如有不当，还请多多指教。"山田坐在沙发上仔细翻阅了一下计划书，脸上露出欣喜的表情。"真是太棒了，我们自己人还想不了这么周全呢！实在太感谢你了，原一平先生。""呵呵，别客气，我哪能跟你们公司的专业人士相提并论呢？"两个人坐下来，又谈了很久。等原一平离开山田的办公室时，这位经理毫不犹豫地投了100万日元的人寿保险，紧接着副经理也向原一平投了100万日元的保险，财务秘书也投了25万日元的保险。这仅仅是第一次的保险金额，在接下来的十年当中，他们的保险金额总共高达750万日元。原一平和山田先生的友谊也越来越深，他俩成为了一对非常默契的伙伴。

与客户联络感情

售后服务的绝大部分是做与客户联络感情的工作。由交易而发生的人际关系往往比较自然、融洽，客户常常因为买东西而与卖方交上朋友，推销人员及推销机构经常会因为与客户的交易而结下深厚的友谊。于是，客户不但成为商品的受用者，而且也变成推销机构的拥护者与推销人员的好朋友。与客户联络感情的方法通常有以下几种：

（1）拜访。经常去拜访客户非常重要，拜访并不一定是为了推销，主要目的是让客户感觉到推销人员和企业对他的关心，同时也是向客户表明企业对推销的商品负责。推销人员拜访客户时不一定有明确的目的，也许只是为了问好，也许是顺道拜访。在拜访时应把握一个主要原则，即尽可能地使拜访行为更自然一些，不要使客户觉得推销人员的出现只是有意讨好，更不要因拜访而干扰客户的正常生活。

（2）书信、电话联络。书信、电话都是联络感情的工具，在日常生活、工作中被广泛使用。当有些新资料需要送给客户时，可以附上便笺用邮寄的方式寄给客户；当客户个人、家庭或工作上有喜忧婚丧等变故时，可以致函示意。通常，客户对收到函件会感到意外和喜悦。用打电话的方式与客户联络也是一种很好的方式，偶尔几句简短的问候会使客户感到高兴，但对于这些友谊性的电话，要注意语言得体、适当，不能显得太陌生，也不能表现得太肉麻、离谱。

（3）赠送纪念品。这是一种常见的操作手法。成功的推销机构和推销人员会为其客户提供包括赠送纪念品在内的各种服务。这种方式至少可以起到两种作用：一是满足人们贪小便宜的心理；二是可以借此作为再次访问及探知情报的手段或窗口，这是成功推销的一种技巧。

搜集情报是开展售后服务工作的另一潜在目的，精明的推销人员会利用提供各种售后服务与客户接触的机会搜集情报。推销人员应该把握各种提供售后服务的机会，尽量利用这些机会去发掘一些有价值的客户，或搜集一些有益于推销的情报。

（4）了解客户背景。与客户联络感情时，不管是在电话里、在办公室或在其他场所，推销人员都应该有意识地、很有技巧地询问或测知客户的背景，包括其家庭背景、职业背景及社会关系。对于这些客户背景资料，推销人员应及时地加以记录、整理。通过接触很多对象，推销人员就有可能找到有益于推销的线索。因此，对客户的背景了解越多，就越能把握客户，从而增加推销机会和成功的概率。

（5）连锁推销。老客户可以成为企业及推销人员的义务"传播者"。推销人员以真诚和热情打动客户后，客户往往愿意做一些热情的连锁介绍，这些由客户口中道出的"情报"往往具有很大的价值。因此，在开展售后服务的各种场合，除了要以售后服务的热忱让客户感觉有所便利外，应该与其探讨一些有利于连锁推销的情报。或者借售后服务的机会请客户在某一路线、某一范围内打听有价值的消息。通过这种方式获取情报应适可而止，以免引起对方的戒心和反感，并尽可能地不要给客户增添许多麻烦。

当然，与客户联络感情并不是一定要与你的客户建立朋友关系，因为这是非常难的。要知道你和客户之间首先是生意关系，在这种关系中双方是以生意为中心的。你的形象、语言，甚至你表现出来的喜好都容易影响他。

用心去发现对方的优点并真诚地称赞对方。运用你的智能去发现你们之间的共同爱好，没有什么能比谈共同爱好更轻松了。推销工作虽然是一项非常辛苦的工作，但我相信你有很多的爱好，如果不幸你没有爱好，不妨花点时间去学习，这是人与人之间交流的非常有趣的话题。如果你知道客户的爱好但自己却不会，那你不妨说："我总觉得我应该非常喜欢钓鱼，如果我现在开始学，您能告诉我该准备哪些器材吗？"轻松的话题就此打开。下班后去书店买一本钓鱼的书，周末找时间约上你的客户，帮你选购器材，一起钓鱼去——因为你也需要放松，换种方式有什么不好呢？如果你们之间已经开始产生了共同的话题，你再用点心思，询问到他的生日、家庭住址以及小孩上学的学校，下面怎么做就不用我再说了，因为你把他当成朋友，则他也一样会把你当做朋友。

在推销工作中，推销人员和客户之间的关系是生意关系，那就永远摆脱不掉往来货物、付款以及退换货等事情。这些事情中间一旦出现问题，则很容易让双方产生不愉快。比如，你的产品在批发商客户这里推销业绩下降，客户的库存开始增加，资金占用也开始增大，甚至出现资金周转不灵，而按照合同，这个月他又必须返款提货，那你该怎么办？其实帮他也就是帮你自己，同样也是为了公司的业务。这时你需要和对方商量付款的期限、促销的策略等，尽可能利用公司的资源将客户的推销业绩提升上去，并以你最真诚的宽容对待你的客户。如果这次你帮他顺利地渡过难关，即便没有渡过，我保证你的名声将很快传播到他熟悉的人中间，这不正是你所需要的吗？

留住老客户

一旦你的竞争对手开出的条件比你的优惠，你的老客户完全有可能"变心"，这时候你就危险了，因此推销员必须面临这样一个问题：如何才能留住老客户？

推销员要时刻保持一颗警觉的心，随时发现老客户发出的危机信号。

在这里，危机信号是指老客户有倾向于其竞争对手一方的举动或已与竞争对手建立了关系的行为。

出现危机信号，说明竞争对手正在施展手段来争夺你的客户，等待你的将会是一场"竞争大战"。如果推销员未能及时发现这一信号，那你的客户就会悄无声息地被对方"挖走"。因此，推销员无论何时都要有高度的警惕性，不可麻痹大意，高枕无忧。要经常保持与客户的联系，留心客户的一举一动。如果发现危机信号，要及时采取相应的补救措施，将客户挽留下来，继续保持双方的合作关系。

下面介绍几种发现危机信号的方法，供推销员参考。

（1）如果客户突然减少或是终止订货，请其说明原因。倘若客户不愿解释或是吞吞吐吐，则说明他有可能已向你的竞争对手购货。

（2）向老客户打听你的竞争对手的情况，若客户能将竞争对手的有关情况坦然地、一五一十地告诉你，则说明他和你的有关情况处于正常；若客户假装不知或吞吞吐吐，含糊其辞，则说明他可能已经和你的竞争对手有了某种关系。

（3）设法参观客户的仓库、生产线、营业现场，看是否使用竞争对手的产品。

（4）如果客户突然在一段较长时间里，请你提供帮助的次数大大减少，则说明他已可能用你的竞争对手的产品取代了你的大部分产品。

一旦老客户提出终止交易，推销员该如何应对呢？下面是一些建议。

1.沉住气，不要惊慌失措，迅速查清原因

当推销员获悉老客户提出终止交易的情况后，第一反应是采取措施迅速查明原因，以便采取对策。直接询问客户，一般都能得到答案。例如，"我想请问一下，是什么原因使你们一夜之间改变初衷的呢？""经理，我们已经是老关系户了，你们怎么会突然想着不再向我们订货了呢？"

假若客户不愿说明真相，再通过其他方法进行调查。常言说，纸是包不住火的，事情终究会弄个水落石出的。

一般来说，老客户提出终止交易的原因有这几个方面：一是同行业的竞争。客户总是归顺于竞争实力强的卖主；己方的产品质量较差，竞争力低，不如竞争对手的，或提供的服务不周全，客户不满意。二是客户以终止交易为借口，逼迫卖方再做一些让步，以便获取更多的优惠。三是客户自身的问题。例如，资金方面出现困难，产品积压，能源及原材料短缺，致使生产不景气等。

2.对症下药，提出新的承诺

查明原因后，推销员就能有针对性地就交易的条件而提出承诺。例如，降低产品价格，使之低于同行竞争对手的价格；改进产品质量，增加产品的功能，使之更好地满足客户的需要；改善服务措施，为客户提供更及时、更优质的服务；改变付款方式，采用分期付款或延期付款等。

当然，推销员所提出的新承诺必须是有依据的，也不能超出权力范围，否则，必须向本单位主管领导请示，得到领导同意之后，方能对客户提出。

3.强调以往的感情

推销员还可通过强调以往双方之间的友好合作，给双方所带来的利益，来挽回已破裂的关系，希望客户看在以往长期合作的交情上，恢复业务关系，并重新就交易的条件进行协调。

4.避实就虚，多方进攻

避实就虚，多方进攻实际上是一种改变交涉对手的方法。如果买方提出终止交易的人职位较低，那么可以找他们的上司打交道，走上层路线，以期扭转不利的局势。如果买方提出终止交易的人是最高层领导，如厂长、经理、总经理等，则应寻求第三者斡旋，才有可能改变情况。这个出面调解的第三者必须是能够对对方施加影响的人，如对方的密友、老领导等。

另外，有时候也可以通过找与推销品关系密切的其他部门的有关人员进行交涉，迫使客户放弃终止交易的决定。

例如，H厂的一位推销员长期以来一直向某客户推销用于维修机械设备的万能组合工具，双方的关系似乎还不错。当他们又将准备进行一次交易时，该客户的采购科长突然告知推销员不再购买他厂的产品了，准备向另一家价格较为便宜的厂家采购。于是，这位推销员避开采购科长，去和该客户的机修车间主任以及生产车间维修工段的工段长两人交涉，告诉他们："你们的采购科长将要购买另一厂家的万能组合工具。今后你们就用不到我们的工具了。虽然那家的产品比我们的产品要便宜一点，但是我厂产品的质量是相当不错的，这你们二位都知道。再说你们的工人使用我们的产品已有很长时间了，他们已经非常习惯和喜欢我们的产品。现在要他们突然改用别人的产品，他们会很不习惯的，既会影响情绪，也会影响维修设备。这对你们没有任何好处。"

这段话对这两人相当有说服力，他们立即反对采购科长的决定，要求继续购买H厂的产品。但采购科长不买账，他们两人便向厂长施加压力，声言非H厂的产品不用。最终，该客户不得不继续同H厂做交易。

所以，有时候当上层路线走不通的时候，也可走下层路线，在客户的基层部门（直接使用或经营推销品的部门）寻觅到支持者，则亦能化险为夷，转危为安。

要是老客户已经失去，这时候从客户利益出发，努力地去亡羊补牢，犹未为晚。只要从客户利益出发努力地去填平鸿沟，堵塞裂缝，已离去的客户还有希望再回到你身边的。

5.查找漏洞

修补破轮胎，首先就是要查找出漏洞在何处，尔后方能补之。同样，要和客户恢复关系，言归于好，第一步也要找出什么地方出了差错而导致客户离你而去，找出漏洞所在才能寻求解决的办法。

6.勇于登门道歉，承认过错

谁能无过？无心的犯错是难免的，只要能够及时改正仍然是一件好事。因此，如果推销员发现，客户的离去是由于自己在工作中的错误引起的，就应该鼓起勇气，登门道歉，态度诚恳地向客户承认自己的过错，以求得客户的谅解。这是迈向关系和好的重要一步。

7.以实际行动弥补过失

挽回客户最有效的方法乃是以实际行动"将功补过"。如果是推销员自身的问题，那就要加强学习和修养，提高业务水平和工作能力，改进工作作风和态度，切实做到关心客户、爱护客户，关心客户胜于关心自己。这样才能重新取得客户的信赖。如果是企业方面的问题，如产品质量差、功能少、服务项目欠缺、总是拖延交货时间等，这些问题推销员无法解决但应该及时向企业领导反映，并督促领导采取措施，在这些问题上加以改进，保证向客户提供一流的产品，一流的服务，让客户满意。

8.解决遗留问题，联起断裂的纽带

虽然企业失去了老客户，但仍有一些遗留问题有待解决，尤其是直接使用产品的客户。

比如，客户购买的一套热处理设备的自控系统坏了，只有自己厂家才

能维修。这是一个修补关系的好机会，尽管此时该客户不再是你的客户，但要借此机会，把断了的纽带联上，主动将坏了的设备修好或免费更换一套新的，使之又能发挥作用。你的这一举动不会白费，一定能感动客户使其为自己的离去而内疚，为双方重归于好创造条件。

9.邀请客户上门座谈

把客户邀请到本单位开个座谈会，态度诚恳地请他们向自己以及企业提出中肯的批评和意见，以便吸取教训，总结经验，在今后的推销工作中防止类似问题的发生。这个座谈会，一定要请本企业的高层领导出面参加，以表明对该客户的重视和改过的决心和诚意。这样，客户兴许会考虑恢复双方的业务。

10.跌倒了爬起来，更加努力地去工作

如果客户已经和你的竞争对手建立了业务关系，你就应该接受这一事实表现出宽宏大量的气度，决不能去指责、攻击对手，承认他们的产品确实比自己的更有竞争优势才能赢得市场。心胸狭隘会使你失去更多的客户。你应该做的事，就是从挫折中奋起，更加努力地去工作，干得比你的对手更出色，这样你才有机会挽回你失去的客户，并赢得更多的新客户。

处理好与老客户的关系

推销人员费尽心思地将潜在客户转化成新客户，再将新客户转化成老客户。但同时别的推销人员也在拉拢你的老客户，如果你和老客户的关系处理不好，极有可能给他人以可乘之机。

中国人对成功人士有一个说法就是：打下了一片属于自己的天空。这对成功的推销人员同样适用。

你可能听过80/20法则。这个法则用在客户上，就是80%的业绩是借助于20%的客户，20%的业绩来自于80%的客户。而这其中又可以分为80%的业绩来自于老客户的重复购买和推介，20%的业绩来自于自己新开发的客户。无论你从事哪一个行业，你都能够找到完成你80%业务量的20%客户，你就成功了。这就是有的推销高手总是那么轻松的原因，他每天的工作就是利用电话做做联系就完成了。

其实，最好的潜在客户就是目前的客户。如果你一直坚持这一想法，那么一定会与客户建立起长期关系。虽然所有的推销人员最感兴趣的都是发展新客户，但你决不能忽视现有的客户。与开发新客户相比，维持老客户付出的时间和精力更少、更合算。有经验的专业人员在稳定的老客户身上实现了大部分的推销额。因此每个推销人员都需要老客户，但许多人想当然地认为老客户就是自己的客户，这不对，因为你在寻找新客户时，竞争者也同样在这样做。而且作为竞争者，你同样会想尽办法地挖走对方的客户。所以，你要想方设法地提供比竞争对手更好的服务来留住老客户。

从现在开始，你应该对老客户有一个新的认识，你需要定期检查老客户的情况，监视竞争对手的行为。竞争对手正以什么方法在和你的客户接触？客户的需求是否需要调整？是否还有其他的业务机会？付出超过对待新客户的努力，你将得到更多的回报。

如何搞好与老客户的关系呢？有以下几点建议值得参考。

1. 与老客户进行互动的信息交流

在很多时候，由于你的社会交往的圈子和客户不一样，你所接触的业务圈子很可能和你的客户是一种竞争关系或共同拥有市场的关系，你收集到的很多信息也就有可能对你的客户有价值，所以不妨将这些有价值的信息（当然非其他企业的机密，而是市场上你发现的现象）与你的客户进行交流，同样，客户也会给你介绍他所碰到的一些情况。

如果你将精力集中在与老客户保持关系上，你的客户将会给你带来一些推荐。事实上这是经常发生的事情，一个成熟的推销人员必须这么做。这样推荐客户的成功率就会非常高，甚至超出你的想象。

例如，在零售行业，由于经常和零售商打交道，你有很多的机会获取各种各样的信息，而这些信息对零售商客户来说又是非常有价值的。你提供的信息会让你的客户感到你在真正关心他们，甚至由于你是专业的推销人员，你可以利用你的专业技能为客户提供新的思路。例如，你发现了市场上有一种产品正在开拓本地市场，你也知道这个产品在其他地方取得了很好的业绩，因此你将这条信息反馈给你的零售商或批发商，他们一定会感激你提供这样有价值的信息。记住，无论什么行业，只要不涉及其他企业的重大机密，你都可以采用这种方法。

2.表达出你的感激之情

不管是在交易结束还是在帮你介绍新客户时，随后的最重要的一点就是说："谢谢您。"这不应该只是口头上的表达。你的道谢应该附上邮件或手写的小卡片，如果可能的话，一个小礼物更好。这个礼物不用太贵，应该要小而实用，是和生意有关但不是广告的东西。所以建议你随时注意一些可以充当小礼物的物品，多准备一些放在手边，以便随时可以送给他们。适当地利用公司的礼品和公司提供的其他便利条件，搞好客户与你的关系。

3.关注客户人事变动，这点也非常重要

作为你的客户，客户的人事变动不受你的任何干扰，所以，在处理与老客户关系的时候，要时时关注客户的人事变动。对一个企业来说，人事变动是正常的，但有时候对业务关系来说，却容易发生重大的改变。没有谁能肯定客户的每个决策者都有共同的决策思路。

使新客户转化为老客户

与客户建立长期的关系一般要从首次接触开始。有时它取决于售后服务的相应效果。美国推销员吉拉德号称"世界最伟大的推销人员"，年均推销汽车达1000辆之多。他总是坚持，他的目标就是"卖给我的客户一辆能用一生的汽车"，他就是用这种随叫随到、保证满意的推销方式使客户每当想起买新车时总想到他，这就是他的诀窍。在他写的畅销书《如何向任何人销售任何东西》中，他讲到有些客户宁可等一两个小时也要向他咨询买车，而不愿意和其他推销人员接触。看完这个故事，你计划如何让客户一次次想到你呢？那么，究竟如何使新客户转化为老客户呢？在落实了一个主要的客户之后，要考虑以下几个因素。

1.集中改进客户渗透工作

每次客户完成购买时，他们的满意和不满意程度都会各不相同。如果满意，那么可想而知，在将来有新需求的时候，他们会回来找你的。但如果不满意，那么下次的购买将另找他人。如何知道客户满意呢？方法之一就是在交易完成之后立即提供相应的售后服务。

因为即使已经结束购买，客户仍在考虑自己的决策是否正确。所以，推销人员应该这样说，"这件衣服穿在您的身上真是非常美"，或者"购买我们的保险，您做了非常明智的决定。无论发生什么事情，您的全家都会有妥善的安排"。这样就加强了所提供的服务，使你能够表现出一直对客户的利益表示最大的关注，而且随时准备帮助客户。

对于使用过产品和接受过服务的客户，及时收集反馈信息非常重要。客户对其购买是否满意呢？如果答案是肯定的，那么将来就有机会再次与客户做成交易；但如果答案是否定的，那么应该做些什么才能让客户满意呢？如果能竭尽全力地解决问题并让客户满意，那你就保住了客户与未来的生意机会。

事实上，如果和客户的联系能够一直持续下去，最终你一定会建立一种相互受益的伙伴关系。因为伙伴关系建立在相互信赖和相互满意的基础上，双方都可从中受益，一方取得了满意的服务，另一方则得到了利润。客户因为能得到高水平的服务而从中受益，缩短了决策时间，减少了冲突，节省了费用；卖者得到的好处在于推销额的增加，费用的降低。相互伙伴关系还有一个额外的好处，它给推销人员带来了新的交易机会。通过口耳相传，你的名字会有广告效应，从而吸引更多的客户找上门来，成为一种更省钱的广告。

2.定期和新客户保持联络

这表示你要有他们的最新资料，他们的兴趣，不管是专业的或是个人的。当你在筛选新客户的时候，你可以从他们身上得到许多信息。当他们告诉你他们需要什么的时候，将他们的兴趣、怪癖、工作伙伴或是任何其他资料记录下来。每次通电话或会面的时候，拿出记录卡，或打开客户资料夹，然后追加记录。这成堆的资料和卡片是你事业上的重要资产，每增加一位客户就可能为你带来几年的合作或是未来的生意。为此，你最好制作一份备份的资料片。

因为对每个客户服务所花费的时间都是不同的，从几分钟到几天不等，所以对每个顾客进行访问的频率应该具有灵活性。一般地说，投入的推销时间直接与每位客户代表的实际或潜在的销量成正比。当额外的访问不会增加对客户的推销时，此时的访问次数是最佳的。

3.立即处理客户的抱怨

这是一个极好的机会，可以用来向客户证明他们是重要的，你是诚心诚意关心他们的。你处理的问题，即使是那些微不足道的抱怨也能体现出你对客户的重视程度。

4.要说到做到

不履行诺言是最快摧毁与客户关系的行为。先承诺然后屡次违背，这是专职采购人员所不能容忍的。他们购买你的产品，就是把他们的信任（有时是名誉）放在你的身上，因此为了确保得到将来的支持，你必须忠诚地对待他们。

对你和你的客户来说建立长久的信任，将会使你的工作非常轻松。重视你的承诺，不管是你个人还是你服务的公司，因为没有人喜欢一个不重视承诺的商人。要建立信任必须做到：给出承诺；不要泄漏客户告诉你的保密信息；最好不要去说其他客户的坏话，尽量避免当面谈论其他客户；对成熟的客户一定要清楚地告诉他，产品的性能，你能做和不能做的事情；最后是履行诺言。

5.为取得特许权你应该尽力提供服务

通过给客户提供节省成本的产品和解决问题的方法，你几乎成了不可缺少的人物。你是被倾听的顾问而不是与之争论不休的对手，要提供一切可能的服务。

6.及时提供产品资料的最新情况

使客户了解商品的最新情况是推销人员的一项重要工作。在说服客户购买之前，推销人员通常将商品的简介、使用说明及相关文件资料递交客户参考，而在客户购买以后，却常疏于提供最新的资料，这是一种很不妥当的做法。

除了使客户对商品产生信任感外，维护客户的方法还包括推销人员向其提供最新的资料，这也是一项有力的售后服务。产品资料一般包括以下两种：一是商品商情报道资料。有许多商品的推销资料常以报道性的文件刊发，推销人员用它作为赠送客户、联络感情的工具是最好不过的。比如，卖钢琴的推销人员每月给客户邮寄一份音乐及乐器简讯，这样，既可以给客户提供参考资料，同时也可以借此报道商情，这样的做法可以使客户对商品有持续的好感。而且，通过不断地为其提供资料，也能起到间接的宣传效果，往往会吸引更多的客户。二是商品本身的资料。商品售出后，客户基于某些理由，常常希望了解商品本身的动态资料。以药品推销为例，推销人员应及时将产品在成分、规格、等级等方面的变动的资料提供给药房或药店。

对客户所做的售后服务就是为了做好维护客户的工作。良好的售后服务对推销机构及推销人员的推销工作都十分有利。

照顾你的客户

想不想找出一个方式，可以将你的销售成功率由10%提高至50%？

这个方法就是：照顾你的客户。

如果你不能令客户满意，一定有其他人可以令客户满意。你将产品或服务卖出去后，最好仍和客户保持联系，以确定客户是否满意。因为，如果客户有任何问题或有些地方不甚了解，倘若你不能回答这些问题或解决方法有误，这位客户就会另寻良医，而且，从此以后不再向你购买任何东西。

大多数的推销员都喜欢逞一时之快，只要他们发现向客户说"日后有问题，一定负责回收"就可以增加产品的价格，不管日后做不做得到这一点，他们都会这样说。

有个人独自在沙漠上寻找水源，他渴得要命，突然，他发现远处一株仙人掌旁有个压水泵。

他走近一看，发现那里还有一瓶水，瓶上写着，"危险警告！"后面还有一段话：

"口渴的旅客，你必须要有信心，瓶里的水虽可暂时解除口渴，但因为下一个绿洲距此地将近100英里，如果单靠这一点水，你一定会渴死。但是，如果你肯将这些水倒入压水泵中，使压水泵垫圈温润，那么，这个压水泵就可以提供你足够既清凉又清洁的水。"

推销员若只是不断地在寻找一时的快感，而不潜心学习一些他们所应做的事，终究会"口渴"而死。

这就是为何在大城市工作的推销员，都不断地在找寻新客户，但仍难逃"渴死"之厄运。

有些推销员就像游牧民族一般，不断地在逐水草而居，开辟新领地，每

天晚上都必须在不同的地点扎营。

很少有推销员注重售后服务，每当达成交易时，他们就会说，"谢谢你的眷顾，使我赚进了一笔佣金。如果你还有什么需要，可以再打电话给我"。但他们一拿到钱就脚底抹油。从此，客户再也听不到这位推销员的任何讯息，除非该推销员还想向这位客户推销其他的产品。

"你好，乔伊，还记得我吗？我是查理，曾经卖给你一台很棒的洗衣机，不知道你现在是否需要再添置别的？"

这位推销员就像是暴风雪夜仍在荒郊野外的步行者，他来时的足迹已经全被大雪掩盖，完全失去了目标。很明显，他的生命堪忧。

当他在林中打转时，看到了从未见过的美景，刚好有个倾斜的屋顶靠在地板上，而这正是他所需的避风港。

另外，还散置着一些干柴、火柴及煤油。

那个人脱下手套，才觉得他的手已经冻僵了，他将双手放在冰冷的火炉上，并对火炉说道："如果你先让我的双手温暖，那么我的手指就会比较灵活，届时，我就可以为你点燃炉火，让你也感到温暖。"你想此时会发生什么事？他的双手会越来越冰冷。

客户就像是火炉一般，你必须先点燃它，它才会给你温暖。但有太多的业务员喜欢逆向操作，他们要求客户不断地向他们购物，而自己却不愿多费力气去获得订单。

完成交易后，在30天内打电话给你的客户，看看是否每件事都正常，问问他们有何疑难杂症，是否需要帮助。

有很多推销员害怕打电话给客户。因为，他们害怕听到客户的抱怨，但如果客户不快乐，他们仍会向其他人抱怨，你认为客户是向你抱怨好还是向其他客户抱怨好呢？

如果你是第一个听到客户抱怨的人，你就要有效地处理抱怨。此时，他们便不会再抱怨自己有多倒霉了，反而会向别人称赞你是一位顶尖的推销员，因为，你是真心在帮助他们，而不是只想赚钱而已。

有几家信息公司曾进行过研究，结果指出那些抱怨获得处理的客户，比那些不曾抱怨的客户忠诚度更高。

你的客户可能是你在沙漠旅行中的水泵，记住努力去压水泵，你便会有无尽的水源可以帮你解渴，甚至可和其他人分享。打电话给他们，点燃他们心中的火种，并帮助他们，他们会到处向别人诉说你是多好的一位推销员。

保持定时打电话给客户问安的习惯，每年至少打一次电话给客户，审视他们的需求，看有何改变。

人们经常买新车、新音响、新衣服，然而，随着家庭成员的增多及成长，他们可能会需要新的保险、新的投资策略及新家具。

你甚至可以像牙医一样，送一份年度检核表给客户，建议他们应该购买什么必需品。

记住，你每打一次电话给客户，你就多一次获得新生意的机会，也多了一个获得推荐客户名单的良机。

在打电话给客户时，有两点必须谨记在心：①迅速回电。②如果你曾说过要在某一时间打电话给某人，一定要确认自己是否已经做到这点。

当人们心中有所预期，不要令他们失望。你知道这好像有人暗示你，在你生日时你将可以收到一份好礼物，但你却什么也没有得到。让自己信守诺言，你的客户和你一样，他们信赖你，给他们充分的理由继续相信你。

同时，记住要尊重客户的需求，你如果给他们一段说话的时间，他们通常都会说自己很忙，那就问他们是否容方便后再拨，他们会很感谢你的彬彬有礼，当你再拨电话给他们时，他们一定会特别注意你的谈话内容。

切记，再度拜访是很重要的动作，即使不做售后服务，打一个友谊性的问候电话也可以。养成再度回去探望客户的习惯，你会拥有无尽的财富。

第四章

高手心经——掌控客户的情绪

妥善处理客户投诉

"对不起"，是你的心理反应，不是你的应变措施。如果你常常说对不起，说久了，你就会变成一副很"抱歉"的模样。如果你真的想弥补什么，就真心诚意地对客户说："我向您道歉。""客户投诉"是客户对商品或服务品质不满的一种具体表现。你对外应妥善化解客户投诉，圆满解决；对内应利用客户投诉，充分检讨与改善，将其化为提升推销素质的良机。

先说一下处理好客户投诉的重要性。你经常会碰到"客户投诉"，一旦处理不当，就会引致不满和纠纷。其实从另一个角度来看，客户投诉是最好的产品情报，推销人员不仅没有理由逃避，而且还应该怀抱感激之情欣然前往处理。处理客户投诉，不仅仅是找出症结所在，弥补客户需要而已，同时也必须努力恢复客户的信赖。

处理客户投诉的用语要非常注意，因为此时客户的情绪一般都是比较激动的。当客户有异议时，应如何处理呢？客户投诉的处理，可分为下列六点：一是虚心接受批评。冷静地接受客户意见，并且抓住客户意见的重点，同时更清楚地知道客户的要求到底是什么。二是追究原因。仔细调查原因，掌握客户心理。三是采取适当的应急措施。为了不使同样的错误再度发生，应当断然地采取应变的措施。四是化解不满。诚恳地向客户道歉，并且找出

219

客户满意的解决方法。五是改善缺点。以客户的不满为契机找出差距,甚至可以成立委员会来追查投诉的原因,以期达到改善的目的。六是后续动作的实施。为了恢复企业的信用与名誉,除了赔偿客户精神上以及物质上的损失之外,更要加强对客户的后续服务,使客户恢复原有的信心。

接下来讲的是客户投诉处理过程。客户投诉显示了企业的弱点所在,除了要随时解决问题外,更不应让同样的错误再度发生。世界闻名的日本T牌汽车厂,将"客户投诉处理过程"分为六个阶段。

第一个阶段是听对方抱怨。首先不可以和客户争论,以诚心诚意的态度来倾听客户的抱怨。当然,不只是用耳朵听,为了处理上的方便,在听的时候别忘了一定要记录下来。依情况而定,变更"人、地、时"来听的方法可使抱怨者恢复冷静,并且防止抱怨继续扩大。这种方法称为"三变法"。首先是变更应对的人,必要时请出你的主管、经理或其他领导,无论如何都要让对方看出你的诚意。其次就是变更场所。尤其对于感情用事的客户而言,变更场所较能让客户恢复冷静。最后应注意不要马上回答,要以"时间"换取冲突冷却的机会。您可告诉他:"我回去后好好地把原因和内容调查清楚后,一定会以负责的态度来处理的。"这种方法是要获得一定的冷却期。尤其在客户所抱怨的是个难题时,应尽量利用这种方法。

第二个阶段是分析原因。聆听客户的抱怨后,必须冷静地分析事态发生的原因与重点。经验不丰富的推销人员往往似懂非懂地贸然断定,甚至说些不必要的话反而使事态更加严重。推销过程中所发生的拒绝和反驳的原因,是千差万别的,而抱怨则是其原因之一,必须加以分析。产生抱怨的原因可认为是以下三种:一是由于推销人员的说明不够、没履行约定、态度不诚实等所引起的,尤其是不履行约定和态度不诚实所引起的投诉,很容易扭曲公司形象,也使公司受到连累。二是由于客户本身的疏忽和误解所引发的。三是由于商品本身的缺点和设备不良所引起的。虽然这种情形责任不在推销人员,但也不能因此避而不见。

第三个阶段是找出解决方案。客户的投诉内容总不外乎"刚买不久就这么差"或"仔细一看发现有伤痕"……这时,你要先冷静地判断这件事自己可处理还是必须由公司斡旋才能解决。如果是自己职权之外才能处理的,应马上转移到其他部门处理。此时,推销人员仍然必须负起责任,直到有关部门接手处理。

第四个阶段是把解决方案传达给客户。解决方案应马上让客户知道。当然在客户理解前须费番工夫加以说明和说服。

第五个阶段是处理。客户同意解决方式后应尽快处理。处理得太慢时，不仅没效果，有时还会使问题恶化。

第六个阶段是检讨结果。为了避免同样的事情再度发生，你必须分析原因，检讨处理结果，吸取教训，使未来同性质的客户投诉减至最少。

最后是化抱怨为满意。"当场承认自己的错误须具有相当的勇气和品性；给人一个好感胜过一千个理由。"即使是因客户本身错误而发生的不满，在开始时一定要向他道歉，就算自己有理由也不可立即反驳，否则只会增加更多的麻烦。这是在应对客户投诉时的一个重要法则。但是，一味地赔罪也是不当的，一副低声下气的样子反而会让客户误以为你只是承认错误罢了。最好在处理时边道歉，边采用应对法使对方理解。推销人员要针对"客户投诉"编制用语。如果做法正确，正面的补偿绝对是客户服务工具箱里最有用、威力最大的武器。以客户的角度，而不是你的角度，送达你的歉意，提出你的解决方法。客户关心的是他们的钱、他们的产量、他们丧失的机会、事情恶化的结果和他们的损失，而不是你的处境、你的借口或是你对发生的事情作何感想。

遇到客户投诉的案件，应以机警、诚恳的态度加以受理，并以谦恭礼貌的态度迅速处理。

客户永远是对的

"客户永远是对的"这句话的最早出处，应该是把中国的第一家店建在深圳洪湖的沃尔玛，在它的墙上贴着一条非常醒目的标语，每一个进入商店的人都可以看到：

（1）顾客永远是对的。

（2）顾客如果有错误，请参看第一条。

创始人山姆·沃尔顿这样说："事实上，顾客能够解雇我们公司的每个人，他们只需要到其他的地方去花钱，就可以做到这一点。"由于沃尔玛在行业的影响力，一时间这句话传遍了大江南北。于是有很多的企业都把"客户永远是对的""顾客第一""服务第一"等类似的口号用在企业的广告营销创意中，并有很多的企业把它作为企业的宗旨。

曾有人对这个理念提出质疑，如果真的是客户错，也要认定客户是对的吗？这难道不是颠倒是非吗？管理学上有一个很著名的案例：等待上车的人和坐在车上的人的想法是不一样的。那些等车的人，因为着急上车，每见到一辆公交车就恨不得赶紧挤上去，哪怕车里已经满员了，也拼命地往上挤，如果看到有的车不靠站就想高声叫骂；而那些坐在车上的人呢？他们恨不得公交车每一站都不要停（除了自己下车的那一站），对于那些明明看见车满员了还往上挤的人还会心生不满，甚至要对他们叫：挤什么挤，不会等下一班啊！事实上，这只是角色在不同的时间点上做了一些转换，可其心态相差就那么大！所以，对于"客户永远是对的"的理解，应该首先转换自己的角色，然后就会发现，这种说法并没有错。

一天，一个老太太带着一个轮胎，来到诺兹特劳姆连锁店要求退货，她坚持说这只轮胎是在这里买的，其实这家店从来就没有销售过这种轮胎。

售货员很有礼貌地向她解释说："我们店里面从来就没有销售过这种轮胎，你肯定是搞错了。"

"不。"老太太坚持说，"我肯定是在这里买的，只要我不满意你们就得退货。"

最后，销售人员和主管商量后，他们决定接受"自己的轮胎"，并以非常好的态度将钱款退还给了她，老太太很满意地离开了。

从那以后，这位老太太成了诺兹特劳姆连锁店的忠实客户。

诺兹特劳姆连锁店的服务宗旨是"客户永远是对的，我们要为客户做一切可能做到的事情"。在这个令人回味的故事中，事件的价值在于当顾客的确是"错的"的时候，诺兹特劳姆还是用一种新的方式解决了客户的问题。

换到我们的角度，试想顾客错了的时候你仍据理力争，把顾客说得哑口无言，即便顾客意识到是自己的错误，心里会舒服吗？心中不悦以后便不会再来光顾，其结果是你做得再对，最终失去的是顾客，与商场最终的目的——通过创造顾客获得经济效益是相悖的。相反，抱着尊重顾客的态度，抱着"顾客永远是对的"这样一种理念，以理解的方式处理顾客遇到的所有问题，甚至主动把责任揽过来，达到让每一位顾客满意，则与商场的最终目标是一致的。两种不同的理念可以引出截然相反的结果。

第一，光口头上说"客户永远是对的"是不够的，那是喊给别人听的，每个企业员工要做的是配合公司的服务战略，如何使客户满意。优秀的外企，都在对可能提高客户服务的各个方面进行改善，如IBM公司有三大基本信念：尊重每一个人；提供最佳服务；追求卓越工作。这三大信念贯穿于IBM公司的一切工作规范和经营活动之中。IBM公司专门选用表现优异的业务人员担任3年主管助理，在整整3年的时间中，只负责一项工作，即务必在24小时内解决顾客的任何抱怨或疑难。

第二，即使是客户真的错了，需要做的还是要尽可能满足客户的需求。长远来看，获益要远远大于你的付出。因为客户会将满意和不满意的东西都四处传播，作为企业的员工来说，要想发展，必定要依靠企业，如果企业被抹黑，那你的工作一定会受到影响。你是希望自己在一个顾客因满意而传播的企业，还是一个顾客因不满意而传播的企业呢？

要坚持"客户永远是对的"，就一定记住，千万不要和客户争论。因为不论你们争辩什么，你都得不到任何好处。潘恩人寿保险公司立下了一项规定："不要争论。"真正的客户服务精神不是争论，人的心意不会因为争论而改变。

有位很冲动的爱尔兰人名叫欧哈瑞，他做过汽车司机，后来去销售卡车，但总是不成功。为什么呢？因为他老是和客户争辩。如果对方挑剔他的车子，他立刻会涨红了脸大声强辩。

欧哈瑞自己承认，那时候，他在口头上赢了不少辩论。他后来说："我老是走出人家的办公室说'我总算赢了那家伙一次'，我的确赢了他一次，可是我什么都没有卖给他。"然而，欧哈瑞现在是纽约怀德汽车公司的明星销售员。他是怎样成功的呢？这是他的说法："如果我现在走进客户的办公室，而对方说：'什么？怀德卡车？不好！你送我都不要，我要的是何赛的卡车。'我会说：'老兄，何赛的卡车的确不错。买他们的卡车绝对错不了。何赛的车是优良公司的产品，销售员也是顶尖的。'"

"这样他就无话可说了，没有了抬杠的余地。如果他说何赛的车子最好，我说没错，他就只有住口了。他总不能在我同意他的看法后，还说一下午的'何赛的车子最好'。接着我们不再谈何赛，我就开始介绍怀德的优点。"

"换做当年，我若是听到他那种话，早就气得脸一阵红一阵白了。我会开始挑何赛的缺点；我越批评别的车子不好，对方就越说它好；越辩论，对方就越喜欢我竞争对手的产品。

"现在回忆起来，真不知道过去是怎么干销售工作的。我一生中花了不少时间在抬杠，而我现在守口如瓶了，果然有效。"

正如睿智的本杰明·富兰克林所说："如果你老是抬杠、反驳，也许偶尔能获胜；但那是空洞的胜利，因为你永远得不到对方的好感。"因此，你要自己衡量一下：你要的是那种表面上的胜利，还是别人对你的好感？有时候，如果你能正确对待客户的错误，实际上这也是一种在为客户服务。牢记服务工作中的一句老话："客户永远是对的。"

抽丝剥茧，消除疑虑

当客户需要掏出兜里的钱去购买一件商品或服务时，都会产生顾虑，因为兜里的钱毕竟来之不易，花了就没有了。通常客户都有哪些顾虑呢？

产品或服务能像你说的一样有作用吗？你能否按承诺把货送到吗？说定的价格是不是最合适？自己做出的购买决定正确吗？

当客户准备购买你的产品或服务时，所有的顾虑都会潜入他们的脑海。一涉及时间和钱的问题，这些顾虑就会自然而然地产生。

往往进入销售行业不久的人容易把客户的犹豫看做是对自己的拒绝，但是历经沙场的销售人员却知道客户犹豫的理由。客户犹豫的理由就是他们想购买产品，犹豫只是想把销售过程变慢，以了解尽可能多的信息。在这种情况下，客户的反对就是向你表示你应该降低标准重新报价。当一个潜在客户表现出犹豫时，你就应该明白他需要了解更多的信息。

如果你一遇到客户有反对意见就变得紧张和害怕、灰心丧气，你是不可能完成销售任务的。如果你想压制住客户，不让他把意见说出来，那他就会对你产生反感，只要他对你产生反感，你的任何说教都将变成徒劳，他会立即打开门让你走人。

你剥过笋吗？

一层包裹着一层，然后你再一层一层地把它剥开。

征服客户，就如同剥笋。不把疑虑除去你就很难征服客户的心。

但消除别人的疑虑并不是一件容易的事，需要一点一点地层层递进、穷追不舍，把道理讲明白、讲透彻，这就是层层剥笋的方法。列宁在说服哈默在苏联投资办企业时，就运用了这一方法。

哈默是美国著名的企业家，在22岁的时候，他就成了拥有大规模企业的百万富翁。1921年，他听说苏联实行新经济政策，鼓励吸收外资，就打算去苏联做生意。他想，在苏联，目前最需要解决的问题是消灭饥荒，得到粮食。而这时美国粮食正值大丰收，1美元可以买35.24升粮食，农民宁可把粮食烧掉，也不愿以这样低的价格送往市场出售。而苏联有的是美国需要的毛皮、白金、绿宝石，如果促成双方交换，岂不是很好吗？哈默打定了主意，来到了苏联。

哈默到达苏联的第二天早晨，就被召到列宁的办公室，列宁和他进行了亲切的交谈。粮食问题谈完之后，列宁对哈默说，希望他能在苏联投资，经营企业。哈默听了，默默不语，为什么呢？因为西方对苏联实行新经济政策抱有很深的偏见，搞了许多怀有恶意的宣传，使许多人把苏维埃政权看成是可怕的怪物。到苏联经商、投资办企业，被称做是"到月球上去探险"。

明察秋毫的列宁看透了哈默的心事，他讲了实行新经济政策的目的，告诉哈默："新经济政策要求重新发展我们的经济潜能。我们希望建立一种给外国人以工商业承租权的制度来加速我们的经济发展。"经过一番交谈，哈默弄清了苏维埃政权的性质和苏联吸引外资的平等互利原则，很想大干一番。但哈默还是不能下定决心，为什么？因为哈默曾经听说苏维埃的政府机构人浮于事、手续繁多，尤其是机关人员办事拖拉的作风让人吃不消。当列宁听出哈默的担心时，立即又安慰道："官僚主义，这是我们最大的祸害之一。我打算成立一个特别委员会，全权处理这件事，他们会向你提供你所需要的帮助。"

除此之外，哈默又担心在苏联投资办企业，苏联会只顾发展自己的经济潜能，而不注意保证外商的利益，以致外商在苏联的企业得不到什么实惠。列宁马上又把话说得一清二楚："我们明白，我们必须确定一些承租条件，保证承租人有利可图。商人不都是慈善家，除非觉得有钱可赚，否则只有傻瓜才会在苏联投资。"列宁对哈默的一连串疑问，像剥笋一样逐个加以澄清，并且斩钉截铁、干脆利落，把政策交代得明明白白，使哈默心里有了底。没过多久，哈默就成了第一个在苏联租办企业的美国人。

在销售过程中，迅速而有效地消除顾客的疑虑，对销售员来说是十分必要的。因为聪明的销售员都知道，如果不能从根本上消除客户的顾虑心理，交易是很难达成的。

人的思想是复杂的，对某一事物不理解、想不通，往往就会疑虑重重，这就需要你据情释疑，把道理说透，消除客户的顾虑，使销售顺利地进行。

切忌与顾客争吵

销售人员永远不要显得比顾客高明，即使是顾客错了，也不要与其争吵。因为，争辩不是销售的目的，销售人员占争论的便宜越多，吃销售的亏就越大。

销售失败的主要原因之一就是：与顾客争个高低。销售人员和顾客作为利益不同的主体，在洽谈过程中必然会出现各种矛盾，在异议处理过程中这种倾向尤易发生。在回答顾客问题或异议的时候，有时你会发现不知不觉中你已与顾客争论起来，气氛相当激烈。这时你要切记：客户的意见无论是对是错、是深刻还是幼稚，都不能表现出轻视的样子，更不能表现出不耐烦、东张西望。不管顾客如何反驳你，与你针锋相对，你都要心平气和，避免与其争辩，不给他心理受挫的失败感和抵触感。争辩中的胜利者永远是生意场上的失败者。争辩不是说服客户的好方法。与客户争辩，失败的永远是销售人员。

有一句销售行话说的是："占争论的便宜越多，吃销售的亏越大。"销售不是向客户辩论、说赢客户。客户要是说不过你，他可以不买你的东西来"赢"你啊。不能语气生硬地对客户说："你错了""连这你也不懂"。这些说法明显地抬高了自己，贬低了客户，会挫伤客户的自尊心。

对于那些过于敏感的客户，要尽量避免直接或间接对他们做出可能冒犯的评语，即使如"有点""可能"这类有所保留的语气，都会让他们心乱如麻，因此言谈时慎选你的用词，指出事实就好。尤其要让他们了解你只是针对事情本身提出意见，而不是在对他们做人身攻击。针对他们过度的反应，你不要也跟着乱了手脚急于辩解，那可能会愈描愈黑，只要重申事情本身就好。提出意见时也同时指出他们的优点，以及表现出色的地方，以建立他们的自信心。

作为一名优秀的销售人员，应在3~5分钟内和一个原本陌生的客户一见如故。只有交易双方在十分融洽的环境中，双方都不好轻易否定对方从而不让对方说"不"。销售不是口若悬河，让客户没有说话的余地。没有互动，怎么可能掌握客户的需求呢？

对于一些"为反对而反对"或"只是想表现自己的看法高人一等"的客户，若是你认真地处理，不但费时，还有可能旁生枝节，客户提出一些反对意见，并不是真的想要获得解决或讨论，你只要面带笑容地同意他就好了。你要让客户满足表达的欲望，然后迅速地引开话题。

人有一个通病，不管有理没理，当自己的意见被别人直接反驳时，内心总是不痛快，甚至会被激怒。心理学家指出，用批评的方法不能改变别人，而只会引起反感；批评所引起的愤怒常常引起人际关系的恶化，而被批评的事物依旧不会得到改善。当客户遭到一位素昧平生的销售人员的正面反驳时，其状况尤甚。不要对客户的反对意见完全否定，不管是否在议论上获胜，也会对客户的自尊造成伤害，如此要成功地商洽是不可能的。屡次正面反驳客户，会让客户恼羞成怒，就算你说得都对，也没有恶意，还是会引起客户的反感，因此，销售人员最好不要开门见山地直接提出反对的意见，要给客户留"面子"。

永远不要和客户争辩，因为那样的话，客户会产生抵触情绪。客户不是我们的敌人，而是未来的合作伙伴，销售的目的是为了达到双赢，而不是要辩得对方理屈词穷！人性中都有希望被人肯定的一面，希望通过表达自己的意见达到展示自我价值的目的，我们的客户也一样。人的潜意识里都有需要尊重、理解和表现的心理，所以不要常常把客户的意见当成是恶意的挑剔，也不要与客户展开激烈的争辩。即使需要"辩"也应该是亲和式的交流，让对方在愉快的心情下接受你的专业的引导。

让客户感到你的关心

在销售过程中，销售人员必须认识到客户渴望得到关注的心理，并且要在沟通过程中适时适度地表达对他们的关心和体贴。

《世界最伟大的销售员》一书中有这么一段话："我要爱所有的人。仇恨将从我的血管中流走。我没有时间去恨，只有时间去爱。现在，我迈出了成为一个优秀的人的第一步。有了爱，我将成为伟大的销售员，即使才疏学浅，也能以爱心获得成功；相反，如果没有爱，即使博学多识，也终将失败。"

可见，销售成功并不完全取决于技巧，有时，只要你拥有一颗爱人之心就可以了。

有一位销售员经常去拜访一位老太太，打算以养老为理由说服老太太购买股票或者债券，为此，他就常常与老太太聊天，陪老太太散步。

经过一段时间，老太太就离不开他了，常常请他喝茶，或者和他谈些投资的事项。然而不幸的是，老太太突然死了，这位销售员的生意泡汤了，但他仍然前往参加了老太太的葬礼。当他抵达会场时，发现竞争对手另一家证券公司竟也送来了两只花圈，他很纳闷："究竟是怎么一回事呢？"

一个月后，那位老太太的女儿到这位销售员服务的公司拜访他。据她表示，她就是另一家证券某分支机构的经理夫人。她告诉这位销售员："我在整理母亲遗物的时候，发现了好几张您的名片，上面还写了一些十分关怀的话，我母亲很小心地保存着。而且，我以前也曾听母亲谈起过您，仿佛跟您聊天是生活的快事，因此今天特地前来向您致谢，感谢您曾如此关心我的母亲。"

夫人深深鞠躬，眼角还噙着泪水，又说："为了答谢您的好意，我瞒着丈夫向您购买贵公司的债券……"然后拿出40万元现金，请求签约。

对于这种突如其来的举动，这位销售员大为惊讶，一时之间，无言以对。这是发生在销售界的一个真实的故事，有些人可能认为这份合约来得太突然、太意外，其实不然。老太太的女儿之所以会这样做，就是因为被他的

爱心所感动，才买下该公司的债券。

一个好的销售人员是天性上就会倾向关心他人，也一直在试图让别人快乐。如果你能让顾客或潜在顾客感觉到，你是真心喜欢他们，关爱他们，也很敬重他们，那么你的销售将会无往不胜。

乔·吉拉德是世界上最伟大的销售员，他在15年里卖出13000辆汽车，最多的一年竟卖了1425辆，他的成功，就是归功于他用关怀温暖了每一个人。

有一次，一位中年妇女走进他的展销室，她说想在这儿看看车打发一会儿时间。闲谈中，她告诉乔·吉拉德她想买一辆白色的福特车，就像她表姐开的那辆一样，但对面福特车行的销售员让她过一小时后再去，

所以她就先来这儿看看。她还说这是她送给自己的生日礼物："今天是我55岁生日。"

"生日快乐！夫人。"乔·吉拉德一边说，一边请她进来随便看看，接着出去交代了一下，然后回来对她说；"夫人，您喜欢白色车，既然您现在有时间，我给您介绍一下我们的双门轿车——也是白色的。"

他们正谈着，女秘书走了进来，将一束玫瑰花递给他。他把花送给那位妇女："祝您长寿，尊敬的夫人。"

显然她很受感动，眼眶都湿了。"已经很久没有人给我送礼物了。"她说，"刚才那位福特销售员一定看我开了部旧车，以为我买不起新车，我刚要看车他却说要去收笔款，于是我就上这儿来等他。其实我只是想要一辆白色车而已，只不过表姐的车是福特，所以我也想买福特。现在想想，不买福特也可以。"

最后她在乔·吉拉德这儿买走了一辆雪佛兰，并写了张全额支票，其实从头到尾乔·吉拉德的言语中都没有劝她放弃福特而买雪佛兰的词句。只是因为她在这里感受了重视和关心，于是放弃了原来的打算，转而选择了乔·吉拉德的产品。

可见，销售人员付出真诚，让客户感受到你的关心，就能赢得客户。所以，任何一位不愿意失去成交机会的销售人员都要拥有一颗爱人之心，努力营造彼此友善相处的良好沟通氛围，这样才会在销售中无往不胜。

爱是这个世界所有人都没有办法拒绝的。销售人员在事业的拓展中，对待客户要有爱心，也许客户会拒绝你的产品，但不会拒绝你的爱心和关心。

人们常说："爱心有多大，事业就可以做多大。"所以说，销售人员必须是充满爱心的人，要爱你的产品、爱你的客户，这样才能得到客户的回报。对客户和周围事情冷漠、无动于衷的人，是当不了销售员的。人人都需要关心，如果你还没有开始关心客户，那么就从现在开始吧，因为关心永不嫌迟。

对顾客的抱怨持欢迎的态度

每个推销员几乎都遇到过客户抱怨的情况，推销专家认为，对客户的抱怨应该持欢迎态度，谨慎处理。

欢迎客户的抱怨是推销过程中处理客户抱怨的应有态度，在日本被誉为"经营之神"的松下幸之助先生认为，对于客户的抱怨不但不能厌烦，反而要表示欢迎。他曾经告诫部属："客户肯上门来投诉，其实对企业而言实在是一次难得的纠正自身失误的好机会。有许多客户每逢买了次品或碰到不良服务时，因怕麻烦或不好意思而不来投诉，但坏印象坏名声永远留在他们的心中。

"因此，对待有抱怨的客户一定要以礼相待，耐心听取对方的意见，并尽量使他们满意而归。即使碰到爱挑剔的客户，也要婉转忍让，至少要在心理上给这样的客户一种如愿以偿的感觉，如有可能，推销员尽量在少受损失的前提下满足他们提出的一些要求。假若能使鸡蛋里面挑骨头的客户也满意而归，那么你将受益无穷，因为他们中有人会给你做义务宣传员和义务推销员。"

松下幸之助还曾对部属讲到这样一件事：有位大学的教授寄信给他，说该校电子研究所购买的松下公司产品出现使用故障，接到投诉信的当天，松下幸之助立即让生产这种产品的部门最高负责人去学校了解情况，经过厂方诚心诚意的说服与妥善的处理工作，使研究人员怒气顿消，对方还进一步为松下公司推荐其他用户和订货单位。

要知道，抱怨对推销的危害性极大，它给客户以极大的心理刺激，使客户在认识上和感情上与推销员产生对抗。一个客户的抱怨可以影响到一大片客户，他的尖刻评价比广告宣传更具权威性，抱怨直接妨害推销产品与推销企业的形象，威胁着推销员的个人声誉，也阻碍着销售工作的深入与消费市场的拓展，对此千万不能掉以轻心。

不少推销员把客户的抱怨视为小题大做、无理取闹，这是由于推销员仅仅把自己作为一个旁观者来看待。例如，交货期限比计划迟了两天时间，从推销员的立场来看，区区小事一桩，但对客户来说则是一件大事，迟到的交货会把一个周密安排的计划打乱。假如，推销一方事先不了解真实情况，甚至当着客户的面说："有什么可值得大惊小怪的？""问题不会如此严重吧？"这一番对待客户抱怨的话，对方一定会火上加油，当场与你争执起来，招致双方反目。

推销专家认为，只有站在客户的立场上看待客户的抱怨，才能更好地理解客户抱怨的重要性，积极采取有效措施予以妥善处理。当人们心中有了疙瘩，促使其讲出来比让它闷在心中更好，闷在心中的意见总会不时浮现，反复刺激客户，这种心理刺激对推销工作构成消极的影响，久而久之推销员会因此失去客户的信任。客户有了意见闷在心中，推销员无从得知，始终蒙在鼓里，继续进行使客户不快的促销做法，这样，会得罪更多的人，届时情绪会更加对立，再试图做解释和挽回工作都属徒劳。

一般来说，顾客抱怨基本上有两种性质，第一种是群体性的，这是一个公司会注意的大问题。例如，某项产品存有缺陷、职员难以遵循的工作流程、某位店长需要咨商等。但是对于推销员而言，第二种性质的抱怨同样不可忽略，即个别性的顾客抱怨。如果你能运用合作性、令人满意的方法解决个别顾客的问题，很可能产生一位忠实的终生顾客。

控制自己的情绪，容忍顾客

推销员不仅需要推销技巧，更重要的是具有容忍客户的不满和愤怒的勇气和度量，要善于控制自己的情绪。不要害怕顾客的怒火，客户有火气，你就应该让他好好发泄，如果客户因为你的错，直接向你发火，你就要敢于承认；如果不是你的错，客户却直接向你发火，你就应该善于忍耐，控制自己的情绪，如果是因为客户讨厌推销员，你就更应学会化解，让客户明白，你不是他所遇到的那种人，不要对那些传闻里很难缠的客户望而生畏。

推销本来就是一件"好事多磨"的工作。在实际推销工作中，哪怕是经验非常丰富的老推销员也会遭遇"滑铁卢"，但作为一名推销员，你的忍耐和度量有多少？只有善于掌握和控制自己情绪，能够容忍客户才算是迈出了成功的第一步。心态决定成败，胸襟宽阔是推销员制胜的关键因素，不管准客户的态度有多么恶劣，你都要相信：真诚的态度和宽阔的胸襟可以瓦解他们心理的防线，当你向朋友一样去关爱和包容你的客户时，没有人会忍心拒绝你的真诚。不要和你的客户太过计较，要把他们当成你的朋友，以包容的心态去对待他们，你会发现在推销过程中更容易进入角色，效果也会更好。

站在顾客的角度想问题

"主动地为客户着想，客户才会为你着想"。相信很多企业和从事市场营销的人员看到这个观点都会深有感触。只有站在客户的角度为客户着想，才是企业生存之根本。

某电镀厂是一个中小型企业，建厂投产10年，实现了产量、产值、品种、上缴利润翻两番，市场占有率近3年在同行中连续保持领先地位。这个厂成功的关键是，能在市场环境变化的情况下，积极、主动地为客户着想、提供方便。该厂厂长在访问客户中发现，由于本厂的模压炭片厚度不匀，造成退换率高，客户在使用前必须自己磨片，故不愿使用。厂长回厂后立即采取了两个措施：

一是想别人未想到的，增加磨片工序，提高产品质量。这虽然使成本增加，但从薄利多销、减少退换率、增强工厂信誉考虑是合算的。

二是注意别人容易忽视的地方，改进内包装。他们将原来1000克纸盒装改为先用500克塑料袋装，然后再装纸盒，从而方便了用户。

由于厂里主动提高产品质量，使炭片退换率由10%~15%下降到0，受到用户的普遍欢迎，炭片销售额增加4倍，使该厂金刚石炭片的全国市场占有率由50%上升到85%。

可见，一个企业要想实现利润最大化，就要拥有更多的客户，而这就要求我们应该处处为客户着想。客户想要什么？客户需要什么？特别是一些小细节上面，细微之处见实力。要了解客户的消费心理，了解客户的感情，和客户打成一片，处处为客户着想，让客户有一种家的感觉。只有这样才会有更多的客户，只有这样我们的事业才能在竞争中立足。企业如此，销售人员亦如此。

销售人员不仅是企业的代表，也是消费者的顾问。平时要想顾客之所想，急顾客之所急，不辞劳苦，积极为顾客服务。为此，销售人员要具有用户第一，用户是"上帝"的思想。

在销售的过程中，要时刻站在客户的角度去想，让客户时刻感觉到你的"偏向"和特别照顾，感觉到你是他们的自己人，只有这样，才会对你所要销售的商品和你本人感兴趣。

站在客户的立场，为客户着想，首先就要假设自己是客户。假设自己就是客户，你想购买怎样的产品和服务？自己真正需要的是什么？会如何要求售后服务？这样就能让自己站在客户的立场去看待问题。

销售人员如果只是为了销售产品而销售，过多地谈论自己，吹嘘自己的产品，客户很难对其产生信任。但销售人员如果站在客户的立场上，说出替客户设身处地着想的话，就会赢得对方的兴趣。因为对所有人来说，兴趣产生的基础莫过于与自己有关的事情，所以销售人员就应该从谈论客户与销售息息相关的信息入手，站在客户的角度阐发问题，使客户对所销售的商品产生注意。

设身处地地为客户着想，是做到始终以客户为中心的前提，作为一名销售人员，能经常地换位思考是非常重要的，设身处地地为客户着想就意味着你能站在客户的角度去思考问题、理解客户的观点、知道客户最需要的和最不想要的是什么，只有这样，才能为客户提供金牌服务。一个优秀的销售人员深知，多站在顾客的立场上想问题是成功销售的重要秘诀。

在销售之路中，客户中各类人都有，我们的服务应当永远站在客户的立场考虑问题。作为销售人员，我们应该走出自己的心理定位，想尽办法走人客户的心理世界。我们的第一步不是卖产品，不对客户需求做主观的判断，而是要培养对方成为我们的客户。当信任关系真正落实时，我们才能建立向客户传播正确理念的通道。

别让客户因为不满而跳槽

当客户出现不满时，推销员一定要格外注意，因为如果处理不好的话，很可能会因此失去客户，而且客户的这种不满情绪很可能还会影响到其他人。因此，当客户对产品或者是服务表现不满时，推销员要重视并妥善处理，使顾客由不满意到满意再到惊喜。

那么推销员到底应该怎样做呢？

1. 以良好的态度应对顾客的不满

处理顾客不满首先要有良好的态度，然而说起来容易做起来难，它要求企业员工不但要有坚强的意志，还要有牺牲自我的精神去迎合对方，只有这样，才能更好地平息顾客的不满。

2. 按照顾客的希望处理不满

应对顾客不满，要了解顾客不满背后的希望是什么，这是解决顾客不满的根本。表面上看，顾客向保险代理人说，她们打电话要求保险公司处理一个简单的问题等了好几天都没回应。但深入地看，顾客是在警告代理人，保单到期后，他们会去找另一家保险公司续保。令人遗憾的是许多公司只听到了表面的不满，结果因对顾客的不满处理不当，白白流失了顾客。

3. 积极行动化解顾客的不满

顾客表示不满的目的主要是让员工用实际行动来解决问题，而绝非口头上的承诺或道歉，如果顾客知道你会有所行动自然放心，当然光嘴上说绝对不行，接下来你得拿出行动来。行动一定要快，这样可以让顾客感觉到尊重，表示经营者解决问题的诚意，也可以防止顾客的负面宣传对公司造成重大损失。

4. 给顾客层次高一点的补偿

顾客不满是因为经营者提供的产品或服务未能满足顾客的需求，顾客总认为他们受到了利益的损失。因此，顾客不满时，往往会希望得到补偿。即使公司给了他们一点补偿，他们也往往会认为这是他们应当得到的，他们因而也不会感激公司。这时如果顾客得到的补偿超出了他们的期望值，顾客的忠诚度往往会有大幅度提高，而且他们也会到处传颂这件事，公司的美誉度也会随之上升。

几名营销主管到位于美国阿拉斯加的一家四星级酒店参加服务营销理论研讨会。他们想在即将离开酒店前往机场的那个晚上到酒店的游泳池里轻松地玩几个小时。但是，当他们下午来到游泳池时，被礼貌地告知游泳池已经关闭了，原因是为了准备晚上的一个招待会。这些营销主管不满地说，晚上他们就将回家，这是他们唯一可以利用的一点时间了。听完他们的抱怨后，这个招待员让他们稍微等一下。过了一会儿酒店经理来到他们身旁解释道，为了准备晚上的酒会，游泳池不得不关闭。但他接着又说，一辆豪华轿车正在大门外等待他们，他们将被送到附近的一家酒店，那里的游泳池正在开放，他们可以到那里游泳。至于轿车费用，全部由本店承担。这几名先生感到非常高兴。这家酒店给他们留下了非常深刻的印象，也使他们乐于到处传颂这一段服务佳话。

另外在具体处理客户不满时，推销员首先要注意稳定客户情绪，分散客户注意力，避免冲突，推销员可以试试以下办法。

1. 请顾客坐下

当不满的顾客找上门来时，大多数人会表现得十分冲动，大声斥责，甚至捶胸顿足。这个时候，你是没有办法和顾客沟通的。为了使冲动的顾客尽快平静下来，推销员应热忱招呼他们坐下来诉说不满，自己在一旁倾听、记录，郑重其事地把对方的意见记下来。

做好记录，既有助于双方建立友好的交流洽谈气氛，又可以使顾客认为他们的意见受到了某种重视，没有必要再吵闹下去。一份完整详尽的记录，将使得推销一方更好地接近顾客，了解顾客的真实信息，沟通双方的意见，并为自己下一步更妥善地处理不满提供参考依据。

2. 表示出恭敬之意

友善热情地握手，给人以坦诚相见的印象，这是推销员面见顾客的应有礼节。正确的握手姿势与力度，可以控制顾客不满的情绪，起到镇定的作用，使得双方动口不动手。顾客如果一时拒绝握手，推销人员可以借故反复多次试握，顾客由于盛情难却，现场气氛会很快融洽起来。

在条件许可的场合，推销方对不满的客人可以热情接待，以示安慰，比如敬一支香烟、泡一杯热茶、递几块糖果等。在日常生活中我们可以看到这样的情景，一批旅客预订了旅馆客房而无法马上入住，因为前面的客人刚刚退房离店，服务员正在房间整理清扫，拎着大包小袋从外地赶来的旅客在走廊上大发牢骚，怨言不断。经验丰富的经理见状，立即请客人到自己的办公室暂时休息，并给每一位泡上了一杯热气腾腾的歇脚茶，受敬使人气平，受礼使人气消，在场的客人连声道谢，再多等一会儿也不会生气了。

3. 对顾客表示谅解

凡打算上门表示不满的顾客，大多喜欢争取旁观者的支持，在公众场合抱怨发牢骚的客户也是如此，现场人越多，他们的指责越变本加厉。所以，一旦碰到年轻气盛的客人上门诉怨，推销员应迅速将当事人带离现场，或到办公室，或到人群稀少的清静处商谈问题，莫在公众面前与之争辩，因为在大庭广众面前，推销员纵有十种百种理由来解释说明，顾客也认为自己有理。

应急的一个办法是当面向顾客表示谅解之意，这是与顾客联络感情的有效方式。如果不能表示完全的同情，推销员至少也应该在某一点上持谅解的态度，设想可以这样对顾客解释："多亏了你的指点……""你当然有理由表示不满……""对这个问题我也有同感……"这样的对话往往使表示不满的客户息怒消气。

4. 拖延一会儿再解决

对于某些顾客提出的抱怨，一时很难找到其中的真正根由，有些不满纯属虚构，根本无法给予圆满解决。碰到此类情况，精明的推销员大多采取拖延的办法，把眼前的纠纷搁置一旁，暂缓处理。比如，答复对方："我马上去调查一下情况，明天给你回音。"

特别是遇到冲动而性急的顾客，不要急于马上着手处理抱怨，以免草率行事，推销人员可以先停顿一下，先与顾客谈点别的话题。例如，天气、社会新闻、对方情况等，目的使顾客平心静气提意见，理智地谈问题。

在推销活动的每一个阶段，语言都占有重要的地位，在处理不满的工作中亦不例外。推销人员措词应对的疏忽大意，会造成不满顾客的抵触与对立。

比如，我们听到平时讲话中常有这样的说法：

"这是一个误会……"

"大概老兄搞错了吧……"

"事实上不是这么一回事……"

"我自己亲自证实一下再说……"

这些说法，其实是在火上加油，有时，为了平息顾客的怨气，一些推销员采取息事宁人的做法，表面上是安抚对方，但由于用词不当，效果反而适得其反，比如：

"就是为了这么一点鸡毛蒜皮的小事？"

"你说的没有那样严重吧？"

这类话语不说倒罢，一说反而会引起顾客的误会，给人造成的印象是顾客错了，责任在顾客身上。

有时，退换退赔的要求超出了实际界限，推销一方往往不愿接受这种过分的要求，如果当面表示断然拒绝，甚至流露出是对方有意敲诈，就会导致购销双方当事人的情绪对立，最终受损失的还是卖方。推销员不要急于表明自己的无辜，更不能马上指出责任在顾客身上，而是要细心引导，设法让顾客自己找到问题的所在。

老练的推销员总是回避直接讨论退赔等问题，而是从分析入手，逐步明了购销双方的各自责任，剔除其中不满夸大的因素，最后得出双方都能接受的条件，顾客提出的过分要求，绝大多数是因为对方不了解具体情况，而不是有意地敲竹杠。

一般来说，顾客的要求并非像人们想象的那么苛刻，就已达成的协议或交易来说，退换退赔的数量与项目是十分有限的，不近情理的要赖型顾客毕竟属于极少数。推销员要从大局出发，不妨自己吃一点小亏，退一步是为了进两步，接受顾客提出的合理要求。

把握关注顾客的"度"

顾客关注就是了解顾客的需求，关注他们对产品或服务的意见，以便进一步改进工作，维持现存的业务关系，发展潜在的业务关系，使你的销售业务得到生存和发展。只有善于将良好的顾客服务转化为竞争优势的销售人员才能获得成功。

1.以客户利益为重

作为销售人员，你应该时刻以顾客的利益为重。你的工作就是积极地销售让所有客户都受益的产品。在你的销售生涯中，你也许会和不太喜欢的人打交道。如果你拒绝和某些人相处，那么你和你的顾客都会有损失。你失去了销售机会，顾客失去了满足自己需要的机会。但是，顾客会从别人那里得到自己想要的产品，所以你应该做到敞开心胸，不放过任何一个机会。

每一个成功的销售人员都必须真诚地对待顾客，从你的内心感受出发，你希望别人怎样对你，你就应该怎样对待你的客户，这是一个基本的法则，听起来就像是"黄金准则"。请记住，如果你想让别人赞同你的观点，首先你应该和蔼可亲，不要因为别人外表寒酸而降低了你与他们相处时的标准。与别人相处时，你应该把他们当作你一生中最重要的人来对待。如果你想提供给别人的东西对你至关重要，那么你的产品、服务或观点就会成为你和千百万客户之间联系的纽带。

2.关注每一位顾客，做好顾客服务

在经济全球化的今天，现代工商业蓬勃发展，产品竞争日益激烈，销售工作也会越来越难做，顾客关注度已经成了衡量销售人员销售意识的重要方面。顾客服务被提炼出来，它不是一种时尚和时髦，而是一种更高的销售理念。有的企业在真正为顾客服务，有的企业却在欺骗消费者，有的企业则只注重销售产品，把对顾客服务当成负担。近年来，国外先进的销售理念引入我国，顾客服务不仅成为口号，而且成为很多企业在努力做好的工作。

顾客关注的重要性在于，对于从事销售的人来说，你要想卖好产品、做好市场、创造好品牌，不关注顾客，没有良好的服务是不行的。因为在现代工商业高度发达的今天，对于消费者来说，对顾客关注的要求，为顾客服务内容、水平的要求越来越高。好产品、好品牌，没有好服务，他们也不要。"顾客是上帝""顾客第一，服务主导""顾客永远是对的"等口号的提出，是人们认识到关注顾客利益，关注服务的直接反应。有如此的热情、如此火热的语言，哪个消费者听了能不深受感动呢？

3.掌握好关注顾客、服务顾客的"度"

虽然关注顾客、服务顾客已经成为工商业界的共识，但企业和消费者都应当对顾客服务有一个正确的理解，适当掌握关注顾客、服务顾客的"度"。在销售实践中，如果不能正确理解顾客服务的含义，掌握顾客服务的"度"，就会陷入曲解顾客服务、放大顾客服务、无限度顾客服务的误区，给企业和销售人员带来不必要的麻烦和损失。

4.曲解顾客服务

有的企业把正常的配件、包装、安装及质量保证，如"三包"（包退、包换、包修）等完整产品的构成部分当作是对顾客的服务，这其实是对顾客服务的误解。这些都不算是对顾客的服务，而是整个产品的必要组成部分，没有这些部分，产品卖给消费者就不完整。比如，空调，消费者自己不会装空调，因为安装空调需要较为专业的技术和专门的工具，普通消费者是不会有的，因此空调产品也就必然要包含安装及调试工作，在空调安装好、正常运转以前，该产品基本销售过程还没有完成。

5.任意放大顾客服务

有的企业为了销售产品，将顾客服务夸大到脱离了它的本质。

比如，医药保健品公司对医生们"体贴入微"；房产销售公司招俊男靓女做销售员；啤酒公司招美丽促销小姐等，不一而足。

美丽热情是好事，但分寸不明，让人搞不明白消费者到底买的是企业的产品呢，还是买企业销售人员"服务"的本身。由于这种方法在某一时期对某些人有效，一时之间，这些"歪门邪道"的方法倒成了企业营销的成功秘诀。其实，这根本不是顾客服务，这是一种变相行贿，甚至是一种违法销售。

6.无限度顾客服务

有的企业"以顾客为上帝""消费者的需要就是我们的神圣使命"，只要消费者提出要求，就应该无条件满足，这些服务观念尤其存在于许多以提供劳务服务为主的服务性行业。本来满足顾客服务要求无可厚非，但并不是指企业要满足顾客的任何要求，只要不在企业应该提供范围之内的服务，企业有权在礼遇顾客的同时，不予以服务。

作为销售人员，只有深刻体会真正的顾客服务的概念，并且克服许多认识障碍，真正把顾客当作自己商业利益共同体，才能走上正确的顾客服务之路，身体力行，真心付出，以赤子之心赢得消费者的关爱和肯定。

7.创造良好的顾客关注度

要真正做到客观、全面、科学、公正地开展顾客满意度调查，必须把关注点放在以下几个方面。

（1）关注顾客不满意的意见。在顾客满意度调查中，要特别注意了解不满意的意见，这些意见不但为企业改进产品和服务质量、改善企业形象提出了新的要求，而且为企业指明了努力的方向。在开展质量、价格、交货期、服务态度、服务及时性、服务准确性等六个方面的顾客满意度调查中发现，子项目的顾客重视程度越高，满意度越低，改进的机会就越多，这些子项目应成为改进的对象和重点抓的问题。

（2）关注隐性的调查结果。运用走访、问卷、座谈等方式和方法得出的调查结果，可称为显性结果。如果企业满足于此，调查结果就可能不完整，难以全面反映顾客的意见。所以，必须留心特定场合的顾客反馈意见，观察其中的隐性问题，确保顾客满意度调查结果全面、准确、真实和可靠。

（3）关注顾客的潜在需求。在满足顾客明示要求的同时，注意通过顾客满意度调查主动把握顾客要求的变化和潜在需求，从而及时或超前把握变革服务的内容和方式，以此增强顾客满意度。满足顾客的潜在需求，既包括未来的需求、长远的需求，也包括顾客情况的变化、数量的增减、类别的变化、群体的扩展等，这就需要抓住持续改进这个顾客满意模式中最关键的环节，推动企业的发展和进步。持续改进不应局限于对顾客不满意的改进，还应包括产品的改进、新产品的开发、服务模式的发展、组织的优化、机制的改革等，同时不断补充、扩大顾客满意度调查的内容。

消除心理壁垒——突破客户的心理抗拒

嫌货才是买货人

在推销的任何阶段，或对于商品的任何方面，顾客都可能提出异议。没有异议叫什么推销？经验告诉我们，顾客没有提出任何一点异议就达成交易的情况是极少的。

"嫌货才是买货人"，顾客之所以提出异议，就说明他对你的产品有点兴趣，顾客有兴趣，就会越认真地思考，也就会提出更多的意见。

要是他对你的一个个建议无动于衷，没有表示一丝一毫的异议，往往也说明这位顾客没有一点购买欲望。

如果面对一个工薪家庭推销一种豪华型进口轿车上的节能装置，他不会有任何异议，因为有限的工资收入根本无力购买此类轿车。

但是如果你向他推销一种皮鞋，他也许会认真地跟你说："这皮鞋光泽不够，款式也有点过时。"这实际上告诉推销者他有兴趣购买一双皮鞋，因而是一位尚待开发的潜在顾客。

当然，也有的顾客提出的是无条件的拒绝性异议和明显的推托言辞，这表明这次推销你和他确实无缘，或者说他不符合做你的顾客的条件，那就不必打扰他并且浪费你的时间，后会有期。

241

透视客户拒绝的心理真相

拒绝只是客户习惯性的反射动作，除非他听了介绍就买——很可惜这样的情况几乎不存在。一般来说，当客户不购买的时候，他们会找理由，往往不会把真正的原因说出来，所以必须学会发掘客户拒绝你的真正原因，冷静地读出客户真正的状况，而不会被客户误导到一些非真实的理由上，把时间、精力浪费在不可能有结果的异议处理上，进而促成生意成交。通常，客户产生拒绝有以下几种情况。

1.客户没有兴趣

人总是对自己感兴趣的问题兴致勃勃，事实也证明，人们在对自己感兴趣的话题上更容易与对方深入交谈，也更乐于投入更多的时间和精力。所以，销售员如果没有能引起客户的注意及兴趣，销售是一定会遭到客户的拒绝的。

有一次，一位销售主管带着一个销售新手与一家帐篷制造厂的总经理谈生意。按照他们之前的训练内容，销售主管把所有的谈话重点都交给这位新销售员，也就是说，由他来主导这次谈话，展示产品和交易细节。

但遗憾的是，直到他们快要离开时，这位新销售员仍然没办法说服对方。此时，销售主管一看游戏即将结束，于是赶忙接手插话道："我在前两天的报纸上看到有很多年轻人喜欢野外活动，而且经常露宿荒野，用的就是贵厂生产的帐篷，不知道是不是真的。"

那位总经理对销售主管的话表现出极大的兴趣，立刻转向他侃侃而谈："没错，过去的两年里我们的产品非常走俏，而且都被年轻人用来做野外游玩之用，因为我们的产品质量很好，结实耐用……"

这位总经理饶有兴趣地讲了大概20分钟之久，他们怀着极大的兴趣听着，当他的话暂告一个段落时，销售主管巧妙地将话题引入他们的产品。总经理又向销售主管询问了一些细节上的问题后，就愉快地在合约上签了自己的名字。

通过这次销售，可以发现：当你面对客户可能拒绝的时候，一定要想尽一切办法引起对方的兴趣，只有这样，你的销售才能有一个良好的开始。而且，客户的购买兴趣是可以创造出来的。泰国首都曼谷有家酒吧，门口放着一只大酒桶，桶壁上写着四个醒目的大字："不准偷看！"过路的行人觉得很有趣，跑过去要看个究竟。把头探进桶里，一股清醇芳香的酒味扑鼻而来，酒桶底隐约可见"本店美酒与众不同，请享用"的字样。人们虽未有新的发现，但不少人酒瘾顿起，不免进店喝上几杯。这家酒吧的老板利用"不准偷看！"的办法，来刺激顾客的兴趣。老板越是标明不准偷看，人们越是有兴趣想看个明白。你不愿让顾客知道自己经营的商品，而这恰恰促使顾客急于了解。

在销售中，销售员不仅要知道怎样吸引客户的兴趣，还要知道怎样去满足客户的兴趣，并一直引着客户往前走，这样才能提升销售业绩。

2.客户不愿改变

大多数的客户对改变都会产生抵抗，而销售员的工作具有带给客户改变的含意。例如，从目前使用的A品牌转成B品牌、从目前可用的所得中拿出一部分购买未来的保障等，都是要让你的客户改变目前的状况。有些客户在接受你的产品之前，喜欢凭过去的经验、体会来评价产品的优劣。他们凭着养成了的固定消费习惯，不易受外界因素的干扰，也不为产品的某一特点所动，很难轻易改变。

这时就需要你能打动他们的心，他们一旦对你的产品形成购买动机，同样也不会轻易改变，或迟或早总会导致购买行动。

矢田一郎可以说是懂得如何改变客户的高手。他带着专供残疾人使用的安全便器到东京各商店去推销。

他不厌其烦地向商店的业务主管人员介绍安全便器的性能及其使用价值："残疾人由于生理障碍，大小便时很困难，这个安全便器就是专为他们设计的，其销售前景颇为广阔。"

可是商店的业务主管们采取观望的态度。因为他们不知道这种安全便器究竟是否有销路，而且在橱窗里陈列便器，很不雅观，所以最终他们婉言谢绝了矢田一郎。

这使矢田一郎陷入了困境。他推销这种安全便器的想法是因为他的儿子。他唯一的儿子是个残疾儿童，每次大小便都需要他去帮助，搞得他满头大汗，也使儿子感到很痛苦，长此下去，总不是办法。

于是他就专心研制一种专供残疾人使用的安全便器。经过两年的研制，

243

终于取得了成功。他想，社会上的残疾人很多，在生活上存在诸多不便，造成了本人及家庭的许多困难。如果将这种安全便器推广出去，不仅可以减少残疾人的困难，还可以使自己获得可观的利润，于是他为安全便器申请了专利，并投入了全部财产生产安全便器，谁知一上马就碰了壁。

当他走投无路时，他的一个知心朋友为他出了一个点子。当时，日本已盛行通过电话进行订货的业务。几天之后，东京好些百货商店都接到这样的订货电话：

"请问，贵店有专供残疾人使用的安全便器吗？"

"很抱歉，本店没有这种货物供应，请到别的商店去问。"

别的商店也接到了同样的电话，也同样无法供应。由于接到这种订货的电话很多，引起了商店的重视，就将这个情况反映到所属的百货公司里去。

百货公司很重视这个"信息"，他们想迅速进货来满足商店营业的需要，终于他们记起了曾有个叫矢田一郎的人来推销过这种商品，当时被他们一口回绝了，现在看来是失策的。于是，他们就主动寻访矢田一郎，从他那里进了大批的安全便器，使矢田一郎积压的产品一下子销售出去，获得了相当的利润。

事实上，所有的订货电话，都是矢田一郎通过他的朋友打出的。而安全便器上市后，购买者很多，因为它确实给残疾人带来方便。

从矢田一郎的经历可以看出，客户是愿意改变的，只要你的产品带来的价值大于他改变所付出的代价。一件商品对顾客来讲，不同的顾客有不同的需求，商品也具有不同的价值。作为推销员，要根据顾客的心理和商品的价值进行推销，必要时，还要通过打动顾客，使其改变之前的选择。这也正是锻炼推销员能力的地方，是销售工作最富挑战性的一面。

3.客户的需要得不到满足

客户的需要不能充分被满足，因而无法认同你提供的产品。销售员需要明白一个道理：客户只选择他们想要的东西，其他的东西即使是物美价廉，如果他们用不着，那就对他们完全没有意义。

有一次，美国谈判家荷伯受人之托，代表一家大公司到俄亥俄州去购买一座煤矿。矿主是一个强硬的谈判对手，在谈判桌上，他开出了煤矿的价格——2600万美元。荷伯的还价是1500万美元。

"先生，你不会是在开玩笑吧？"矿主粗声粗气地说。

"绝对不是，但是请你把你的实际售价告诉我们，我们好进行考虑。"

"没有什么好说的，实际售价就是2600万美元。"矿主的立场毫不动摇。

谈判继续下去。荷伯的出价逐渐升高，从1800万美元到2000万美元到2100万美元再到2150万美元，但是矿主依然是一副泰山压顶不变色的神态，拒绝做出让步。报价在2150万美元和2600万美元之间对峙，谈判陷入了僵局，双方都无法活动。显然，在此情形之下，只注意结果就无法取得创造性的进展，由于荷伯没有掌握有关对手需要的信息，重拟谈判的内容显得困难重重。

为什么矿主不接受这个显然是公平的价格呢？荷伯冥思苦想，终不得其解。于是荷伯只得一顿接一顿地邀请矿主吃饭，在每次进餐的时候，荷伯都要向矿主解释公司做出的最后还价是合理的，矿主的态度却总是顾左右而言他。一天晚上，矿主终于对荷伯的反复解释答话了："我兄弟的煤矿卖了2550万美元，还有一些附加利益。"

"原来如此。"荷伯心中顿时豁然开朗，"这就是他固守那个价钱的理由。他有别的需要，原来是我们的疏忽。"

掌握了这一重要的信息，荷伯立即与公司有关人员碰头，他说："我们首先得搞清楚他兄弟的公司究竟得到多少，然后我们才能商量我们的报价。显然我们必须首先处理对手的个人需要这个重要的问题，这跟市场价格毫无关系。"

公司同意了荷伯的意见，荷伯按照这条思路进行谈判，不久，谈判顺利达成了协议，最后的价格并没有超过公司的预算，但是付款的方式和附加条件使矿主感到自己干得远比他的兄弟强。

可见，销售员要想真正识别出客户的意图，就必须先站在客户的立场，了解对方的想法和需要，找出问题的突破口，才能对症下药，实现自己的销售目标。

所以，销售员一定要注意：每一位客户在购买行为产生以前，都会存在着一种想法——我买这种产品，能满足什么需要？而答案就在以下几点：

（1）想要获得：健康、时间、金钱、安全感、赞赏、舒适、青春与美丽、成就感、自信心、成长与进步、长寿。

（2）希望成为：好的父母，易亲近的、好客的、现代的、有创意的、拥有财产的、对他人有影响力、有效率的、被认同的人。

（3）希望去做：表达他们的人格特质、葆有私人领域、满足好奇心和模仿心、欣赏美好的人或事物、获得他人的情感、不断地改善与进步。

（4）希望拥有：别人"有"的东西、别人"没有"的东西、比别人"更好"的东西。

无论如何，客户都有"想要"的渴求，上述四种需求目标是客户产生购买行为的主要源泉。所以，销售员要关注客户的需要，而不是自己的需要。

4.客户情绪处于低潮

客户的情绪蕴藏着商机，是激发客户购买行为的力量，销售人员准确把握、引导客户的情绪让客户从感情上产生需求，与客户建立良好而稳定的感情联系，将有利于营销与服务的开展。但是当客户情绪正处于低潮时，根本没有心情进行商谈，此时就很容易产生拒绝。

销售员小王上门销售，他的客户昨晚失眠，心情真烦透了。这时，客户好像昏昏欲睡的样子，厨房火炉上烧着的水沸腾了，茶壶盖子上喷出白色的水汽，发出"咔哒咔哒"的声音，客户顿时怒不可遏，因为水沸腾"咔哒咔哒"的声响令他心烦意乱。

小王看到这种情况，立即说："水沸腾'咔哒咔哒'的声响确实太令人烦躁了。不过，我倒有个好办法解决这个问题。"

"有什么好办法？"客户一听马上来了兴趣。

小王说出了自己的想法："茶壶盖子上喷出白色的水气，所以发出'咔哒咔哒'的声音。如果在盖子上钻个小孔，壶中的热气有了散发的通道，就不会再发出响声了。这是个在物理学上比较简单的问题，您何不试一试呢？"

客户一听到这个想法，顿时激动不已，精神倍增，马上行动起来。他找来工具，立即在茶壶盖子上开始钻孔。不一会儿，小孔钻成功了，"咔哒咔哒"的水气声真的消失了。

"太好了，非常谢谢您！"客户兴奋不已。

接下来，他们进入了主题，很快谈妥了一笔生意。

有的时候，客户对外界事物、人物反应异常敏感，且耿耿于怀；他们可能情绪不稳定，易激动。当客户情绪变化时，通常在对话中通过一些字、词表现出来，如"太"差了、"怎么"可能、"非常"不好等，这些字眼都表现了客户的潜意识导向，表明了他们的情绪状态，我们在倾听时要格外注

意。这时对待客户一定要有耐心，不能急躁，同时要记住言语谨慎，一定要避免引起客户的反感。如果你能在销售过程中把握住对方的情绪变动，顺其自然，并且能在合适的时间提出自己的观点，那么成功就会属于你。

5.客户隐藏想法

客户抱有隐藏想法的心态时，会提出各式各样的拒绝借口。

（1）资金紧张。许多客户资金紧张，预算已经花完，但手头必还留有一笔备用资金，在特殊情况下是可以动用的。如果对方确实已经把预算花完了，你的产品宣传必须极具吸引力，这样才可能说服对方动用储备资金。比如：

客户：张先生，真对不起，您的产品听起来很吸引人，但我们现在没有这样的预算，请您到秋季再同我联络。

销售员：李先生，我很遗憾同您联络得太晚了。不过我还没告诉您，我们将在报刊和电视上登广告来宣传我们的产品。假如您采购我们的货，您及您公司的名字就会在广告中出现。我们去年的宣传就极为成功。这样吧，下星期我把我们的产品拿来请您过目行吗？

（2）没有时间。有时候，客户并不一定真的是因为忙，他要是想见你的话，时间一般还是可以挤出来的。他说太忙不能见你，那是个借口。不要问他们什么时候不那么忙，直接提出预约见面的问题。

客户：这个月我太忙，没时间见你。

销售员：正因为忙，你才需要见见我。我有个办法，每天能为你节约一个小时，且不会增加你的费用。我们今天下午能见见面吗？也许明天早晨更好些？

如果他们的日程表实在已经排满，要他们改变的可能性就微乎其微。在这种情况下，加深对方对自己的印象是十分重要的，一般情况下，寄一封附有产品说明书的信较为适宜。

（3）对原产品供应商比较满意。如果客户同其产品供应商合作得比较成功，他就会继续同这位产品供应商合作，而不会轻易把目光转向他人。

如果你想同原产品供应商竞争，与这位客户建立起业务关系，工作将会有一定难度，进行一般性的产品宣传是很难吸引对方的。你必须着重宣传你的产品及经营手法的优点。比如，利润高、提供免费广告宣传、支付全部或部分产品的特别推广费用、不好卖可以退货等。除了技巧性的因素外，你战胜客户原产品供应商的唯一办法就是比对手努力两倍。

上面我们谈到了客户可能提出的三种隐藏的想法。当然，客户还有可能提出其他的借口、推托等隐藏式的理由，这要求销售员有针对性地作出正确的判断，这里就不再一一说明了。

6.客户对销售员不满

销售员在面对客户时，一定注意自己的一言一行。比如：销售员说明产品时，不要使用过于高深的专门知识，因为那会让客户觉得自己无法胜任使用，而产生拒绝；销售员不能为了说服客户，以不实的说辞哄骗客户；销售员不要说得太多或听得太少，因为那将无法确实把握住客户的问题点，而产生许多的拒绝因素；销售员不要处处说赢客户，否则会让客户感觉不愉快，而提出许多主观的想法。

作为销售员一定要记住：你对客户的态度会决定客户对你的态度，在和客户沟通的过程中，一定要有诚信意识，对客户的诚信是销售员最基本的素质。销售事业是销售员与客人的沟通谈判的过程，通过与客人的沟通取得信任，进而订购产品甚至帮助营销员推销产品。对客户的诚信主要表现为不能用低劣的产品来欺骗客人，不能恣意夸大产品的性能。

推销员："我们的机器既省电又省油，而且绝对没有噪音。"

顾客："好像别家的机器也省电省油，也保证没有噪音。"

推销员："我们的机器特别省电省油，它几乎就不用电，不用油。"

顾客："莫非你们的机器是永动机？"

推销员："永动机还要占很大空间呢！我们机器不占多少空间。"

……

这样的对话只能当作是业务员之间在开玩笑，而不能当作是业务员在向客户进行推销。对产品的介绍已经相当离谱了，纯粹是欺骗行为。但是在现实中，确实存在着业务员向客户如此推销的情况。

为什么会出现这种情况呢？主要原因有三：

（1）业务员对产品不熟悉。业务员本身对产品不熟悉，就容易陷入乱信乱传的陷阱，培训的人怎么说，业务员就怎么说。培训的人说业务员要相信自己推销的产品是最好的，业务员就真的找出一大堆理由来证明产品是最好的，既然是最好的产品，自然在省电省油方面做到了独一无二，做到了极致。然而极致就是永动机，不用耗费任何能源就能够不停做功的机器。显然上例中的业务员对永动机也是不熟悉的。因此业务员在推销产品之前一定要对自己的产品以及竞争对手的产品有深入的了解，只有懂得产品本身的优缺点，业务员才能更好、更正确地向客户推销产品。

（2）业务员诚信意识缺乏。诚信是一个人在社会上的通行证，诚信也是业务员从事推销行业的通行证。业务员如果没有诚信意识，就很可能说出欺骗客户的话。比如，肆意夸大产品的性能。诚信是业务员的从业道德，欺骗会使业务员推销事业提前终结。业务员必须爱惜羽毛，爱惜自己的生存之本。正如林肯所说：一个人可能在所有的时间欺骗某些人，也可能在某些时间欺骗所有的人，但不可能在所有的时间欺骗所有的人。对于业务员来说道理也同样如此。在一个信息传播日益迅速的市场环境下，业务员的恣意夸大行为是很容易被看破的，即便是偶尔取得成功，这种成功也会是相当短暂的。业务员在推销中要树立这样一个意识：业务员所说的每一句话都是一个承诺，都是要承担责任的。

（3）业务员容易感情用事。感情用事的人在危急的时候往往让感情战胜了理智。当客户举出竞争对手的产品和业务员推销的产品进行比较时，业务员往往很自然地反驳，认为竞争对手的产品一无是处，自己的产品无所不能。其结果只能是夸大自己的产品。业务员在推销的过程中，一定要保持理智，对客户该说什么和不该说什么都要有分寸，千万不要被客户一激，就变得口无遮拦。

所以，只要真心真意地为顾客服务，想顾客之所想，急顾客之所急，就能把顾客的不满转化为"美满"。

识别客户拒绝的方法

1.留心观察法

当你为客户的每一个拒绝提供肯定的答案的时候，留心观察对方的反应。一般来说，他们要是对你的答案无动于衷的话，那就表明他们没有告诉你真正的拒绝原因。

有一位成绩颇为突出的销售员，不仅善解人意，而且十分机敏，能准确地窥见对方的思想状况与内在意图。当别人问到她是怎样去把握对方沉默不语时的思想时，她回答道："只要你留心观察，你就会发现对方虽然沉默不语，但你从他的神态和表情变化中能够发现其内心思想感情的变化。比如，在正常情况下，客户坐着的时候总是脚尖着地的，并且静止不动。但一到心情紧张的时候，对方的脚尖就会不由自主地抬高起来，因此，我只要看到对方脚尖是着地还是抬高，就可以判断他的内心世界是平静的还是紧张的。又如，在正常状态中，吸烟的人熄灭烟蒂大都保留一定的长度，可是一到非正常的情况下，剩下的烟蒂就可能会长一些。所以，如果你发现对方手中的烟蒂还很长，却已放下熄灭了，你就要有所准备，对方可能打算告辞了。"从这位销售小姐的一席话中，可以看出她有何等观察入微的工作作风，这也道出了她做到成功销售的个中奥秘。

所以，你在销售过程中要随时观察客户的反应，及时对客户的想法做出准确的判断。

2.直接发问法

如果你没有办法知道他们是不是真正的拒绝，就别拐弯抹角了，不如向客户坦率发问，这其实没什么大不了的。比如：

"先生，我真的很想请您帮我一个忙。"

大多数人都会说："当然，您说吧！"

"我相信我的回答已经令您较满意了，而且我觉得您好像还有什么想法瞒着我，所以我很想知道您迟疑不决的真正原因是什么。"

"真的不为什么，我只是需要时间来想想。"

"不，您今天一定要告诉我究竟是什么原因让您感觉还有点不好。"

"……嗯，好吧，我说实话，是……"终于说出了真正的想法。

当您获得这条信息后，您要立刻做出答复："我也正想着会不会是这样，我很欣赏您对我的坦率态度……"

这样，一桩很可能失去的生意又有希望缔结了。

所以，针对客户的拒绝，你可以提一些问题，做一些督促和引导，来试探出他真正的想法。

"您觉得这个产品哪一点像假的？"

"你认为合理的定价应该是多少呢？"

"你不喜欢它哪一方面呢？是颜色，还是样式？"

"既然你承认这产品很好，为什么不想现在就买呢？"

客户提出的拒绝越是没有依据，他就越觉得难以回答你的问题；从客户的谈话中了解的情况越多，你就越有可能发现拒绝背后隐藏的真正反对动机。

你一定要学会发问的方法。当你运用熟练以后，你会觉得很从容：一来可以发现真正的拒绝，二来赢得思考应变的时间，以便对症下药。

客户：这一套计划看起来令人觉得印象非常深刻。你一定要留一张名片给我，过几天我会打电话给你。

销售员：我了解您的立场，为什么您想等一等，过几天才打电话给我呢？

客户：我做任何决定之前，总是要仔细考虑清楚。

销售员：这是很正常的反应，为什么您总是要详加考虑呢？

客户：大约十年前，有一个人向我销售房屋的外壁板及防风窗户，我不假思索地立刻签了合同，那是一次非常可悲的错误，我本来应该可以避免这种错误的。

销售员：我了解您的处境，为什么您认为十年前跟一位外壁板销售员打交道的惨痛经验，会使您如今不能立刻展开这一套计划呢？

客户：嗯，那一次的经验使我变成一个谨慎的人，我就是想慢慢来，以便确定我所做的是正确的决定。

销售员：我能够体会您的感受。除了这一点外，还有没有其他任何原因，使您不能今天就展开这一套计划？

客户：没有，就只有这一点。

现在你可以知道真正的拒绝是什么了：客户反对立刻给你订单的真正的理由就是，由于以往曾经被不道德的销售员欺骗过，因而造成他过度谨慎的心理。

在和客户交谈的时候，一定不要让客户带着你兜圈子。这个办法很简单，你只要抓住"关键"字眼就行：把客户的前一个借口所透露的关键字眼，作为你的下一个问题就可以了，这样会使他无法引导你脱离主题。

3.重复证实法

为了弄清客户拒绝的原因，你先要学会倾听，然后去理解他的拒绝。当你觉得听清楚了以后，你可以用自己的话重复他的拒绝，一来表示你对此的重视，二来看看自己的理解是否正确。很多销售高手都是这么做的。

你可以这样重复客户的话：

"这么说，你担心这种型号也许六个月后就会过时……"

"你是说，价格和可靠性对贵公司是非常重要的……"

"这么说，你认为我们的开价太高……"

"你觉得你们没有充足的空间……"

如果买主回答"是的，说得对"，很好，说明你理解对了，下面可以照你的计划进行。

如果他们回答"不全是这样"，那也好，你发现你在某一点上对他们的立场还不完全理解。那就请对方再次说明，以证实你的理解是否正确。

这时注意要鼓励对方说话，你少说。要倾听，要澄清，要证实。然后去除他的否定态度和感情。

接着，就说一番使其解除武装的话：

"我能理解你的感情……"

"这种说法很有趣……"，

"你提出了一个很好的问题……"

"我明白你为什么关注……"

现在，你对拒绝也许有了完全和彻底的理解，也可能没有。如果还没有，那就请潜在买主进一步说明：

"你怎么会得出这样的结论呢？"

"是什么问题使你产生这种看法的？"

"我觉得你这么说是有充分理由的，能说给我听听吗？"

记住，这个时候，你只要让对方说明和澄清拒绝及其背后的原因。不要对拒绝做出答复，继续倾听，甚至催促对方说出不买你产品的更多的理由：

"你还有别的问题吗？"

"你觉得还有什么要向你说明的吗？"

这样，你就能对客户拒绝的真正原因做出正确的判断。

4.失去生意法

如果你什么办法都用过了，也没能让客户说出真正的拒绝，这说明这笔生意反正你是做不成了。那就练练最后一招——失去生意法，看看还能不能峰回路转。

当你很清楚已失去这笔生意时，你开始"打包"——把你的样品、文件等放回你的公文包，处处显示出要走人的样子，并向客户表达感谢，说些希望将来有机会再合作的话。当你起身离开走到门口时，突然一转身，你又说话了：

"某先生，我很不好意思地请问你，因为这对我的生涯有很大的意义，假如你可以回答这个问题，将对我帮助很大。"

这时候，大多数的人还是愿意帮助你回答这个问题的。然后你说：

"今天没有做成生意，但这并不要紧，我不可能做成每个人的生意。我曾经希望你买下它，因为我们的产品适合你的需要，然而你还是选择不买它。我很难过没有好好地解释，让它的优点显现出来。假如，你可以指正我的错误以及我身为一名销售员不够尽职的地方，对我而言，下次当我拜访其他客户时将会有很大的帮助。"

你很有可能得到这样的回答：

"这不是你的错，我们不想买是因为……"

此时他们将会说出真正的原因。这时你拍拍手或弹弹指头说：

"天啊！我差点儿就把它搞砸了！无怪乎你到现在才说出来！如果我早以你的立场考虑，我就不会做出这样的事。我怎么可以犯这样的错呢？"

你迅速打开公文包，回答他的拒绝，然后问他是否改变决定。

做好被客户拒绝的准备

做好处理拒绝的准备，是销售员战胜客户拒绝应遵循的一个基本规则。

销售员在走出公司大门之前就要将客户可能会提出的各种拒绝列出来，然后考虑一个完善的答复。面对客户的拒绝事前有准备就可以胸中有数，从容应付；事前无准备，就可能张皇失措，不知所措；或是不能给客户一个圆满的答复，说服客户。

一位成功的销售员在销售访问之前要做好两种准备：一是做好应付客户拒绝的心理上的准备，二是做好针对拒绝内容的策略上的准备。

1.与拒绝为友

面对日益激烈的竞争，销售变得越来越不容易，客户也变得越来越挑剔。整个销售就像一场角逐已达白热化的足球赛，销售人员的"攻球"无数次地被客户拒之门外。但凡是做销售，就必须面对被客户拒绝。再成功的销售人员都不可避免地会有被客户拒绝的时候。面对拒绝，你如何使维持销售？你会丧失勇气吗？你的兴致会踪影全无吗？此时此刻你会被击垮吗？或者它只会激起你更大的决心？它使你奋起直面反对意见，鼓起你的勇气，还是使你偃旗息鼓？脸皮薄、感情脆弱的推销员往往在遭到第一次拒绝和挫折时就泄气了。给顾客说"不"的机会是不幸的，但是不要让一个"不"字把你击垮了。遭到拒绝经常会伤害销售人员的自信和自尊。但是作为推销员要学会与客户的拒绝为友，把拒绝当做自己的好朋友。

这是我们从小就听到的故事：宝藏常常藏在什么地方？当然是最难找的地方，而且大多有怪物什么的守着。销售也一样，你要知道，巨大的困难背后，是巨大的收获，况且你所面对的只是客户的拒绝而已，没有怪物。而拒绝你的人中，一部分人将会成为你的朋友，可能拒绝最激烈的那个人，最后会成为你的"贵人"。

客户如果提出拒绝，就说明他对你的产品有点兴趣；客户越有兴趣，就会越认真地思考，也就越会有提出拒绝的可能。要是他对你的一个个建议无动于衷，没有表示一丝一毫的想法，往往也说明这位客户没有一点购买欲望。

重要的是，成熟的销售员并不把拒绝当作是成交的障碍，而是把拒绝当作朋友。这是销售界一个重要的观念——提出拒绝的客户是你的朋友。的确，如果客户的拒绝理由没有得到你满意的答复，他就会不买你的东西。客户提出拒绝看起来阻碍了你的成交，但是，如果你能够恰当地解决客户提出的问题，让他觉得满意，那么接下来的便是决定购买——成交。

有一位销售员，为一家公司销售日常用品。一天，他走进一家小商店里，向店主介绍和展示公司的产品，但是对方却毫无反应，很冷漠地对待他。这位销售员一点也不气馁，他又主动打开所有的样本向店主销售。他认为，凭自己的努力和销售技巧，一定会说服店主购买他的产品。但是，出乎意料的是，那个店主却暴跳如雷起来，用扫帚把他赶出店门，并扬言："如果再见你来，就打断你的腿。"

面对这种情形，他没有愤怒和感情用事，并决心查出这个人如此发怒的原因。于是，他多方打听才明白了事情的真相，原来是店里的产品卖不出去，造成产品积压，占用了许多资金，店主正发愁如何处置呢。了解了这些情况后，他就疏通了各种渠道，重新作了安排，使一位大客户以成本价格买下店主的存货。不用说，他受到了店主的热烈欢迎。

你可以看到，这位销售员战胜了挫折，于是他得到了成功。当然，销售员应该明白客户的拒绝不是能够轻而易举地解决的。不过，你在销售时面对挫折所采取的方法，对于你与他将来的关系都有很大的影响。比如，如果根据洽谈的结果，认为一时不能与他成交，那就应设法使日后重新洽谈的大门敞开，以期再有机会去讨论这些分歧。因此，要时时做好遭遇挫折的准备。如果你最后还想得到胜利的话，那么在遇到暂时无法战胜的挫折的时候，你应该"光荣地撤退"，且不可有任何不快的神色。

既然提出拒绝的客户是我们的朋友，我们就应该勇于面对客户的拒绝。这是摆在每一个销售员，尤其是新入行的朋友面前的现实问题。拒绝是客户对销售员的一种本能反应。每一个销售员其实在生活中也是客户，都有过别人向你销售产品的经历，也有过你拒绝别人的经历。但往往我们在销售中被别人拒绝的时候，却忘记了自己也曾拒绝过别人。很多朋友在被客户拒绝几次后，就变得十分沮丧，甚至没有勇气再往前迈出一步。这个时候，你是不是该想一想：当别人向你销售的时候，你为什么会拒绝别人？当遭遇客户拒绝的时候，请记住：这是对你的一次考验，如果你坚守阵地，不露惧色，别人的拒绝就会使你本性中最优秀的一面显露出来。无论什么时候你遭到别人的拒绝，就想一想像拿破仑和格兰特这样的人，他们都是从反对和拒绝中崛起的英雄。

2.面对客户拒绝的策略准备

销售员关于策略上的准备应该包括以下几个方面：

第一，充分了解自己的产品、价格、交易条件及企业的销售政策，特别是对销售产品的性能、优缺点、使用和维修保养方法等内容必须了如指掌，烂熟在心。做不到这点是销售员的失职。

第二，了解市场动态，掌握同类产品的行情和同行竞争对手的情况，以及自己所销售产品的供求趋势等。因为客户会拿你的产品和你对手的产品做比较的，你要想好怎么对他解释。

第三，要对客户的个人情况、交易方单位的业务情况有所了解，并根据自己的实践经验想一想，他们可能会提出什么样的理由。模拟着回答这些问题。在这方面，编制标准应答语是一种比较好的方法。具体程序是：

第一步：把大家每天遇到的客户拒绝写下来；

第二步：进行分类统计，依照每一拒绝出现的次数多少排列出顺序，出现频率最高的排在前面；

第三步：以集体讨论方式编制适当的应答语，并编写整理成文章；

第四步：大家都要记熟；

第五步：由经验丰富的销售员扮演客户，大家轮流练习标准应答语；

第六步：对练习过程中发现的不足，通过讨论进行修改和提高；

第七步：对修改过的应答语进行再练习，并最后定稿备用。最好是印成小册子发给大家，以供随时翻阅，达到运用自如、脱口而出的程度。

客户提出拒绝的范围是十分广泛的，一般来说，客户拒绝可能涉及的内容，都是你应当了解掌握的。当然，你不可能预测到客户的每一个拒绝，但是用心去做，十有八九你还是能想到的。用点时间吧，储存一些答案，随时备用。

例如：十六年来一直保持日产汽车第一名销售员宝座的奥城良治，为了卖一辆车准备了100项优缺点的资料。

遇到对方不想买车，他列举100种以上没车的缺点来说服，例如：

（1）半夜孩子发烧，救护车又不来时怎么办？

（2）您希望孩子羡慕地望着邻居的车子吗？

（3）家人无法一起驾车旅行，问题是否出在一家之主身上？

（4）您不在意因为没有车子而造成日常购物不方便吗？

接着列举购车的各项优点：

（1）半夜孩子发生紧急事故也能自己开车送到医院。

（2）您可以想象孩子欢欣雀跃的表情——他再也不用羡慕邻居的车子了。

（3）明年夏天，你们全家可以享受驾车出游之乐。

（4）开车可以到超市购物，那里产品齐全、新鲜，价钱又便宜，可以节省不少家用。

把握处理拒绝的时机

美国通过对几千名销售员的研究，发现优秀的销售员所遇到的客户严重反对的机会只是差的销售员的1/10。这是什么原因呢？

调查发现，优秀的销售员对客户提出的拒绝理由不仅能听懂，能给予一个比较圆满的答复，而且能选择恰当的时机进行答复。而懂得在何时处理客户拒绝的销售员，会取得更大的成绩。

我们在谈如何抓住恰当的时机处理客户拒绝之前，先要谈谈如何弄清客户拒绝背后的真实意思。这在"识别客户拒绝的方法"一节中已经谈到，下面再做一点补充。

在客户提出拒绝后，你当然要答复。但你要抑制自己说话的冲动，不要迫不及待地回答。你毕竟只有一个大脑，有时在你想要急于回答时，你会漏掉客户说的内容，那样你就可能失去一些信息，而这些信息在你的销售后期将有助于成交。这不是说让你置客户的拒绝于不顾，只是强调要有板有眼，从容不迫。不要急于答复，别打断你的买主。如：

客户：这台复印机的功能，好像比别家要稍差。

销售员：这台复印机是我们最新推出的产品，它具有放大缩小的功能，有三个按键用来调整浓淡，每分钟能印15张，复印质量非常清晰……

客户：每分钟印15张实在不快，别家复印速度每分钟可达20张，有六个刻度能调整浓淡，操作起来好像也没那么困难，副本质量比你的要清楚得多了……

你看，这位销售员想处理一个拒绝，结果惹出来了一大堆麻烦。

这就是因为他没有设法搞清楚这个拒绝到底是怎么回事。若是能设法搞清楚这个拒绝到底是怎么回事，不急着去处理客户的反对意见，那又会怎么样呢？

客户：这台复印机的功能，好像比别家要稍差。

销售员：请问您觉得这个功能比哪一家的复印机要差？

客户的回答也许只是他曾经碰到××牌的复印机，具有六个刻度，能调整复印的浓淡度，因而觉得你的复印机的功能好像较差。

多问一句，你所需要处理的拒绝仅是一项，可以很容易地处理。

所以，在处理客户拒绝之前，请一定要先设法搞清楚这个拒绝到底是怎么回事。在搞清楚这个拒绝到底是怎么回事之后，你就需要抓住恰当的时机来处理客户的拒绝。

1.在拒绝前抢先处理

防患于未然，是消除客户拒绝的最好方法。销售员如果觉察到客户会提出某种拒绝，最好在客户提出之前，就主动提出来并给予解释，这样可使销售员争取主动，先发制人，从而避免因纠正客户看法或反驳客户的意见而引起的不快。

销售员完全有可能预先揣摩到客户拒绝的理由并抢先处理，因为客户拒绝的发生有一定的规律性。比如，销售员谈论产品的优点时，客户很可能会从最差的方面去琢磨问题。有时客户没有提出不同意见，但他们的表情、动作以及谈话的用词和声调却可能有所流露，销售员觉察到这种变化，就可以抢先解答。

面对形形色色的客户，经验丰富的销售员很快就会知道客户可能会提出哪些问题，这时可以按照自己的思路与擅长手法，在合适的时间提出对方关心的问题，主动说出他们之所以不买的潜在理由，而后可以驳倒那个理由。这样会使客户感到你诚恳直率，没有隐瞒什么。比如：

销售员："不是价格原因，对吧？你看到了我们的价格与别人不相上下，也许还能击败任何对手。"

客户："不是价格原因。你的价格可以。"

销售员："是不是在系统兼容上有问题？"

客户："不，我看没有。"

销售员："那么是在配置、服务或保修方面？"

客户："不是，这些看来都没有问题。"

销售员："那么你觉得我们公司的信誉和可靠性有问题了？"

当然，在这样做的时候，你要冒一定风险，因为你所说的不买的潜在理由，也许是客户此前从来没有想到过的。所以，如果你没有足够的经验准确判断出客户的真实想法，在客户提出拒绝前抢先处理是不恰当的，因为这已经违反了处理客户拒绝前"设法搞清楚这个拒绝到底是怎么回事"的原则。

2.在拒绝后立即处理

通常情况下，对于客户主动提出来的拒绝，应当立即答复和解释。有问有答，这是正常的对话。否则，客户会因为自己没有得到尊重和及时反馈而不高兴，或对你和产品产生怀疑。

但是，马上回答，并不是让你急忙回答。可以放松一下，显示你并没有被他的问题所难住。稍微停一下，可以给你一个机会考虑回答问题的适当方式——尽管有时客户提的问题很一般，你能立即回答，也不必太匆忙，最好先在脑子里掂量一下再说。这个停顿很重要，这样客户会更加认真地听取你的答复。

一般地说，面对以下状况，你最好立刻处理客户拒绝：

（1）当客户提出的拒绝是属于他关心的重要事项时。

（2）你必须处理后才能继续进行销售的说明时。

（3）当你处理拒绝后，客户能立刻要求订单时。

3.在拒绝后暂缓处理

在拒绝后暂缓处理包括下面的情况：

（1）推迟回答。有些拒绝，如果立即回答会破坏销售计划，影响你对主要问题的说明。比如，对于客户在洽谈一开始便提出来的，这种在明显不了解有关情况时就提出的不着边际的拒绝，你就可以推迟一段时间再回答。你可以说："我明白你的意思，稍后你就会明白是怎么回事了。"

如果你真的不能对客户提出的拒绝给予满意的答案，就不应当勉强立即回答，而应当把拒绝暂时搁置起来，并把不能作答的原因坦诚地告诉客户。

比如，对客户提出的一些专业性、技术性非常强的问题，可以在请教有关专家之后再予以答复，也可以等查实资料后下次再给对方回音。这样做可以使心中存有疑惑的客户感到你不是信口开河，随随便便地应付他。

当然，要是你自己能成为这方面的专家，就没问题了。

如果在客户面前，你不想因为回答了某个问题会引起对方的不快甚至反感，也可以不马上做出回答，待时机成熟之后再予以说明解释。但你不要让他觉得你无法解释，那样他会认为这种产品确实有缺陷。

（2）不予回答。如果客户提出的是一些与洽谈业务毫不相关的问题，或者实际上是一些很虚假的借口或是自我表现性的问题，或问及你对竞争对手的评价和看法，那么你就不必回答。对于企业需要保密的资料信息，更应该绕过不作正面回答，或者委婉地说明并表示歉意。

转化客户的拒绝态度

1.敢于向客户先开口

有的销售员不能主动地向客户提出成交的要求，这些销售员害怕提出成交要求后，如果客户拒绝会破坏洽谈气氛，一些新销售员甚至对提出成交要求感到不好意思。据调查，有70%的销售员未能适时地提出成交要求。许多销售员失败的原因仅仅在于他们害怕被拒绝而没有开口请求客户订货。美国施乐公司前董事长波德·麦克考芬说，销售员失败的主要原因是没有提出成交要求，不提出成交要求就像你瞄准了目标却没有扣动扳机一样。这是错误的。没有要求就没有成交。美国的研究表明，销售员每达成一次交易，至少要受到客户六次拒绝。销售员学会接受拒绝，才能最终与客户达成交易。

有的销售员认为客户会主动提出成交要求，因此，他们等待客户先开口。这是一种严重的错误。

一位销售员多次前往一家公司推销。一天，该公司采购部经理拿出一份早已签好字的合同，销售员愣住了，问客户为何在过了这么长时间以后才决定购买，客户的回答竟是："今天是你第一次要求我们订货。"

这个故事说明，绝大多数客户都在等待销售员首先提出成交要求。即使客户主动购买，如果销售员不主动提出成交要求，买卖也难以成交。

在很多的实例中，我们发现一个有趣的现象。当我们询问那些没有被打动的客户，他们为什么没有进一步产生购买行为，让我们吃惊的是他们回答说"销售员没有请求我们这样做"。在销售过程中，你的产品说明、展示及解决客户拒绝等只是你的辅助工具，目的是用来和客户达成协议的，而有的销售员在实际中却容易忽视这一点。客户的购买是由多种因素组成的，你的说服已经起了效果但自己却不知道，一直在等待客户点头同意，结果白白放弃了成交的好机会。

2.取得客户的信任

销售员与客户的关系越融洽，越能取得客户的信任，对改变他的拒绝态度越有利。销售员在转化客户拒绝购买态度时，应尽量避免使客户感到是在有意说服他，使其易于通过接受新的信息而改变原有态度。否则，如果客户发觉销售员是在企图改变他的态度，往往会产生戒备甚至是对抗心理，反而不利于态度的转变。

成交的关键很大部分都是客户的感觉在起作用，即客户感觉是否需要你的产品。客户都不喜欢被控制，但如果感觉需要，就会自然购买。我们不是在卖产品，而是在帮助客户弄清楚为什么要买！销售精英与普通销售员最大的区别就在于前者更能够从多方面去扭转客户的拒绝态度，通过引出客户对产品的内在需求来达到最终销售的目的。

3.激发客户的亲近感

在面对客户的初期是最容易遭到拒绝和挫折的阶段，太多的销售员对刚接近客户的挫折无法释怀。你是否记得你第一次学游泳，或是初次站在溜冰场上？你是否要经过无数次的失败，方能体会出教练们告诉你的诀窍？所以，在与客户打交道的初期是值得你不断练习的，因为客户对你的感觉成功与否决定了你接下来的销售工作的难易，这将为你最大努力地扭转客户的拒绝态度做好铺垫。

销售员可以利用馈赠物品、免费品尝的方法来引起客户的亲近感，这种方法效果也非常明显。例如，在日常生活中，我们发现许多上门来的销售员为了很快与对方熟识，往往借助递给对方一支香烟来引起双方的亲近。使用这种方法时，销售员应注意，馈赠的物品要适当，方便客户拿取或品尝，使用的语言要热情、主动。

在销售过程中，销售员向客户赠送适当的礼品，是为了表示祝贺、慰问、感激的心意，并不是为了满足某人的欲望，或显示自己的富有。所以，在选择礼品时，应挑选一些纪念意义强、具有一定特色又美观实用的物品。赠送的礼品应该是正当的合法产品，有些销售员利用少数客户贪图小利的心理，送上一些伪劣产品，到头来吃亏的还是自己。在选择所送礼品之前，销售员要了解客户，投其所好，买上一些客户急需的东西。当然，赠送的礼品尽量与自己销售的产品一致或配套起来。比如，销售冰箱时可送温度计，销售高级音响可送几张激光唱片，销售洗衣机可送洗衣粉。送礼时还要讲究必要的礼节，考虑不同的场合，分清不同的时令，针对不同的场合赠送不同的礼物。礼品一般应当面赠送，不可让人代转，但碰到喜庆、节庆时可邮寄或派专人呈送，同时附上送礼人的名片和贺词。值得指出的是，销售员赠送礼品不能违背法律，不能变相贿赂，拉人下水，尤其是不要赠送高价值的礼品，以免被人指控为行贿而损害销售员的声誉和形象。

销售员也可以利用客户追求利益的心理，在产品销售上给予客户某些利益或实惠，以引起客户的注意并激发其兴趣，从而顺利转入业务面谈。这种方法符合客户消费中的求利心理，把客户购买产品时能获得什么样的利益直接摆出来，有助于客户正确认识产品，从而增强购买信心。

在实际销售过程中，许多客户掩饰求利心理，有时不了解情况，又不愿主动地问这方面的问题，妨碍了对产品所能提供利益的认识，而销售员点破这方面的问题，可以突出产品的销售重点，强调产品给客户带来的利益，以引起客户的注意和兴趣，从而扭转客户的拒绝态度。

4.避免与客户争辩

不要与你的客户争论，因为十之八九争论的结果会使双方比以前更相信自己绝对正确。你是赢不了争论的。要是输了，当然你就输了；如果赢了，你还是输了。因为客户已经丢了面子，不会再向你买东西了。

永远避免跟你的客户争辩。不论你们争辩什么，你是得不到任何好处的。为什么？如果你的胜利，使对方的论点被攻击得千疮百孔，证明他一无是处，那又怎么样？你会觉得洋洋自得。但他呢？你使他自惭，你伤了他的自尊，他会怨恨你的胜利。而且，"一个人即使口服，但心里并不一定会服。"

潘恩人寿保险公司立下了一项铁则："不要争论。"真正的推销精神不是争论，人的心意不会因为争论而改变。

林肯有一次斥责一位和同事发生激烈争吵的青年军官。"任何决心有所成就的人，"林肯说，"决不肯在私人争执上耗费时间。争执的后果不是他所能承担得起的，而后果包括发脾气，失去自制。要在跟别人拥有相等权利的事物上多让步一点，而那些显然是你对的事情上就让步少一点。"

像睿智的本杰明·富兰克林所说的那样："如果你老是抬杠、反驳，也许偶尔能获胜；但那是空洞的胜利，因为你永远得不到对方的好感。"

因此，作为一名推销员，你要自己衡量一下：你要的是那种字面上的、表面上的胜利，还是客户对你的好感？你要牢记这一颠扑不破的经验，让你的客户在琐碎的争论上赢过你。

5.用幽默打开顾客拒绝之门

销售人员要具备爽朗的性格和幽默的谈吐，这将有助于你营造一个愉快的销售氛围。幽默是销售过程中转化客户拒绝的灵丹妙药。没有什么比幽默更有利于建立关系，幽默是一种接合零件，是打开客户拒绝之门的钥匙。

在销售过程中，如果出现了客户拒绝，甚至陷入了僵局，这时候如果销售人员恰当地使用了幽默的语言，就会给双方带来快慰，拉近彼此的距离，高雅风趣、机智巧妙、深入浅出的幽默语言能够起到化拒绝为亲势，化敌意为友好的作用。使对方在诙谐中领悟你的意图，进而化解拒绝，出现柳暗花明又一村的境地。日本销售大师原一平曾经有过这样的经历：

有一天，原一平去拜访一位准客户，他敲开了客户的家门，

"您好！我是明治保险公司的原一平。"

客户敷衍道："哦……"

对方端详着名片，过了一会儿，才慢条斯理抬头说：

"几天前曾来过某保险公司的业务员，他还没讲完，我就打发他走了。我是不会投保的，你多说也是无用，为了不浪费你的时间，我看你还是找其他人吧。"

"真谢谢你的关心，您听完我的介绍之后，如果不满意的话，我当场切腹。无论如何，请你拨点时间给我吧！"

对方听了忍不住哈哈大笑起来，说："你真地要切腹吗？"

"不错，就这样一刀刺下去……"

原一平边回答，边用手比划着。

客户："你等着瞧，我非要你切腹不可。"

"来啊，我也害怕切腹，看来我非要用心介绍不可啦。"

讲到这里，原一平的表情突然由"正经"变为"鬼脸"，于是，准客户和原一平一起大笑起来。当两个人同时开怀大笑时，陌生感消失了，成交的机会就会来临。

在特定的环境下，原一平以"死"相比的夸张手法，制造了一个戏剧化的场面，打破了客户的拒绝，不能不说是幽默运用的杰作。由此可见，销售

员爽朗的性格和幽默的谈吐是转化客户拒绝态度的良方，如果运用得当，会起到事半功倍的效果。

成功的销售源自语言的艺术。出色的销售人员，是一个懂得如何运用语言的艺术转化客户拒绝的人。美国有329家大公司参加的幽默意见调查表明：97%的销售人员认为，幽默在销售中具有很重要的价值，60%的人甚至相信，幽默感决定销售事业成功的程度。

有一个真实的笑话：有两家保险公司的销售人员在销售本公司的保险业务时，正向夸赞自己的服务如何周到，付款如何迅速。甲公司的业务员说，他的保险公司是在意外发生的当天就把支票送到投保人的手中。而乙公司的业务员也不甘示弱，于是便取笑说："那算什么啊！我们公司在一幢40层大厦的23层，有一天，我们的一位投保人从楼顶摔下来，当他在摔落的途中经过23层时候，我们就已经把支票塞到他的手里了。"其结果当然是乙公司的业务员赢得了更多的客户。

这虽然只是个笑话，却能让人感受到幽默的魅力。可见幽默是销售员成功的金钥匙，具有很大的感染力，能迅速打开客户的拒绝之门，让客户在会心一笑之后，对你和你的产品或服务产生好感，从而诱发购买动机，促成交易迅速达成。

见招拆招——对症下药化解客户拒绝

在销售过程中，让销售人员最为烦恼但却又是最常遇到的现象，莫过于遭遇客户的拒绝了，尽管你信心十足地去拜访客户，客户仍然没有采取购买行动。对于一个销售新人来讲，可能随着不断被拒绝造成的心理压力而退出销售行业。有经验的推销员则将拒绝视为正常现象，不因遭到拒绝而停止销售，而是把拒绝看成是一种信号，从客户的拒绝中分析出其本意，并能够善于改变对方的观点，把客户冷漠的抗拒变为对产品和服务的关心，最后促成客户决定掏腰包。

一个优秀的销售人员不仅要能够正视拒绝，而且要学会应对和处理各种拒绝。一般来讲，化解客户拒绝有下列方法。

1.反驳处理法

反驳处理法是指销售员根据较明显的事实与理由直接否定客户拒绝的一种处理方法。反驳在实际运用中可以增强销售面谈的说服力量，可增强客户的信心，可以节省销售的时间，提高销售效率，可以给客户一个简单明了不容置疑的解答。因而正确而灵活地使用反驳，可以有效地处理好客户拒绝。这种方法最好用于回答以问句形式提出的拒绝或不明真相的揣测陈述，而不用于表达已见的声明或对事实的陈述。如客户焦急地问："这种颜色在阳光下褪色吗？"销售员即可回答："不，绝对不会，试验已多次证明，我们亦可担保。"使用反驳法时，销售员必须摆事实，讲道理，表达否定意见态度一定要真诚而殷切，不要像是在发动攻势，绝不能露出想发脾气的样子。例如：

客户："这房屋的公共设施占总面积的比率比一般要高出不少。"

销售员："你大概有所误解，这次推出的花园房，公共设施占房屋总面积的18.2%，一般大厦公共设施平均达19%，我们要比平均值少0.8%。"

客户："你们的售后服务风气不好，电话叫修，都姗姗来迟！"

销售员："我相信你知道的一定是个别的情况，有这种情况发生，我们感到非常遗憾。我们的经营理念，就是服务第一。我们在全省各地的技术服务部门都设有电话服务中心，随时联络在外服务的技术人员，希望能以最快的速度替客户服务，以达成电话叫修后两小时一定到现场修复的承诺。"

当出现客户对你企业的服务、诚信有所怀疑或客户引用的资料不正确两种状况时，你必须直接反驳，因为客户若对你企业的服务、诚信有所怀疑，你拿到订单的机会几乎可以说是零。例如，保险企业的理赔诚信被怀疑，你会去向这家企业投保吗？如果客户引用的资料不正确，你能以正确的资料佐证你的说法，客户会很容易接受，反而对你更信任。

在使用直接反驳时，销售员在遣词用语方面要特别的留意，态度要诚恳，对事不对人，切勿伤害了客户的自尊心，要让客户感受到你的专业与敬业。因为此法如果运用不好，极易引起销售员与客户的正面冲突，可能会给客户心理增加压力，甚至会激怒客户而导致销售失败。如果因为直接反驳客户而使客户感到自尊心受伤害，那么，即使产品再好，客户也会拒绝购买。所以反驳法不可滥用。

2.但是处理法

但是处理法是指销售员根据有关事实与理由，间接否定客户拒绝的一种处理方法。对客户的某些拒绝，如果我们直接反驳，会引起客户不快。对此，我们可首先承认客户的意见有道理，然后再提出不同的意见。当客户提出拒绝后，我们回答"是的，不过……"或"是的，但是……"然后再继续说话。

这种方法是间接否定客户意见，比较委婉。比如，一位家具销售员向客户销售木制家具时，客户提出："我对木制家具没兴趣，它们很容易变形。"这位销售员马上解释道："你说得非常对，如果与钢铁制品相比，木制家具的确容易扭曲变形。但是，我们制作家具的木板是经过特殊处理的，扭曲变形的系数只有用精密仪器才能测得出。"这样一来，不仅给客户留了"面子"，而且也轻松地消除了客户的疑虑。

但是处理法适用于因客户的无知、成见、片面经验、信息不足与个性所引起的购买拒绝。使用但是处理法处理客户拒绝时，首先表示对客户拒绝的理解，或者仅仅是简单地重复，使客户心理有暂时的平衡，然后转移话题，对客户的拒绝进行反驳处理。因此，但是处理法一般不会冒犯客户，能保持较为良好的销售气氛；而重复客户拒绝并表示同情的过程，又给了销售员一个躲闪的机会，使销售员有时间进行思考和分析，判断客户拒绝的性质与根源。但是处理法使客户感到被尊重、被承认、被理解，虽然拒绝被否定了，但是在情感与思想上是可以接受的。用但是处理法处理客户拒绝，比反驳法委婉些、诚恳些，所收到的效果也好些。例如：

客户："这个金额太大了，不是我马上能支付的。"

销售员："是的，我想大多数的人都和你一样是不容易立刻支付的，如果我们能配合你的收入状况，在你发年终奖金时多支付一些，其余配合你每个月的收入，采用分期付款的方式，那你支付起来就一点也不费力了。"

人有一个通性，不管有理没理，当自己的意见被别人直接反驳时，内心总是不痛快，甚至会被激怒，尤其是遭到一位素昧平生的销售员的正面反驳。因此，销售员在表达不同意见时，应该尽量利用"是的……如果"的句法，软化不同意见的口语。用"是的"同意客户部分的意见，用"如果"表达在另外一种状况下是否这样比较好。

请比较下面的两种说法，感觉是否有天壤之别。

A：“你根本没了解我的意见，因为状况是这样的……”

B：“平心而论，在一般的状况下，你说的都非常正确，如果状况变成这样，你看我们是不是应该……”

A：“你的想法不正确，因为……”

B：“你有这样的想法，一点也没错，当我第一次听到时，我的想法和你完全一样，可是如果我们做进一步的了解后……”

养成用B的方式表达你不同的意见，你将受益无穷。

“是的……如果……”，是源自“是的……但是……”的句法，因为“但是”的字眼在转折时过于强烈，很容易让客户感觉到你说的“是的”并没有含有多大诚意，你强调的是“但是”后面的诉求，因此，当你使用“但是”时，要多加留意，以免失去了处理客户拒绝的原意。

但是处理法要求销售员先承认客户的拒绝，因此这可能带来一系列的问题：会削弱销售员及销售的说服力量；会使客户在心理上增加拒绝信心；会促使客户提出更多拒绝；甚至会使客户丧失购买信心。由于但是处理法要求销售员避免直接反驳客户拒绝，而是要回避客户拒绝内容，转换谈话角度，会令客户感到销售员是在玩弄文字、玩弄技巧，是在回避矛盾；进而会令客户认为销售员不可靠。由于销售员要拐弯抹角地处理客户拒绝，也增加了销售困难，降低了销售效率。

销售员使用但是处理法要注意以下几个方面：

（1）明确地表示同意客户的看法，似乎是赞成的，这样就维护了客户的自尊，然后在“但是”后面做文章，用有关事实和理由婉转地否认拒绝。用这种方法可以使得客户容易接受销售员的否定意见。

（2）销售完全可以用委婉的语言。用委婉的语气、语调阐明自己的看法，有利于创造一个和谐的洽谈气氛。

3.补偿处理法

补偿处理法是销售员利用产品的其他长处来对拒绝所涉及的短处加以弥补的一种处理方法。例如：

客户：“这个皮包的设计、颜色都非常棒，令人耳目一新，可惜皮质不是顶好的。”

销售员："你真是好眼力，这个皮料的确不是最好的，若选用最好的皮料，价格恐怕要高出现在的一倍以上。"

当客户提出的拒绝有事实依据时，你应该承认并欣然接受，强力否认事实是不智的举动。但记得，你要给客户一些补偿，让他取得心理平衡也就是让他产生两种感觉：产品的价值与售价一致的感觉；产品的优点对客户而言是重要的，产品没有的优点对客户而言是较不重要的。

世界上没有十全十美的产品，当然要求产品的优点愈多愈好，但真正影响客户购买与否的关键点其实不多，补偿法能有效地弥补产品本身的弱点。

例如，客户嫌车身过短时，销售员可以告诉客户"车身短能让你停车非常方便，若你是大型的停车位，可同时停两部车"。

补偿法的运用范围非常广泛，效果也很实际。它与"但是处理法"的主要区别在于后半部分，但是处理法后半部分是紧接着否定客户拒绝，而补偿处理法的后半部分则是指出销售品的优点，用以补偿客户感觉的不足。它的优点首先是承认客户的观点，并没有间接否定，给人以实事求是的印象，增加了信任感；其次，通过对产品优点的突出，容易使客户得到心理平衡，让客户感到购买此产品是合算的，有利于业务进行。

但由于补偿法需要首先承认与肯定客户拒绝，又不能及时地解决，可能会产生某种负效应，以致会引发客户失去购买信心。滥用补偿法不加区别地肯定客户提出的拒绝，可能会导致客户误会，使原本无效的拒绝演变成有效拒绝；会助长客户坚持拒绝的心理倾向，甚至会使客户拒绝增多，增加成交阻力。如果销售员不能够令客户认识到虽然购买了一个有拒绝的产品，但在利益上能得到补偿的话，客户就不会购买。

因此，在运用补偿法时应注意以下问题：

（1）销售员只能承认真实的有效拒绝。

（2）销售员应该实事求是地承认与肯定客户拒绝。

（3）销售员必须及时提出产品与成交条件的有关优点及利益，有效地补偿客户拒绝。

4.将计就计法

将计就计是指销售员直接利用客户拒绝进行转化从而处理客户拒绝的办法。从现代销售学理论上讲，客户拒绝具有既是成交障碍又是成交信号的二重性。客户拒绝提出了一个关于客户的实际问题和看法，如果能将计就计，利用客户拒绝正确的、积极的一面，去克服客户拒绝错误的、消极的一面，就可以变障碍为信号，促进成交。例如：

客户："价格又涨了。"

销售员："是的，价格是涨了，而且以后还得涨，现在不进货，机会就丢掉了。"

（这是对中间商而言，如果对最终消费客户就该说："再不买吃亏就更大了。"）

这种方法是很有效的。又如，客户说："产品卖不出去，不敢进货了。"销售员可以告诉他，那是因为他没有买自己所销售的产品，如果买了自己所销售的产品就有了畅销货，就可以带动其他产品的销售等。

将计就计法主要是利用客户拒绝本身对业务有利的一面来处理拒绝，把客户拒绝购买的理由转化为说服客户购买的理由。

有一位销售员向一位餐饮业老板销售"蓝精灵"餐饮无线呼叫系统。客户拒绝说："我们生意不好，还用这干吗？"销售员回答："本系统就是为了减少你的经营成本，提高服务质量，提高营业额，提高回头率，提高企业形象的。"

我们在日常生活中也经常碰到类似将计就计的说辞。例如，主管劝酒时，你说不会喝，主管立刻回答说："就是因为不会喝，才要多喝多练习。"你想邀请女朋友出去玩，女朋友推托心情不好，不想出去，你会说："就是心情不好，所以才需要出去散散心！"这些对拒绝处理的方式，都可归类于将计就计法。

下面，我们再来看两个例子：

客户："收入少，没有钱买保险。"

销售员："就是收入少，才更需要购买保险，以获得保障。"

客户："我的小孩儿，连学校的课本都没兴趣，怎么可能会看课外读本？"

销售员："我们这套读本就是为激发小朋友的学习兴趣而特别编写的。"

将计就计法能处理的拒绝多半是客户通常并不十分坚持的拒绝，特别是客户的一些借口，此法最大的目的，是让销售员能借处理拒绝而迅速地陈述他能带给客户的利益，以引起客户的注意。但是，将计就计法亦有局限性，就是销售员直接利用与转化客户拒绝，会使客户产生一种被人利用与愚弄的感觉，因而可能引起客户的恼怒与反感，亦会引起客户的失望或迫使客户提出新的更难处理的拒绝。所以，使用将计就计法应注意以下几方面的问题：

第一，应肯定、赞美客户，以造成良好的销售气氛；应做到态度诚恳、语气热情。

第二，认真分析和利用客户的心理，只肯定与赞美客户拒绝中的正确部分、积极因素。因此，销售员应利用客户拒绝本身的矛盾去处理拒绝。例如，客户主要担心与疑虑的是价格的上涨，于是可以通过分析，使他明白为什么价格上涨了反而更应该买的道理。

第三，向客户提供正确的信息，使客户相信自己的购买是正确的。例如，如果销售员认为价格今后会上涨，而且自认为有较高概率时，才可以肯定地告诉客户"以后还要涨"，绝不能欺骗客户。当然，对于风险问题，亦应向客户说清楚。

5.询问处理法

在销售员中流行着一种"为什么"的口头禅，这其实是指销售员通过对客户的拒绝提出疑问来处理拒绝的一种策略和方法。在实际销售过程中，有的客户拒绝仅仅是客户用来拒绝购买而随手拈来的一个借口；有的拒绝与客户的真实想法完全不一致；有的客户本人也无法说清楚有关购买拒绝的真实原因。总之，在某些情况下，客户拒绝的类型、性质与真实根源很难分析判断。这就是客户拒绝的不确定性。客户购买拒绝的不确定性为销售员分析客户拒绝、排除购买障碍增加了困难，也为询问处理法提供了理论依据。

例如：

客户："我希望你的价格能再降10%！"

销售员："××总经理，我相信你一定希望我们给你百分之百的服务，难道你希望我们给你的服务也打折吗？"

客户："我希望你能提供更多颜色让客户选择。"

销售员："我们已选择了五种最被客户接受的颜色了，难道你希望有更多颜色的产品，增加你库存的负担吗？"

询问处理法有不少优点。首先，通过询问，销售员可以进一步了解客户，获得更多的客户信息，为进一步销售奠定基础；其次，如果发问运用得好，带有请教的含义，既可以使客户提供信息，又可以使销售保持良好的气氛。发问使销售员有了从容不迫地进行思考及制定下一步销售策略的时间，发问还可以使销售员从被动地听客户申诉拒绝转为主动地提出问题与客户共同探讨。因此，发问是一个被广泛应用的处理客户拒绝的方法。

但是，在销售中，销售员使用询问处理法时也要注意：

第一，应采取灵活善变的方法及时追问，看准有利时机，有效地引导客户把拒绝的真正根源讲出来。

第二，要讲究销售礼仪，尊重客户。追问的手势、语气、姿态，都影响到询问的效果，应使客户在感到受尊重和被请教的情况下说出拒绝的根源。

第三，追问客户应适可而止。对于客户不愿意讲的或者根本讲不清的原因，就不要追问。

第四，应注意具体情况具体分析，灵活地运用这种方法处理拒绝。

6.忽视处理法

所谓"忽视处理法"，顾名思义，就是当客户提出一些反对意见，并不是真的想要获得解决或讨论时，这些意见和眼前的交易扯不上直接的关系，你只要面带笑容地同意他就好了。不少有经验的销售员认为，大多数的客户拒绝是属于无效、无关拒绝，甚至是虚假的拒绝。尽管客户提出拒绝的原因难以捉摸，但对于无效、无关与虚假的拒绝，销售员完全可以不予理会。

当销售员拜访经销店的老板时，老板一见到你就抱怨说："这次空调机的广告为什么不找成龙拍？若是找成龙的话，我保证早就向你再进货了。"

碰到诸如此类的反对意见，我想你不需要详细地告诉他为什么不找成龙而找别人的理由，因为经销店老板的拒绝恐怕是别的原因，你要做的只是面带笑容、同意他就好。

对于这些"为反对而反对"或"只是想表现自己的看法高人一等"的客户意见，若是你认真地处理，不但费时，尚有旁生枝节的可能，因此，你只要让客户满足了表达的欲望，就可采用忽视法，迅速地引开话题。忽视法常使用如下方法：

微笑点头，表示"同意"或表示"听了你的话"。

"你真幽默！"

"嗯！真是高见！"

但是，忽视处理法可能会使客户因为自己的拒绝没有受到应有的重视而不满；因销售员答非所问与故意的"冷落"而反感，甚至会产生疑心。一般情况下客户提出拒绝，总是希望得到答复，而且拒绝亦是客户对销售的初步反应，销售员对客户提出的拒绝采取不理睬态度，于情于理都欠妥当；更应指出的是，在销售员看来是无关、无效与微不足道的拒绝，甚至是莫名其妙的拒绝，有时会成为或者会演变成为客户购买的主要障碍。因此，忽视处理法不可滥用。

在应用忽视处理法时应注意以下问题：

（1）忽视处理法只适用于处理无关的、无效的和虚假的拒绝。因此，销售员必须对客户拒绝进行认真分析。

（2）销售员一定要专心并认真地听取客户提出的拒绝。不管客户提出什么内容的购买拒绝，也不管销售员是否已打定主意对客户的拒绝采取忽视处理策略，都要认真听取客户提出的拒绝。同时，密切注意客户的反应，注意客户在提出拒绝过程中的行为及情绪变化，从中了解客户没有表达和没有说明的拒绝根源。

7.预防处理法

长期从事销售活动的人都会发现，不管你如何细心和全面，客户肯定会对产品提出某些特定拒绝。因此，有些销售员事先预测到客户会提出的一些拒绝及其内容，并抢先在客户开口前进行处理与解释，就可以先发制人，起到预防客户拒绝的作用。而且，此法可以缩短销售洽谈过程，节省时间，促进成交。

预防处理法有其独特之处。它可以使销售员处于主动地位；可以令销售员在客户面前表现出信心；它不仅可以预防客户可能会公开提出来的拒绝，更有利于消除不公开的拒绝。隐藏的购买拒绝，往往是客户购买的主要障碍。如果销售员能事先给予预防，就可以有力地促进客户的购买，为顺利成交创造良好的条件。所以说，预防是较好的客户拒绝处理法。

但是，预防在实际上比较难以应用。首先，如果销售员进行预先处理，即自己提出拒绝，然后给予解释与反驳，万一语气与用词不当，就会使销售员的销售形成咄咄逼人之势，使客户感到心理压力加大而无法忍受。如果客户因此而在心理上筑起抵触的防线，成交将变得没有希望。其次，销售员抢先提出一些客户拒绝，其中有客户没有意识到的无关拒绝，会使客户失去购买信心，会形成拒绝的传染与扩散，抢先处理成了授人以柄，使客户有了拒绝成交的有效理由。

因此，预防客户不满时应注意以下问题：

（1）销售员必须做好充分的准备。

（2）销售员必须淡化自己提出的拒绝，以防止客户提出新的购买拒绝。

8.暂不处理法

有时，客户习惯于某种购买模式，习惯于对某个产品的购买与消费，因而不肯接受销售员所销售的产品，并因此而产生拒绝。这时，销售员企图在短时间内改变客户拒绝是不可能的，操之过急反而会使客户反感或顽固坚持拒绝。在这种情况下，销售员可以在演示及证明所销售的产品后，留下一段时间给客户，让客户自我消化销售员的销售建议。

"暂不处理"可以使客户有充足的时间进行考虑与决策，避免了匆忙决策带来的弊病；可以让客户有时间对产品作进一步的了解；可以让客户实际对产品进行鉴定、试消费等。这样，可以使客户解除不少隐性拒绝。由于有充裕的时间并给予客户以充分选择自由，能使客户感到销售员对他的尊敬与信任。因此，客户也会信任与尊敬销售员，并愿意购买销售员的产品。但暂不处理法会降低销售效率，会给竞争对手以可乘之机，在推迟与等待过程中还会出现一些意想不到的事情，而令前段销售努力付之东流。

在应用暂不处理法时应注意以下问题：

（1）销售员应把证据及可提供的资料等留给客户，使客户在有时间的时候进行了解与学习，为客户决策提供依据。销售员在离开客户前，应总结此次面谈的收获以及客户的遗留拒绝，应约好下一次与客户见面的时间与方式。

（2）销售员应该表现出充分的信心，不要显得犹疑不决、拖泥带水。要相信符合客户需求的产品能为客户所接受，要相信真诚的销售活动能获得成果。

总之，处理客户拒绝的方法是多样的，应根据客户拒绝、环境、时间、地点等具体情况而灵活运用。同时，针对不同的客户的拒绝理由，既可以只采用一种方法，也可以几种方法同时交叉使用。

实践出真知——排除客户拒绝的实战技巧

1.客户说"我很忙"时怎么办

"我现在很忙，请你改天再来吧！"当客户这么拒绝的时候，你该怎样"应付"呢？

一般而言，这只不过是客户的一种借口罢了，或者是他在撒谎。所以，你要迅速（记住，是一眨眼不是两三分钟）而准确地看出对方究竟是"真忙"还是"假忙"。如果对方是"假忙"，就相对要好办一些；如果对方是"真忙"，你又该如何"应付"呢？有下列两种方法：

（1）"约定时间"洽谈。"我看您工作这么繁忙，打扰您还真是不好意思呢。这样吧！就五分钟，请您抽出五分钟听我说几句话，好不好？说完我立即就走。"

真正忙碌的客户，如果你事先和他约好"五分钟"，他也可能愿意抽出这五分钟时间听你说明。否则，"这个人不知道要跟我啰唆多久"的心理，将会使得他犹豫不决。

（2）适时离开。当客户推辞的时候，宁可先说："打扰您真抱歉。那我就改天再来拜访了。"

而不要等客户说："我说不要就是不要！"之后才离开。

重要的是，你已经说过"改天再来"，这不仅告诉你自己，更告诉了对方：不久之后，你会再次登门拜访的。同时，千万要记住，离开时的态度要好，不要令对方感到厌恶。

有一位保险推销员到一户人家推销业务。

"我家的收入只够日常开支，哪有钱买保险呢？"

当客户这么推辞的时候，这位推销员仍然"坚持到底"，不肯罢休。

"我现在没空，孩子都去上班了，我也忙着烧饭，还是请你改天再来吧！"

当客户这么说的时候，他也还是"坚持到底"一点儿也不放松。

结果当然是生意没成又惹人讨厌。

事实上，当推销员看到对方两手湿漉漉的，又侧着身体站立，就该明白对方确实是很忙碌，是在做饭。应该适时告退，委婉地留下下次再来的借口。

2.客户说"你改天再来吧"时怎么办

在推销过程中你可能经常会遇到这样的客户："请您改天再来吧！我今天不买""我现在不需要，过几天再说吧！"

通常情况下，进行这般推辞的客户，都属于下面两种类型的人：第一种是感觉敏锐，能照顾对方的立场，很讲究礼貌。另一种是优柔寡断，不能给予对方明白的答复。

（1）对付第一种类型客户的方法。这种客户看起来沉静且易于接近，但事实上，要说服他们得花费相当大的功夫。在经过双方的简短交谈后，如果对方"请你改天再来吧"的意愿仍然未变，那你就要"改变策略"了。

"冒昧地打扰您了，真是抱歉。那么，我就改天再来拜访你吧。"

第一次拜访的时候，吃客户的"闭门羹"是很平常的事。所以，还要再接再厉进行第二次访问，但如果第二次得到的答复仍同第一次一样，那么，这笔生意成功的希望也就大大减小了。

（2）对付第二种类型客户的方法

当这种类型的人推辞的时候，你要虚心地接受对方的意见。"喔，是这样的啊，也难怪，现在物价上涨，谁买东西都要计划一下的。"

如果你接着说："不过……"那么其效果就会大打折扣。遇到这种情形，经验丰富的推销员应该这么说：

"考虑？这是当然的，一台空调几千元，再怎么样，也不能随随便便就决定买。国家相关部门曾经做过一项统计，统计结果表明，在咱们这里76%的家庭都有空调，这倒是相当惊人的。"

"76%"这句话，无形之中将使得客户产生"啊！那我家就包括在剩余的24%里头了"的心理，从而激起客户的购买欲望。

总而言之，在面对客户的这种借口时，一切要按实际情况而定，或是"坚持到底"或是"适时告辞"。当然，最"保险"的方法莫过于先将商品的说明书交给客户，经过两天之后，再去访问。

3. 客户说"我想再看看别家的产品"时怎么办

当推销员刚刚向准客户形象地展示完产品，并把产品的每项优点都解释清楚之后，准客户却说："我想到别家再看看。"这实在是很令人气馁的事。不过在面对这种情况时，优秀的推销员会利用各种技巧，转变客户的看法，当场完成推销。

（1）强调产品的品质。当客户说出"我想到别家再看看"这样的借口时，首先要分辨出他想到别家看的究竟是什么，是价格，是质量，还是服务，只有在弄清楚这一点后才能对症下药。

如果客户是出于价格的因素，就可以这样对他说：

"先生，每个人都希望买到物美价廉的商品，您到别的公司去看，他们的价格可能真的比我们的价格低。但是我可以肯定地说，绝没有第二家能以这个优惠的价格来给您提供这么高质量的商品和优良的售后服务了。"

"我从未发现有任何一家公司可以以最低价格提供最高品质的产品和最好的服务，就好像您肯定不能以吉利汽车的价钱买得到宾利那样的产品质量和服务一样。"

在说完这句话后，最好给客户留下足够的反应时间。因为你所说的都是实话，客户几乎没有办法来反驳这个事实。那么接下来，你就可以这样对客户说：

"那么先生，您不认为以这个价格来购买我们的产品和服务，是一种很划算的交易吗？"

因为你的产品的品质和服务确实符合这样的价格，所以你的客户如果不是故意刁难，应该不会做出否定的回答。然后，你就可以继续问：

"先生，购买商品时肯定要考虑价格原因，但它并不是首要的，有时多投入一些成本来获得真正所想要的优质产品，绝对是值得的，您说是吗？就像有些公司的采购人员只是致力于从供应商那里尽量获得最低的价格，而并不考虑产品本身的质量和以后的服务。我们知道，有时候低价位产品产生的问题往往比它能够解决的问题还要多。而那些资深的采购人员，往往会依靠他们的经验，更在意获得高品质的产品，而不是那些低价位的产品。"

"先生，我想您肯定不会为了贪图那一点便宜，而不顾产品质量的好坏和服务的优良与否吧？您肯定会为了您的长期利益着想，而不会放弃的，对吗？"

（2）对客户的要求表示理解。某客户需要一台笔记本电脑，以便生意上的沟通能够更方便、更快捷。他跟推销员通了电话，听了介绍后，他说想到其他的地方再问问。

在这种情况下，就应该设法让客户说出他真正反对的理由。你可以试试以下这种办法：

推销员："您知道吗，先生，跟您一模一样，很多客户在购买我们的笔记本电脑之前，想再到别的商家比较比较。我肯定您也一样想以手头现有的钱买到更好的笔记本电脑，以及更好的售后服务，对吗？"

客户："那当然是肯定的啦。"

推销员："您可不可以告诉我，您想看些什么或者比较些什么呢？"

客户："……"（这时他说的第一句和第二句话，应该都是真正的反对理由——除非他只是想把你摆脱开来）。

推销员："在您跟别的商家做完这些方面（一个个说出来）的比较之后，发现我们的最好，我想您一定会回来跟我购买的，对吗，先生？"（好了，这会儿是让客户说出打算的时候了。）

（3）不妨摆出一种高姿态。"不好意思，我只是想试一下，我想到别家再看看。"

"既然您对这种商品的效用有点疑虑，那么我现在就给您比出效果来。您看，这是50元的，我们现在来跟这个100元的比一下（做演示）。您看这效果是明显的不一样。如果您还是不相信的话，也可以再到别家问问，反正我的商品不怕试，也不怕比。即使您到别家去，也会再回来的。"

在这里，推销员就是向客户摆出这样一种高姿态：我们公司的东西不论从质量还是价钱方面都是最棒的，您随便到哪家问，哪家比，最终还是会回我们这里来购买的。在实际的推销中这种方法是比较有效果的，客户一听推销员这样说，很可能就不再犹豫了。

4.客户说"以前用过，感觉并不好"时怎么办

如果客户说："以前用过你们的东西，很糟糕。虽然你们说是已经改善了，但你们的产品质量我很清楚。"面对客户的这种借口，有很多推销员往往会反驳说："哪有那回事。"然后又把改善的部分啰哩啰唆地说了一大套，甚至还会跟客户发生争辩，争得面红耳赤。

之所以出现这种局面，或许是推销员听到他的产品或公司被人家说坏话而感到气愤，可是对客户而言，无论他讲些什么反对意见也是绝无恶意的，倘若客户果真存有恶意，又何苦跟推销员进行当面沟通呢？所以既然客户愿意与推销员进行当面沟通，并能够拿起他的商品来瞧瞧，再说些反对意见，这种种行为就表示对制造厂商、对推销员、对商品颇有好感，甚至有购买的意向。

我们应该明白的是，客户之所以有反对意见，大半是基于某项误解，由于日积月累的偏见所致，所以你务必寻找出其背后的真正原因来，这样才能够适当地做一个处理。此时你可以试着去征求对方的意见，征求客户意见的方法，大概归纳成以下六种：

（1）开放型，"这是怎么回事呢？"要概括地询问。

（2）半开放型，"您说的是关于产品还是售后服务呢？"

（3）肯定型，"关于哪几点非常好呢？"只谈优点。

（4）否定型，"关于哪几点是不理想的？"只谈缺点。

（5）选择型，"您说的是操作、设计、安装方面，还是售后服务方面？"让顾客在几个问题中选择。

（6）强制型，"在故障方面您以为如何？"只集中强调某一点来讲。

5.客户说"那你就是要推销东西喽"时怎么办

有时推销员在给客户介绍完产品之后，客户会不屑地问"那你就是要推销东西了？你是在为你的产品做广告吧？"当面对客户的这种质疑性的借口时，应该怎么去应对呢？

（1）为客户着想。客户："我为什么要帮助你们来推出这种产品呢？是不是在给你们做广告啊？"

推销员："先生，您并不是在为我们来推出新产品。"当然有的厂家希望通过零售商为他们推广新产品，那就意味着他们对这种产品的销售潜力不了解，或者他们不愿为推广新产品花费更多的资金，将新产品卖给零售店就意味着他们的工作已经完成了。所以这并不是让你们给我们做广告啊，而是在给您提供一次获得更大利润的机会。因为我们一直都在进行各种形式的促销并提供强大的广告支持，消费者也会根据广告或促销活动将新品牌同您的商店联系在一起，他一定会对广告中所介绍的产品感兴趣而进行尝试。"

设身处地地为客户着想，是做到始终以客户为中心的前提，作为一名销售人员，能经常地换位思考是非常重要的，设身处地地为客户着想就意味着你能站在客户的角度去思考问题。理解客户的观点、知道客户最需要的和最不想要的是什么，多站在顾客的立场上想问题是化解拒绝的重要秘诀。

（2）表示产品质量可靠。

推销员："我当然是很想销售我的东西！不过，我的产品得首先让您觉得值得买，才会卖给您。关于这一点，我们要不要一起来研究一下？我们的别墅为住户考虑得细致入微，能想到的都为客户想到了。这些您也能看出来，先说地理位置吧，在三环以内，交通非常便利……

"而且我们的建筑是由国际著名的设计师设计的，别具风格。不光是外形上叫人刮目相看，内部设施也一应俱全，并且有效地利用了空间，还设计了酒吧、储藏间和娱乐室。我们的别墅离商场、俱乐部和其他商业服务区都很近，徒步只要十几分钟就到了。

"还有就是尽管我们的别墅位于繁华地段，但是环境非常优美，远离噪声和空气污染。

"我们这套房子虽然标价是1000万元，但您也可以先交300万元的首付款，其余款项可以从银行进行为期20年的按揭贷款。"

可能上面的推销员在给客户介绍房屋的质量与性价比时太过于详细，但这在实际的推销当中是十分必要的，因为只有让你的客户详细地了解了你的产品，他才有可能购买。

（3）奇特制胜。如果客户对推销颇有反感地说："那你就是推销东西了？"

我们当然不能与之争吵，而应该想办法出奇制胜。

一位商店的老板，是个顽固保守的老年人，非常反感推销员。一天，一位推销洗衣粉的业务员来到店前，还未开口，他就大声喝道："你来干什么的？"

这位推销员并未吓倒，而是满脸笑容地说："老先生，您猜我今天是来干什么的？"

对方毫不客气地回敬他："你不说我也知道，还不是向我推销你们那些破玩意儿！"

推销员听后反而哈哈大笑，说："您老人家聪明一世，糊涂一时，我今天可不是向您推销的，而是求您老向我推销。"

老年人愣住了："你要我向你推销什么？"

推销员回答："我听说您是这一地区最会做生意的，洗衣粉的销量最大，我今天是来讨教一下您老的推销方法。"

老年人活了一辈子，也没见过有人登门求教的，于是，感到受宠若惊，便兴致勃勃地向推销员大谈其生意经。直到推销员起身告辞，老人突然像想起什么来了，大声说："喂，请等一等，听说你们公司的洗衣粉很受欢迎，给我订30箱。"

如果这位业务员不是采取出其不意的战术，一开口便向老人兜售洗衣粉，恐怕早就被对方轰出门外了。

6.客户说"让我再考虑考虑"时怎么办

在面对销售人员的推销时，即使是那些确实有需求的客户，他们也往往会说出"我要考虑考虑""我们不会马上就决定""让我想一想"等诸如此类的话。要知道这些话只是一个借口，而不是真正的拒绝理由。推销员只要找出真正的拒绝理由，并有创意地加以解决，就有推销成功的可能。

那么当客户说出："嗯，这份计划看起来相当不错，我考虑考虑吧。"这时，你该如何应付呢？

俗话说："做事要趁热打铁"。做推销也是一样的道理。假定客户说"我再考虑考虑"这样的话，推销员应该在此反对意见刚刚萌生之际，就立即想办法进行化解。这时你可以说："实在对不起。"

"有什么对不起呀？"

"请原谅我不大会讲话，一定是我的介绍使您有不明了的地方，不然您就不至于说'让我再考虑考虑了'。可不可以把您所顾虑的事情跟我说一说，让我知道一下好吗？"

这样，既显得认真、诚恳，又可以把话头接下去。

当然也可以直接跟客户这样说："您先不要这么想，您先看看这个样品，看看再说吧。本产品的特别之处就是……"

这也是为了进一步激发客户的购买欲，一步一步引导客户购买。可能客户已经在相关资料介绍中抓住了一些关键疑点，正是这些疑点，使客户下不了决心。这时推销员就应该站在客户的位置，从他的利益出发，同客户一道来考虑消除疑虑、解决问题的办法。

比如，可以用暗示性的方法跟客户讲："这是一个很重要的问题，我们一道来研究好不好？"

或者："的确，正如您所看到的，这就是最重要的地方，而这也恰恰是我要向您推荐的这个产品的独特之处。以前使用的减肥食品都需要配合节食，使人难以忍受，但这种营养素却能够在您实行健美计划的同时，随心所欲地食用，而且不会产生副作用……"

此外，还可以说："对不起，我知道您很忙，可是我没办法每天都来呀。我想您所担心的也许是交付问题吧！若不妨碍您的话，我们还是再仔细谈一谈吧！"

7.客户说"我需要总公司的同意"时怎么办

当听到客户的这句话："我需要总公司同意。"不要太过沮丧，因为富有经验的推销员会发现这很有可能是个托词。那么，怎样来核对客户所说的这种话是否属实呢？

（1）询问关于取得总公司同意的程序。推销员可以这样询问：

"如果总公司同意的话，那得多久时间？"

"是一个人决定就行了，还是要全体董事同意？"

"如果是董事会，他们一般什么时候开会？"

"那我可以提交具体的企划书给他们参考吗？"

"您手头有没有企划书的样本？"

"我可以跟决策者联络吗？"

（2）直接核对事实。想要当场判定客户所言"需要总公司同意"是否属实，可以直接请求客户打电话联络总公司，如果他再试图找些借口，那就证明客户只是推托而已。这时推销员就需要找出真正的说服理由来尽全力去争取这笔生意，直到把订单拿到手。

推销员："没问题，这我了解。趁现在我在这儿的时候，跟他们联络吧，这样我也能够回答他们可能提出的问题。

客户："我们老板不在，我们做不了主。"

推销员："您不妨给老板打个电话，及时进货也是在帮助您的老板赚钱，您及时给他打电话，这说明您对他的生意很在意，工作上很负责任，你们的老板回来后肯定会奖励您的。"

（3）让客户来劝说他的上级。有一个办公设备推销员，为人胆大心细。为了完成交易，他通常会冒险使用各种方法。有一次他和一位办公室经理谈生意。

"您看我们的设备怎么样？"

"是不错，但是我需要总公司的同意。"

推销员心想："这位办公室经理想买，但他害怕他的上司会批评他越权。"

为了不使这桩生意成了泡影，推销员认为可以利用经理的骄傲心理去消除他对上司的恐惧。于是他拍了一下打印机说道（声音大得全办公室的人都能听得见）："T型福特！T型的！"

"你说T型是什么意思？"那位经理问道。

"没什么，T型福特是过去盛极一时的汽车，正如您的打印机。但今天，它只是一个怪物！"推销员说道。

这深深地触动了那位经理，他坐在那里陷入沉思。两天后他打电话给推销员说，他想用激光打印机代替他原来的那部。

这个推销员就是掌握了这位经理确实想购买，但担心上司责怪的心理，所以他才敢那样讥讽经理的打印机。这不失为一个很好的策略，但需要注意的是你必须有十足的把握，对你自己，对你的产品要有信心。

8.客户说"先把资料放在这吧"时怎么办

一位推销员到了一家公司，开始向该公司的总经理推销他的手提电脑。这位总经理只是很随便地说了一句："知道了，那你先把相关的介绍资料给我留下吧。"

很明显，这位总经理根本就没有购买的意思，只是随口敷衍了一句。虽然表面上他并没有说没有兴趣，但是他只是冷淡地让推销员把资料留下，就表明了他根本对此没有兴趣，留下资料后翻看的机会也很小。那么面对这种情形的时候，推销员应该怎么应付呢？

可以看以下几个解决方案：

方案一：

推销员："先生，我们的资料都是精心设计的纲要和草案，而且都是专业术语，必须配合人员的说明和解释，而且对每一位客户还要分别按个人情况进行修订，等于是量体裁衣。所以，如果您今天没有时间的话，那我星期四或星期五过来给您做具体讲解。您看是上午还是下午比较好？"

方案二：

推销员："是的，先生，是这样的，正因为您的时间很宝贵，所以如果让我先跟您讲一下，再把资料留给您的话，您在看资料的时候就可以有重点的进行阅读，这样可以节省您更多的时间。您放心，我不会超过十分钟的，不知道您是星期一晚上，还是星期二晚上方便呢？"

方案三：

推销员："是的，介绍人赵小姐特别告诉我，说您是这方面的行家。不过，我们所要谈的不是如何做这份工作，而是在经营一项事业，这是非常特别的。很多人到我们公司来以前，想法都和您一样，但听过我们的说明以后，他们又会发现这是一个新生的事业，不知道您是星期一，还是星期二晚上方便呢？"

9.客户说"这种产品不适合我"时怎么办

"这件衣服太时髦了，我这年纪怎么穿得出？不要！不要！"这是一种常见的客户反对意见，一旦客户已经了解自己真实的需求，但是担心眼下这种产品不能满足自己的需求，必然会产生这种反对意见。也就是说，客户对你产品的质量、规格、品种、款样、包装等方面提出反对意见。

但是，只要客户不断地提出问题，他们就一直存在着购买产品的兴趣。下面介绍几种应对技巧：

（1）用"是，但是"回答。在回答客户问题时，这是一个广泛应用的方法，它非常简单，也非常有效。具体来说就是：一方面销售员表示同意客户的意见，另一方面又解释了客户拒绝的原因及客户看法的方向性。

由于大多数客户在提出对产品看法时，都是从自己的主观感受出发的，也就是说，都是带有一种情绪的。当客户对产品产生了误解时，这种方法是有效的。

（2）突出优点弱化缺点。客户可能提出产品某个方面的缺点，销售员则可以强调产品的突出优点，以弱化客户提出的缺点。当客户提出的问题基于事实根据时，可以采取此法。

当客户提出产品存在的问题时，可以用这种方法把销售的阻力变成购买的动力。采用这种方法实际上是把客户提出的缺点转化成优点，并且作为他购买的理由。

（3）介绍老客户的体会。销售员可以利用使用过产品的客户给本店寄来的感谢信来说服客户。一般说来，人们都愿意听取旁观者的意见。所以，那些感谢信、褒扬产品的来信等，是销售产品活的教材。

10.客户说"我很满意目前的供应商"时怎么办

当客户说"我很满意目前的供应商"时，虽然这句话表明了客户对目前供应商提供的各项服务很满意，但这也并不代表他会一直满意下去。如果这时推销员能让客户继续说下去的话，其实也很容易找到机会，找到突破口。你可以给客户先派送样品或尝试性的订单，向客户展示能证明你的产品价值的东西。

（1）具体问题具体分析。就像面对其他类似的借口一样，推销员应该分析客户借口背后的真实原因是什么，然后再想办法去解决这一难题。首先，需要了解客户的供应商为什么会令客户那么满意，这对下一步应对策略很有帮助。

常见的原因是供应商给客户的商品不仅在质量上让客户满意，并且服务周到，如供应商有库存，可以随时送货并且价格也比较合理。还有就是由于客户与供应商已经合作多年，有了特殊生意关系和更深的个人关系。

推销员在了解了这些原因之后就应该采取以下步骤了：

第一，取得现任供应商的资料。比如，"您最喜欢目前这家供应商的哪一点？""您最满意他们什么地方？""有没有您想改变的地方？""我们最近结合最新科技成果，研制出了新型产品，综合性能远超过了你们现有的设备，如果您能给我们一个机会，我很乐意示范给你们看。"

第二，运用激将法。比如，"我相信您会同意这一点的，先生，身为一名企业家，您应该主动地去寻找能给公司带来最高回馈的解决方案。"

第三，做出专业的回答。比如，"先生，当我们对供应商很满意的时候，我们还是需要另外一家供应商当作参考，以确保我们真正能够得到最好的价格、最好的商品与服务。"

第四，询问客户选择的过程。比如，"您是用什么标准来衡量你的供应商的？"

提出跟标准有关的问题，可以让客户想想未来的发展趋势，而不仅限于眼前。

（2）分析产品的优势所在。"张经理，您好，我是××报社的小周，星期三早上我到您公司拜访过，咱们说好今天把广告定下来，您打算做1/2版还是1/4版？"

"我们一直都在报纸上刊登广告，我们还是比较满意目前的这家报纸，不瞒你说你们这个版面的收费太高了。"

"张经理，您是知道的，我们这个版费是标准版费，同行业都是这个标准，而且我们报纸的发行量也是极为可观的。您在其他小报上做几个广告合起来的目标受众还不如我们一家报社的多呢，费用却高多了，您说是吧？"

"嗯，这……"

"您就别犹豫了，您看是做1/2版，还是1/4版？"

（客户沉默了10秒后）

"张经理，您是知道的，目前有很多客户都想做这个头版，您要是再迟疑的话，就错过后天的版面了。今天是后天的小样定稿，您看我现在过去到您那里拿材料，还是……您要是忙的话就交给您的秘书小李，我过去取，晚上我就给您送小样过去。"

"那好吧，我先看看。"

11.客户说"我不买你的产品"时怎么办

客户说"对不起，请贵公司另派一名销售员来""我要买小王的""我不买你们公司的产品"等。此时，销售员应该快速做出判断，是不是客户对你或是你的公司产生了感情性的反应。因为有些客户不肯买产品，只是对某个销售员或公司有意见：可能是不那么喜欢你，也许仅仅因为不喜欢你说话的声音；也许是不喜欢你们公司，因为你们公司的一位销售员曾冒犯过他等。对此，销售员应对客户以诚相待，与其多进行感情交流，争取客户的谅解和合作。

对于感情性的拒绝，客户通常不会直接说他不喜欢你或你的公司。因此，开始的时候，你应该判断此种拒绝是否是感情性拒绝。下面是一个例子：

销售员："你好，我是××。"

客户："谁？"

销售员："我是××，上周六晚上我们在××见过面。"

客户："哦，是你呀！"

销售员："我们今天晚上可以聚一聚吗？"

客户："恐怕不行啊。今晚我有事要办。"

销售员："哦。那么，明天晚上怎么样？"

客户："也不行，我要参加合唱队排练。"

销售员："唱歌？我也喜欢合唱。也许我可以和你一起去参加合唱队排练。"

客户："那不可能。合唱队不让我们带客人去。"

销售员："那么后天呢？"

客户："真抱歉，那天晚上要上课。"

……

看得出，你解决了一个拒绝，他就又提出一个……几个回合下来，你就应当开始推测，这不是事实或逻辑上的问题，可能是感情和关系上的问题。

销售员遇到感情拒绝会比较麻烦，比较可行的办法是：

（1）话题转向事实和内容。把谈话从关系问题上引开，转向事实和内容。由于谈话的中心是具体行动，所以将会消除否定情绪，避免感情拒绝。

一家报纸的销售员，向一家商店经理提了个建议，让这家店在每个出口放一些报纸。

销售员："只要你在每个出口放一只报架，一个星期就可售出300份左右，多赚1000多元。"

经理："你的意思是，人们会读这些垃圾？（从这里可以听出这位经理带有感情性的因素。）"

销售员："当然会读。尤其是到店里来买东西的那些高收入者。我认为你应该把报架放在这儿。你看这不是挺好的吗？要不，你看是不是把它再挪近一些？"

销售员最后扼要地说了几句，那个经理的回答既没有拒绝，也没有提出拒绝。这只能有一种结果：成交！

我们再看一个例子，体会一下怎么把谈话从关系问题上引开，转向事实和内容：

假如你是房地产公司的代理人，上门找一个客户，目的是劝她让你代她出售房子，而她则不想找中介人，想委托另一家房地产公司，因为这家公司经营得不错且很专业，并且她和这家公司里的一个代理还很熟，也就是说，她选择了你的竞争对手。你不想对她说根据友情选择代理人是不对的，但你必须引导她着重考虑事实。

销售员："在做一项决定的时候，你觉得什么最重要？"

然后从类推转到卖房子，问问她："在卖房子的时候，什么东西最重要？"

对一些她没有主动说的问题，你就要问："售价重要不重要？多长时间把房子卖掉，你关心不关心？"

这样，你没有直接处理感情拒绝，而是使你的客户领悟到一些实际问题及其重要性，从而使感情性的关系问题变成了次要因素。

（2）用"感觉—感受—发现"法。"感觉—感受—发现"句式，是摆脱感情拒绝的经典技巧。

一家表带公司的销售员，正试图说服一家服装店经理销售他的产品。

经理："我想我对此没有兴趣。像这样的产品，在本店是没有销路的。我从来没有卖过表带，也从来没有哪一位客户来买过表带。（很明显，这种拒绝是感情上的，原因是经理对销售表带的前景并不看好。）"

销售员："我知道你有什么感觉。我们的许多客户都有此感受。但是他们发现他们一周的平均销售额在1000元以上。"

在这个技巧中，"感觉"一词用以解除对方武装，"感受"一词用来说明你理解他的感情，而"发现"一词说的是其他人成功的故事，能使谈话转向事实和内容。当然，你不要总把这三个词一成不变地挂在嘴边，让人看透就没劲了。你可以把它们合到一起说：

"这一点说得好。事实上，上个月刚有一位时装店经理对我说过这个。但是我们还是放在她的店里卖……"

"你有这种想法我能理解。我要说的是，我的客户当中有一半起初也是有保留的。不过让我把这些销售数字报给你……"

（3）酌情承认。如果你的公司确实从前有点对不住客户，伤了客户的感情，那你就承认错误，然后继续往下说。但是不要超出客户说的内容，没有必要把家丑说出来。他知道的，你就承认；他不知道的，没必要告诉他。

客户："这件事我不想听。三年前我给贵公司打过电话，可是没有人给我回音。后来我打电话给你们的竞争对手，他们第二天下午就派人来了。现在我的生意全都跟他们做。"

销售员："我能理解你的感情，发生那种事，我感到很抱歉。但是我可以告诉你，那种情况将来是不会再有了。我给你留个电话号码，如果你需要什么，直接给我打电话。"

你心里明白，三年前你们公司确实一团糟。可是现在管理得相当不错。但你不要说："你说得对。当时我们的确很糟糕，现在不是好了吗？"因为客户只知道他的电话没得到回音，并不知道你们当时真的很糟。

客户的拒绝原因是多种多样的。一定要认真分析这些理由的真假，以免出现无效劳动或是放弃机会的情形。上面我们有针对性地介绍了几种客户拒绝的处理技巧，熟悉这些技巧，能让你在面对客户的拒绝时更有自信。

总之，销售员处理客户拒绝的目的就是要把客户拒绝转化为成交，即让客户拒绝的意愿动摇，销售员就乘机跟进，促使客户接受自己的建议，最后实现成交。

12.客户说"我不需要这东西"时怎么办

"我不需要这东西！"

"我早已经有了！"

"我的存货已经够多了！"

客户表示自己不需要购买，但或许还有别的可能——或许是真的不需要，或许是客户的偏见与成见，或许是出于一种借口。

不管是什么情况，销售员心里一定要说一句话："我的字典里没有'不'字。

对于客户说"不"，销售员可以将自己的真实处境与感受讲出来与客户分享，以博得客户的同情，产生怜悯心，促成购买。比如，有一种产品，你的客户很喜欢，而且非常想要拥有它，你会不会因为一点小小的问题而让客户对你说"不"呢？

对于客户说"不"，销售员坚持就是胜利。在销售的过程，没有你一问客户，客户就说要什么产品的。客户总是下意识地拒绝别人，所以销售员要坚持不懈、持续地向客户进行销售。同时，如果客户一拒绝，销售员就撤

退，客户对销售员也不会留下什么印象。即使客户最后硬是不要你的产品，你走时还可以说一句"在你百忙中打扰你这么长时间，真不好意思，下次拜访时还请你多费心"或"即使不买，我们仍然祝你好运"等。

13.客户说"太贵了，比别人东西贵这么多啊"时怎么办

价格拒绝是最常见的拒绝，绝大多数客户在购买产品时都希望得到更多的实惠，因此，无论是真是假，也无论有没有支付能力，很多客户都习惯讨价还价。面对客户的各种拒绝，销售员首先要结合客户的身体语言，在与客户的交谈过程中准确地判断客户对产品的喜爱程度，并判断客户提出价格拒绝是真的还是假的，并采取积极有效的应对策略，才能让客户最后下定决心购买产品。如果处理不当，即使为客户打了很低的折扣，交易依然难以达成。

在面对客户价格拒绝时，任何情绪化的表现都是不可取的。一些成功的销售人员不仅会及时识破客户价格拒绝的借口，而且他们会以充分的理由改变客户的初衷，达到销售的目的。

价格是否昂贵，往往都是相对而言的，如果客户提出价格太高，销售员可以通过"您是否能告诉我，您是与什么进行比较而认为我们的价格太高呢？"这类问题，请客户提示比较标准。这样做的好处在于：

如果客户是随便说说的，并没有根据，这时他可能放弃这个拒绝，客户表达得越具体，销售员获得的信息越充分，越有可能从中找出说服客户的依据或者漏洞。

此外，销售员还可以将自己的产品与同类的产品进行比较。通过比较使客户真正体会到产品的实惠。

销售员：310元也许是贵了点，您的意思是说，这炉子点火不方便？火力不够大？煤气浪费多？用不长？

客户：点火还算方便，但我看它煤气会消耗很多。

销售员：任何一个用煤气炉的人，都希望能用最少的气，办最多的事，因此您的担心完全有道理。但是，这种煤气炉在设计上已充分考虑到客户的要求，您看这个开关能随意调节煤气流量，可大可小，这个喷嘴构造特殊，使火苗大小平均；特别是喷嘴周围还装了个燃料节省器，以防热量外泄和被风吹灭，可以节约许多煤气，您想一下是不是？

客户：那倒也是。

因此，不能简单地说自己的产品很实惠，可以帮顾客省钱。销售员必须要顾客详细地说明，他购买这件产品究竟怎么样，在哪个环节，怎么让他感到实惠。

14.客户说"我要向朋友买"时怎么办

当推销员前去上门推销时，很可能会碰到这样的客户，他会先问一下产品的名称和制造厂商，然后说："谢谢你，你很辛苦。不过很抱歉，前几天已经买过了。"或者说："很对不起，我不能向你买，因为制造工厂有我的朋友在那里，不向我的朋友买好像说不过去。"

针对客户的这种借口，很多推销员往往束手无策，最终也只能知难而退，放弃推销。其实，这种失败只是说明了推销员对于这种相反论调的处理方法缺乏研究。的确，碰到这种"立场坚定不移"的客户，会让人不知如何开口，尤其是对新手来说就更是无所适从。

当遇到客户的这种借口时，千万不能知难而退，而应该试着去确定一下此话是否属实？

"是吗？很好，能够向自己的朋友买再好不过了，你们是认识多年的好朋友吧！"（稍微停顿一下）

这时客户倘若善于应付推销员的话，当然另当别论。但是，一般的客户都会说：

"哦！大概是这样子的吧！好多年了！"

或者说："叫我怎么说呢？"

还可以说："你管得太多了！我的朋友与你有什么关系啊！"

在上述情形下，你都可以安心了，因为你知道对方的相反意见，无疑是拒绝的托辞。此刻，你可以说："这个请您做参考好吗？"

一边拿出产品说明书、图样来给他看，或一边操作示范机器，同时劝导客户买下来。

但是万一客户所说的是事实，你就可以据此断定客户是顽固的典型，应付起来也就较为棘手，可以根据那句："我那里有朋友。"就表示客户还有购买商品的希望，不妨跟他说："这样啊？您跟××公司的王先生是朋友啊？××电器公司的产品在这一行是数一数二的，信誉卓著（即使是竞争的同行，也不可说对方坏话，称赞人家就表示对自己公司的产品有信心）。不过我们公司出的产品也不落人后，请您看一看吧！我们这个连接器保证绝不亚于××电器公司的连接器。我知道贵公司一向都是使用高级产品的，我们这种产品是最合适不过了。为了求进步，您采用我们公司产品试试，也不会对不起朋友的公司呀！是吧？"

　　一旦客户说"好吧！那就用一次试试看"，那很可能就大功告成了。但是如果两种商品完全相同，客户一点儿也没有改变主意时，推销员必须想办法游说，或做个长期计划，先慢慢成为客户的朋友，再逐步进行推销事宜。

> 第六章

成交始于"攻心"——令人无法抗拒的心理战术

反客为主促成交易

在销售过程中，当客户问到某种产品，不巧正好没有。此时，要想争取到客户的订单，销售人员最好采用反客为主，即反问式的回答，以此来促成订单。

某公司销售人员在推销冰箱时，遇到一个客户表示需要冰箱，但是对冰箱的颜色提出了严格的要求。客户说："你们有银白色电冰箱吗？"此时，销售人员马上意识到自己所销售的冰箱中并没有这一款。但他没有直接回答，因为一旦他直接回答没有，客户就会说，没有就不买。

销售人员想了想，就反问客户说："抱歉！我们没有生产这种颜色的冰箱。不过，我们销售的冰箱有好多种可以供您挑选，有白色的、有棕色的、有粉红色的。在这几种颜色里，您比较喜欢哪一种呢？"

客户说："我想要银白色的！"

销售人员说："白色的、棕色的、粉红色的，都很不错的。您选一种试试看，您就会发现它们真的很不错。"

客户说："我想要银白色的。选其他颜色有什么用呢？"

292

销售人员说："当然有用。不信您选选试一试。选一选，试一试，您就会体味到这些颜色的冰箱有不少是适合您的需求的。"

于是，客户就不再推托，跟着销售人员去挑选冰箱。在挑选冰箱的过程中，销售人员逐一向客户介绍了白色的冰箱、棕色的冰箱、粉红色的冰箱，并给客户讲了配合什么样的家具更显得协调合适。

在看冰箱的过程中，客户逐渐对白色冰箱产生了兴趣。销售人员趁机说服客户购买白色的冰箱，并向客户介绍冷暖色的一些简单知识，告诉他，对于冰箱来说，白色是非常合适的。因为白色是冷色，给人以清凉的感觉，使用这样的冰箱，往往容易给人一个好心情。客户听了后，觉得也挺有道理，便让销售人员帮他选择了一款白色冰箱。

就这样，销售人员以反问式的回答，促成客户签下了一单。

在这个事例中，客户有相关需求，却没有他中意的款式和颜色。此时，要想争取客户的订单，销售人员很容易遭到拒绝。但是，该销售人员没有直接回答客户的问题，而是采用反问式的回答，慢慢引开了客户的注意力，最终引导客户购买了产品，把看起来不可能的订单给争取过来了。

同样的，销售人员小惠也遇到了类似的事情。

小惠是推销手机的。在一次推销过程中，她遇到了一个客户问她有没有蓝色的诺基亚3310手机卖。在当时，这种手机在市场上已经属于淘汰型号，出售这种手机的并不多。而小惠又是专门推销三星手机的。

小惠说："我是销售三星手机的。我这里有很多款式和颜色供您选择。您看看喜欢哪一种吧？"小惠说完，就把公司的宣传材料递给他看，然后逐一简单地给他介绍手机的型号和性能。谈了一会儿，那位客户就不再提蓝色诺基亚3310手机了。

小惠意识到，这位客户要点名购买蓝色诺基亚3310手机是因为对手机了解不多，看到周围有人使用这款手机就点名要购买这款。于是，小惠详细地给他介绍手机的发展形势，以及市场上有各种型号可供选择的现状。客户听完后，不再说什么，开始看价格表，似乎在捉摸购买哪一款手机合适。

趁此机会，小惠向他介绍了好几款手机的价格，并询问了客户准备买何种档次的手机。客户说出了自己的经济承受能力后，小惠便给他推荐了一款三星实用型手机——价格不贵，而且功能还要比蓝色诺基亚3310手机强一些。

客户看到小惠如此为他着想，便很高兴地跟她签单付款，购买了这款手机。

小惠推销手机的故事表明，在客户问到自己没有的那种型号的产品时，销售人员采用反问式回答促销是非常必要的。因为，在购买产品的过程中，消费者可能因信息不灵通，不知道该产品在市场上更新换代快，点名要一款比较落后的款式，而这种款式刚好又没有。此时，销售人员如果说"没有"，那么就很有可能白白地丧失一笔订单。相反，销售人员采用反问式回答，说服客户购买新的、更为先进的款式，往往更容易争取到客户的订单，甚至可能给客户一个惊喜，使他自觉地成为销售人员忠实的客户。

对于销售人员来说，不管自己有没有客户需要的产品，都永远不要拒绝客户，永远不要对客户说"NO"，因为客户有可能改变主意，从而购买你的产品。如果销售人员拒绝客户，对客户说"NO"，那么就很有可能使这些"有可能"变成"不可能"，对于争取订单来说，显然是不利的。因此，客户要求某种产品而没有时，销售人员不能拒绝客户，也不能怠慢客户，更不能不闻不问，而应该开启自己的智慧，想办法去争取客户"改变主意"，把订单给自己。而反问式回答是其中争取客户订单的一种非常好的办法。

一般而言，销售人员在利用这种成交技巧促成订单时，需要注意以下几点：

（1）态度要真诚。反问式回答成交法实际上否定客户的意见，让客户"改变主意"转而听从销售人员的意见。此时，销售人员必须真诚，让客户感觉到要求他改变意见是真正为他着想，而不是为了否定他，不是为了向他推销产品。否则，顾客是上帝，销售人员"否定"了顾客，要想获得订单就不可能了。

（2）要尊重客户的意见，与之耐心交流。前面说过，这种成交法实际上要求客户"改变主意"，把不可能的成交变成可能。在要求客户"改变主意"时，销售人员一定要注意尊重客户的意见，与客户交流，耐心说服，不能强行要求客户。否则，不仅无法达到成交的目的，还有可能给销售人员及其公司带来负面影响。

反问式回答成交法是销售人员在无法满足客户要求的情况下，通过适当巧妙的反问，引导客户改变主意，最终促使客户下决心签单购买产品的一种技巧。在销售过程中，销售人员如果能够灵活运用，则可能争取到一些看起来不可能的订单。因此，要想获得更多订单，销售人员了解和掌握这一种技巧，也是大有裨益的。

巧用激将法，使客户为"面子"成交

在销售过程中，销售人员往往容易遇到一些客户，虽然有产品需要，但是犹豫不定，拿不定主意。面对这些客户，要想获得订单，促使他们下决心签单，销售人员也可以利用他们的好胜心、自尊心，采用激将法让他们做出购买决定，迅速签单。

激将成交法，指销售人员采用一定的语言技巧刺激客户的自尊心，使客户在逆反心理的作用下完成交易行为的成交技巧。在销售过程中，销售人员一旦成功使用了这种技巧，往往能够促使客户迅速下定决心签单。

一位保险销售人员在向一客户推销保险时，客户对保险产品的情况了解以后，却迟迟不愿意签单购买保险。

对此，销售人员说："现在，很多负责任的先生都会给自己的妻子和儿女买保险。因为他们觉得关爱自己的妻子和儿女是自己最大的光荣和责任，为妻子和儿女买保险是对他们无限关爱的一种方式。尤其是人身安全保险，它不仅是一种投资，而且体现了一位丈夫对妻子的关爱和呵护，一位父亲对子女的无限挚爱。我遇到了很多先生为他们的妻子和儿女买保险时，都是毫不犹豫地签单。像您这样犹犹豫豫的，我见得比较少……"

客户听了以后，说："还是等一段时间再说吧！"

销售人员说："我想这不是您的真正理由！您是没有把做丈夫和做父亲的责任放到足够高的位置。您要关心他们，就要时刻期望他们平安，而为他们买平安保险是关心他们平安的重要体现。现在，您的妻子和儿女都没有投平安险，实在看不出您对他们的关爱……"

客户一向是一位优秀的丈夫、称职的爸爸，听了销售人员的话，便说："那就买两份保险吧，反正为了他们也不在乎两份保险的钱……"

销售人员说："那是，那是，那就请您代替您的妻子和儿女签下名字吧！"

就这样，该销售人员很快就获得了客户的签单。

在销售过程中，还有的客户对产品的各方面都基本满意，而且资金上也支付得起，就是不知什么原因，使他们总觉得往后是否会出什么问题而举棋不定，迟迟不敢做出签单的决定。面对这种客户，销售人员也可以采用激将法促使他们尽快下决心购买。

某销售人员在向客户推销产品时，客户对产品挑不出不满意的地方，在经济上也比较富裕，但在做决定是否签单时很犹豫。

为了促使这位客户迅速签单购买产品，销售人员巧妙地使用了激将法。

销售人员对客户说："先生，您的顾虑我很理解。在世界上，很多事情就是这样的。一个人对他越是感兴趣、越是喜欢的东西，就越是不敢勇敢地追求它，越是不敢积极地去争取拥有它。这是一种很可悲的心态。您说是不是？每一个人活在世上，都有他自己的信仰和人生目标。怎样才能实现自己的人生目标呢？只有凭借自己的坚定信念，不懈地努力，才能最终实现这些目标。正因为它是人生中最伟大的事业，才会有如此多的有识之士为实现这一目标花费毕生的精力，甚至洒完身上的每一滴血。我们要问，他们的动力源自何处？他们的动力主是来自于他们的信仰，他们心目中的崇高的人生目标，它可以激励着人们进行永不停息地追求。"

客户听了这些，觉得有一定的道理，就轻轻点了点头。

于是，销售人员就接着说："是啊，自己认为有价值、有意义的东西，怎能不去努力追求呢？但就是有这种人，我认为他们的生活实在是没多大意义，至少可以说他们是没勇气的。这种人遇到自己喜欢的东西却不努力去争取，遇到机会来临却没有勇气去抓住，使得一生都碌碌无为、平平庸庸，理想依旧是梦中的理想。我经常想，这些人为什么不果断一点呢？为什么不积极去争取和把握机会呢？我想，先生您一定不是这种人吧？"

客户听到这里，不自觉地说："当然。我当然不是这一种人。"

销售人员说："您当然不是这一种人。正因为如此，我们才如此欣赏您。现在，如果您觉得这种产品还行的话，如果您对我们的产品和服务没有什么异议的话，就行动起来吧。在这里面签下您的名字就行。"

说着，销售人员就把订单递到了客户面前。

客户被销售员一阵激将，再也不能像以前那样犹豫了。因为客户不承认

自己是那种不果断、遇到机会犹豫不决的人，而不果断签字就是在事实上承认自己是那一种人。这对于一个有尊严的男子汉来说，是无法接受的。想到自己确实对产品和服务没有什么异议，想到自己确实需要购买这种产品，便迅速与销售人员签下了订单。

在销售过程中，客户不愿意签单时，销售人员采用激将法以"逼迫"客户不得不立即签单，是促成订单的一种有效技巧，是高明的销售人员常用的手段之一。

在购买产品的过程中，客户往往容易产生较强的好胜心理。激将法就是针对他们的这种好胜心理对症下药，使得他们因好胜而不再过于理智。这样，客户为了满足自己的好胜心理，为了顾及到自己的面子，往往不再计较此前特别看重的一些"成交细节"。

激将成交法是销售人员促成订单的一种技巧。在销售过程中，销售人员采用这种技巧促成订单，隐含着对客户的"逼迫"。因此，在学习和掌握这种促成订单的技巧时，销售人员还需要注意以下几个问题：

（1）要把准客户的心理。在销售过程中，销售人员要采用激将法，首先要把准客户的心理。只有客户具有较强的自尊心、虚荣心和好胜心，才可能有效地激将客户。否则，将很难起到激将的效果，甚至还有可能把一桩很有希望的生意逼进死胡同。一般而言，年纪轻的要比年纪大的容易激将，见识少的要比见识多的容易激将，越是讲究衣着打扮的、好争高比强的、地位较高、受人尊重的人越怕别人看不起，这样的人也容易被激将。在促成订单时，销售人员可以根据具体的客户对象，采用具体的方法去激将他们。

（2）不要伤害客户的自尊。在销售过程中，客户拥有成交的最后决定权。销售人员为了促成订单，可以采用激将法"逼迫"客户签单，但是必须以不伤害客户的自尊为前提。在销售过程中，销售人员伤害了客户的自尊，往往就容易导致客户不再愿意与销售人员交易，甚至还会因"自尊问题"惹出其他问题。因此，正确使用激将法应该是在不刺激对方自尊的基础上，切中对方的要害进行激将。例如，销售人员推销产品给客户时，用"你不想买"而不用"你是因为没钱，买不起"来激将客户，就把握得非常有分寸。

（3）要注意态度自然。激将法是人们比较了解、接触得比较多的常用计谋。因此，在使用激将法时也容易被对方看穿。在销售过程中，要用激将法促成订单，销售人员一定要注意态度和表情自然。否则，就容易让客户看出来是在"激"他，从而产生逆反心理，最终导致无法成交。

在销售过程中，激将法是销售人员促成订单的常用技巧之一，也是巧妙"逼迫"客户成交的技巧之一。要想成功地运用此法，促使客户尽快签单，销售人员需要仔细揣摩此法，并在运用中掌握其技巧和奥秘。

借助"第三者"的力量影响顾客

为了刺激客户采取购买行动，有时候你说100句也顶不上你引用一次第三者对你商品的评价。

谈到你要出卖的一块土地，你可能对你的客户说："前不久一个客户也来此地看过，他觉得非常满意，想在此地盖栋别墅，可惜后来，他因资金周转不灵而无法购买，我也为他感到遗憾。"

这种方法效果非常好，但是如果你是说谎又被识破的话，那可是非常难堪的，所以应该尽量引用事实来推销。

巧妙地引用他人的话，特别是买商品的第三者的话，向你的客户说出他人对你的商品评价，有时会收到意想不到的效果。

这一技巧的妙处在于，一般的客户对于推销员的印象总是不那么好，对于推销这种售卖方式也持怀疑的态度。但是如果你非常成功地引用了第三者的评价来游说客户，那么客户一定会有一种安全感，他本人也会消除对你的戒心，相信你给他作的商品介绍，因此他便认为购买你的商品要放心得多了。

假如你为一家公司推销一种新式化妆品，而这家公司已经在电视上做过广告，那么你的推销一定应从广告（电视台也是一种第三者）开始。

如果你知道某个"大人物"曾盛赞或使用了你正在推销的商品，那么你的推销会变得比原先容易得多，因为电影明星、体育明星等"大人物"一定会比你更容易得到信赖，说服力也就当然比你强得多。

但这样的好事，未必就落在你所推销的商品上，那也不要紧，你如果能打听到你的客户的周围有一个值得信赖的人，曾经说过你的商品的好话，你就应该不失时机地加以应用。甚至你可以先向他推销你的商品，只要你很聪明，无论成与不成，你都能从他的口中获得对你的商品的赞美之辞，这会成为你在他的影响力所及的范围内进行推销的通行证。

当然，假如你引用一个客户并不了解也不认识的人的话，也不一定就没有效果。只要这话的确有理，那么他仍然会觉得言之有理而加以考虑。如果你去推销圆珠笔，你可以对客户说："我的一个朋友每半年总要买上七八支圆珠笔，在他经常工作的地方，每处放上一两支，他说这样很方便，因为那样就不会出现急需要用时还得满处去找的情况了。随手拿来就用当然再方便不过，而且七八支笔使用平均，半年都不用换新的，所以比一次买一支要划算得多。"

你的客户听了这段话一定会觉得很有道理，他便很可能从此改变了他的购买方式，一下子从你这里买去许多支圆珠笔，从而使你的推销额成倍地增加。

当你敲开一家客户的大门，你应该对出来开门的女主人说："这就是电视里天天出现的那种最新样式的化妆品，您一看就会认出来的。"然后你立刻将样品递过去，她便不会怀疑你了。

如果你认为她并不是一个喜欢标新立异的人，就可以接着告诉她："我刚才已经推销了几十瓶，大家都是看了电视里的广告介绍才购买的，而且它也的确不错。"这样，她购买的可能性就更大了，因为你一直都在"请"电视和其他的购买者来为你说话，她"自然"不会产生什么怀疑，相反会感到安全而乐于购买你的商品。

某些人特别对新产品有兴趣，一待新产品问世，会赶快抢先买来，显示给朋友或家人看，一副得意的样子。有些人正好相反，做起事来极度保守，对于新企划和新产品都不大欣赏，致使他的上司与同事都感到很迷惑。

购买商品时，客户若说："新产品不知道怎么样？"就表示他有意思买下，可是又担心新产品的性能、机能、质量、故障、流行性、是否合乎自己的身份……想得很多。如果是代表公司来购货，说："我曾经吃过苦头，不敢领教。"一定是从前曾因采购新产品而犯了错误，受到教训。倘若没有其他反对意见就这么说，表示他的确是吃过苦头。此时你应该听听他的原委，知悉其来龙去脉后，进一步商讨改进的方法，让他先服下定心丸。

另外，还可连同第三者的评论，保证商品的服务，以此来击溃对方的反对意见。

"经理先生，请您看看这里，这一部分使用的材料是具有特高硬度的合金，所承担的压力相当于旧产品采用金属的三倍。这儿有一份超硬合金的分析表（资料法）。前三天某一家精密仪器公司，也买了同样的产品，他们反映说性能特佳、生产力极高，大家都很高兴。这里还有一份工业周刊的记载，请您参考一下，正如它所推荐的一样发挥了高度的功效，在市面上大家都说是划时代的产品（市场评价）。某工业公司的洪博士很称赞这种新式机器（权威专家的赞誉）。"

如此，顾客就一定会对你的商品兴趣大增。

收回承诺的策略

人性有一个弱点，就是得不到的都觉得是最好的，很容易得到的都不怎么懂得珍惜。在推销上，卓越的推销员就很善于利用人性的这个弱点来做文章。比如"收回承诺策略"，利用的就是这个人性的弱点。

收回承诺，指的是原本答应了客户以某个价格出售产品，但是过了一会就反悔，然后把价格提升上去。使用"收回承诺"来和客户打交道的技巧，就是"收回承诺策略"。

高明的推销员都懂得收回承诺的策略，这种策略往往可以使用在对价格非常敏感的客户身上。有些客户对砍价的行为一再地坚持，他所表现出来的坚决，连推销员都会甘拜下风。然而，收回承诺策略能使客户最后还是得接受推销员涨价了之后的价格，而且还感觉自己占了便宜。

推销员杰克逊向一个客户推销一批小商品。刚开始时，他给客户的报价是每个3.60美元，客户讨价还价为3.50美元。这样反反复复地谈了很长时间，最后杰克逊表示："3.55美元，不能再低了。

然而客户却想：从3.60美元降到3.55美元，要是我继续坚持，压到3.52美元应该没问题。于是，他就对杰克逊说："不用说你也知道，现在市场竞争这么激烈，和你同类型的商品到处都是，你们的生意也不容易做，我也不能贪得无厌。这样吧，每个3.52美元，你让一步我也让一步，咱们俩就别再消磨时间了。有这时间和功夫你都可以再去做成好几单生意了。怎么样？我可是真心实意的，就看你的诚意了。"

杰克逊心里想：我要是答应了他的这个报价，很有可能又会引来下一轮的讨价还价，谁敢保证他不是在试探我呢？

毕竟杰克逊经历过的交易非常多了，所以他并没有立刻答应客户的报价，而是对客户说："你的这个报价，我现在不能马上答应你，得去问一问我们经理，和他商量一下，才能决定。"说完他就走进了后面的经理办公室。

很快，杰克逊就回来了，脸上露出了一副很为难的表情："非常对不起！刚才我犯了一个错误，经理告诉我，这种商品由于采用了最新工艺，所以成本要比其他同类型的商品高，我刚才说的3.55美元那是采用新工艺之前的价格，如今的单价最低也要3.65美元了。实在很抱歉，你看由于我的疏忽，犯了这么大的错误！"

"你说什么呢？你也别道歉了，浪费了我这么长时间，你必须给我个交代呀。我不懂什么新工艺旧工艺，总之就按你刚才说的价钱，每个3.60美元，我也不跟你多说了，以后咱们合作的机会还多着呢。这样吧，一手交钱，一手交货！"客户脸上挂满了不悦。

考虑了一会儿，杰克逊才假装很犯难地答应了客户的要求。客户则自以为跟杰克逊打了一场漂亮的"攻坚战"，于是交了货款提了货之后，便不动声色地离开了。

其实，事实的真相是：这批小商品采用了新工艺没错，但这指的是商品的生产成本降低了，商品的合格率提高了，跟商品的性能没有多大的关系，跟商品的价格更没有任何关系。

在这次交易中，推销员杰克逊采用的就是"收回承诺策略"。杰克逊的"收回承诺"，致使客户以为自己是这场交易中的赢家！事实上，杰克逊才是这场交易的最后胜利者。

实际上，在交易中不让客户感觉他吃了亏，反而让客户感觉自己占了便宜，这才是一名推销高手的杰出表现。而收回承诺策略，则能让你很好地收到如此效果。

收回承诺策略，目的就是造成客户的一种紧迫感，觉得应该快点把东西购买下来，否则就会吃亏。在销售中，推销高手会经常用到一些本质上属于"收回承诺策略"的推销手法，如"故意冷淡"和"虚张声势"等。

1. 故意冷淡

有时候，对待某一类顾客，你不能对他们表现出热情，反而要对他们不理不睬不重视，这样，他们反而会重视你，对你感到好奇和兴趣，进而对你的产品感兴趣，最后购买你的东西。

"故意冷淡"，其实本质上还是"收回承诺策略"。因为当你用漠视去面对某些顾客时，这些顾客会以为你手上的东西很有价值，所以才敢不重视他们，于是他们就会对你和你的产品感到好奇并产生兴趣，购买了你的东西后，还觉得自己占了便宜。

那么，这样的客户是什么样的呢？这一类顾客，往往是恃才而傲自以为无所不知、无所不晓、无所不能的人。在这种人看来，根本不用什么推销员就可以买到最好的商品，他们觉得根本没必要与什么推销员打交道，他们一直认为推销员是一种多余的角色。

对待这种类型的顾客，当你和他们交谈时，可以表现出一种客气的态度，在这种客气之中，你要包含一种对成交是否成功漠不关心的神情，就好像你根本不在意这件事一样，故意形成"卖方市场"的情形。

于是乎，这类顾客心里就会非常想知道你为什么会胆敢那么漠视他们。要知道，他们这种人总认为自己是一个了不起的人物，无论去到哪里都应当受到别人的尊重和关注。现在你居然对他们态度冷淡，他们自然会感觉恼怒，然后十分想去了解原因，然后对你和你的产品产生好奇和兴趣，最后以购买你的商品而告终。

在推销过程中，当你遇到这种类型的顾客时，你可以用类似于这样的语气和他们交流："尊敬的先生，您大概不知道，我们的产品并不是随随便便地对任何人都进行推销的，否则会影响到我们公司的声誉！"

当他们感到很讶异时，你可以接着这样说："我们公司只对特殊的顾客服务，对顾客和服务项目都要经过严格的核查和选择。"

你可以继续这样说："在选择推销对象上，首先我们要求顾客必须符合一定的条件。话又说回来，能符合这种条件的顾客不是很多，而您恰恰是这些为数不多的顾客中的一位。"

让顾客消化一下你的话后，你可以稍微对他们谈及一点生意上的事情："如果您想了解我们对顾客的服务事项，我们可以提供一些资料给您。"

但要记住的是，即使顾客同意了你的意见，并表示出了想购买的意愿，你还是仍应装出一种满不在乎的态度，要让顾客觉得做成这笔交易，对他更有好处，他不买你的东西是他的损失而不是你的损失。

2. 虚张声势

"虚张声势"是推销高手们常用的屡试不爽的"收回承诺策略"之一。虚张声势的目的，是要让顾客产生一种立即购买的欲望。

作为一名推销员，你要在你的推销过程中，恰当地给客户造成一点悬念，让其有一些紧迫感，从而产生现在购买是最佳时机的感觉，进而要求与你立即成交，否则他们会认为自己将会错过很好的机会。

如何来运用"虚张声势"呢？例如，类似于这样的话都是推销高手们常用的：

"这种商品的原材料已经准备提高价格了，所以这种商品很快也将会因此而价格上涨！"

"我公司从下个季度开始，可能会因人手不够而减少这种商品的供应量。"

"虚张声势"这种方法能极为有效地刺激顾客的心理需求，极大地调动顾客的购买欲，在推销过程中对你的帮助极大。因此，你一定要掌握好它并在销售实践中熟练地运用它。只要你会用它，肯定一试就灵，订单拿到手软。

巧妙地给顾客心理暗示

一个不懂得如何用暗示激发客户购买欲望的销售员不是一个高明的销售员。

销售中巧用暗示，可以巧妙地避免客户直接拒绝，是销售进程中连攻带防的最佳策略。它既可以保持与客户建立的良好关系，又可以加快销售的进程，以心理暗示影响客户的观念，改变认识，增强购买信心，加速成交进程。

销售的状况千变万化，可能你的一些预先计划会被打乱，但是，比起这种计划，如何培养自己在销售过程中从容应付变化就来得更加重要，因为随着销售的深入和客户介绍的深入，我们会发现原来不同的客户需求有很大的不确定性，但不管事物的表面如何千变万化，内部的原理其实是一样的，所以，在培养自己销售应变能力的同时，也不要忽略了自己在统筹计划方面的能力，应变能力的提高与否很大程度上是建立在统筹规划提高的基础之上的。而学会"暗示心理学"就是提高在实际销售过程中如何应变的一个重要技能！

销售人员在开始进行销售时，一开始就要做好充分的准备，向顾客做有意识的肯定的暗示，使他们从一开始就走进你的"圈套"。例如："我们公司目前正在进行一项新的投资计划，如果您现在进行一笔小小的投资，过几年之后，您的那笔资金足够供您的孩子上大学。到那时，您再也不必为孩子的学费发愁了。现在上大学都需要那么高的费用，再过几年，更是不可想象，您说，那会怎么样呢？"

当然，你对他们进行了如上的各种暗示之后，必须给他们一定的时间去考虑，不可急于求成。要让你的种种暗示，渗透于他们心中，使他们的潜意识接受你的暗示。

销售员要擅长把握住进攻的机会。如果你认为已经到了深知顾客是否购买的最佳时间，你可以立刻对他们说："每个父母，都希望自己的孩子接受高等教育。'望子成龙'、'望女成凤'，这是人之常情。不过您是否考虑到，怎样才能避免将来这种沉重的经济负担，而对我们公司现在进行投资，则完全可以解决你们的忧虑，对这种方式，您认为如何？"

当买卖深入到实质性阶段时，他们有可能对你的暗示加以考虑，但不会十分仔细，一旦你再对他们的购买意愿试探时，他们会再度考虑你的暗示，坚信自己的购买意图。

顾客进行讨价还价，会使他们洽谈的时间加长。这时，销售人员必须耐心地、热情地和他们进行商谈，不断强化那是他自己的意图，直到买卖成交。

销售人员如果能适当地加以运用，可使最顽固的顾客也听从你的指示，交易甚至会出乎你所预料的顺利，使那些顽固的顾客在不知不觉间点头答应成交。

曾经有一位销售经理运用"暗示"销售法成功地使一位顾客高兴地买下了该公司销售的一台电冰箱。当他看到销售员和一位顾客在说话时，便走过去说："这台冰箱倒是很好，不是吗？"

"我看并不见得好。"那位妇女摇摇头回答。

"怎么，您认为这台冰箱不好，是吗？这冰箱的式样和性能是由全国一流的工程师联合研制成功的，不管从外观、容量和结构，还是从性能和效果方面来看，都是很好的，可是您认为这冰箱有哪些地方不协调呢？"

"这几点倒还可以，只是不应该把那个圆圆的东西装在顶上，那有多难看啊！"

"也许您说得有道理，同时，我的理解是，正是顶上那个圆盖子，才是我们这种冰箱的最大特色。现在市面上使用的那种冰箱，其马达都是安装在厨房的，很不方便，我们这种冰箱却可以将马达安装在圆顶上，方便之极。我想您是个大忙人，您当然想这台冰箱可以为您减少一些麻烦，节省一些时间，是吗？"

"说不定您买回去，邻家的太太见了一定羡慕不已，说您买了一台好冰箱呢！"

"如果您买一台普通的冰箱回去，邻居见了，也不觉得怎么新奇，也许看一下就忘掉了，不是吗？"

然后，这位销售经理又安排员工把冰箱搬出来。"太太，这台冰箱您是想把它放在家里的哪个位置呢？"

"太太，冰箱是您自己带回去，还是由我们给您送回去？我们免费送货，免费安装。这是送货单，请把地址和电话写好，我们下午送货。"就这样，那位太太在销售经理的暗示下签了字。

所以说，暗示是一种有效的销售手段。只要在交易一开始时，利用这种方式，提供一些暗示，顾客的心理就会变得更加积极，进而很热心地与你进行商谈，直到成交为止。

心理暗示是购买心理应用的核心环节。这虽然只是一个小小的技巧，但却能让顾客对你留下深刻的印象，这种方法非常简单，且有惊人的效果。可以这么说，一个不懂得如何用暗示激发客户购买欲望的销售员不是一个高明的销售员。

成交后尽量避免客户反悔

一些销售员常常会碰到这样的事情，推销工作进行得很圆满，眼看一份订单就要到手了，这时客户却突然反悔了，于是推销员的大量心血就付之东流了。

有位保洁公司的推销员刘先生，当一栋新盖的大厦完成时，马上跑去见该大厦的管理长或业务主任，想承揽所有的清洁工作，例如，各个房间地板的清扫、玻璃窗的清洁、公共设施、大厅、走廊、厕所等所有的清理工作。当刘先生承揽到生意，办好手续，从侧门兴奋地走出来时，一不小心，把消防用的水桶给踢翻，水泼了一地，有位事务员赶紧拿着拖把将地板上的水拖干。这一幕正巧被管理组长看到，心里很不舒服，就打通电话，将这次合同取消，他的理由是："像你这种年纪的人，还会做出这么不小心的事，将来实际担任本大厦清扫工作的人员，更不知会做出什么样的事来，既然你们的人员无法让人放心，所以我认为还是解约的好。"

推销员不要因为生意谈成，高兴得昏了头，而做出把水桶踢翻之类的事，使得谈成的生意又变泡影，煮熟的鸭子又飞了。

这种失败的例子，也可能发生在保险业的推销员身上，例如当保险推销员向一位妇人推销她丈夫的养老保险，只要说话稍不留神，就会使成功愉快的交易，变成怒目相视的拒绝。

推销员："现在你跟我们订了契约，相信你心里也比较安心点了吧？"

客户："什么！你这句话是什么意思，你好像以为我是在等我丈夫的死期，好拿你们的保险金似的，你这句话太不礼貌了！"

于是洽谈决裂，生意也做不成了。

所以当生意快要谈拢或成交时，千万要小心应付。所谓小心应付，并不是过分逼迫人家，只是在双方谈好生意，客户心理放松时，推销员最好少说几句话，以免搅乱客户的情绪。此刻最好先将摊在桌上的文件，慢慢地收拾起来，不必再花时间与客户闲聊，因为与客户聊天时，有时也会使客户改变心意，如果客户说："嗯！刚才我是同意了，现在我想再考虑一下。"那你所花费的时间和精力，就白费了。

成交之后，推销工作仍要继续进行。

专业推销员的工作始于他们听到异议或"不"之后，但他真正的工作则开始于他们听到"可以"之后。

永远也不要让客户感到专业推销员只是为了佣金而工作。不要让客户感到专业推销员一旦达到了自己的目的，就突然对客户失去了兴趣，转头忙其他的事去了。如果这样，客户就会有失落感，那么他很可能会取消刚才的购买决定。

对有经验的客户来说，他会对一件产品发生兴趣，但他们往往不是当时就买。专业推销员的任务就是要创造一种需求或渴望，让客户参与进来，让他感到兴奋，在客户情绪到达最高点时，与他成交。但当客户的情绪低落下来时，当他重新冷静时，他往往会产生后悔之意。

作为一名真正的专业推销员，要懂得巩固推销成果，不要让"煮熟的鸭子再飞走"。为此，推销人员可以运用如下方法。

1. 向客户道谢

说声谢谢不需要花费什么，但却含义深刻，给客户留下深刻的印象。大多数推销员不知道在道别后如何感谢客户，这就是为什么他们常常受到客户退货和得不到更多客户的原因。当推销员向客户表示真诚感谢时，他会对你非常热情，会想方设法给你回报，并对你表示感谢。

2. 向客户表示祝贺

客户已经同意购买了，但在很多情况下，他们还是有点不放心，有些不安，甚至有一点后悔。这是一个非常重要的时刻，对推销员来说，沉着应对非常重要。客户在等待，看接下来会发生什么情况，他在观察推销员，看他是否兴高采烈，看自己的决定是否正确，看推销员是否会拿了钱就走人。

现在，客户比以往任何时候都需要友好、温暖、真诚的抚慰，帮他度过这段难熬的时间。

成交之后，专业推销员应该立刻与客户握手，向他表示祝贺。记住，行动胜于言辞，握手是客户确认成交的表示。一旦客户握住了你的手，他想要再改变主意或退缩就不体面了。从心理上讲，当客户握住你的手，那就表示他不愿反悔了。

3. 与客户签订合同

专业的推销员应该是合同专家，它能够在几分钟的时间内，完成一份合同。

如果推销员在填写合同时，默不作声，把精力全都集中在合同上，这会引起顾客的胡思乱想，他也许会对自己说："我为什么要签这个合同呢？"接着，所有的疑虑和恐惧又重新涌上心头。当出现这种情况的时候，这笔买卖估计是没什么希望了。

专业推销员应该在填写合同时，仍然要求客户来确认这些内容。一边写，一边与客户交谈，谈话内容应当与产品无关。可以谈论客户的工作、家庭或者小孩，这些话题可以把客户的思绪从合同中解脱出来，目的是让这一段时光平稳地度过，让客户对他的决定感到满意。

4.让客户签字

为了避免可能发生的退货行为，推销员应尽一切可能防止客户后悔。要待合同填写完毕，得到签字，才算把这笔生意敲定了。

5.尽快向客户提供产品

让客户尽早拿到货物，越早越好，不管为客户提供的是一项服务，还是为客户送货，都应尽早做完，客户一旦拥有了这件产品，尝到了产品的甜头，看到了它的功用，就不会后悔了。

6.给客户寄张卡片或便条

很多客户在付款时，都会产生后悔之意。不管是一次付清，还是分期付款，总要犹豫一阵才肯掏钱。一个好办法就是，寄给客户一张便条、一封信或一张卡片，再次称赞和感谢他们。

为了不让自己辛苦多做的工作白费，推销员应当尽一切努力防止客户反悔，如果让"煮熟的鸭子飞走"了，那就说明自己的工作还是做得不到位。

避重就轻，促成客户成交

在销售过程中，销售人员促成客户签单有一种技巧叫做避重就轻成交法，也叫做小点成交法。

避重就轻成交法就是围绕主要焦点，在周边问题上与客户取得一致的意见，或者围绕核心交易的谈判陷入僵局时，在次要的交易上与顾客达成协议，达到循序渐进地影响和引导客户最终完成交易的目的。一般而言，在销售过程中遇到了阻力或者困难时，销售人员采用这种方法可以逐步突破阻力或者困难，促使客户下定决心签单。

某办公用品推销人员到某公司的办公室去推销碎纸机。

该办公室主任在听完产品介绍后，摆弄起了样机，自言自语地说："东西倒是挺合适，只是办公室这些年轻人毛手毛脚的，只怕没用两天就坏了。"

推销人员一听，马上接着说："这样好了，明天我把货运来的时候，顺便把碎纸机的使用方法和注意事项给大家讲讲。这是我的名片。如果使用中出现故障，请随时与我联系，我们负责维修。主任，如果没有其他问题，我们就这么定了？"

办公室主任听了这话，觉得有道理，便与推销人员签下了订单，让推销人员尽快把产品送到公司来。

在该事例中，推销人员巧妙地使用了避重就轻的成交技巧。本来客户方最担心的是购买该产品后"这些年轻人的毛手毛脚，只怕没用两天就坏了"，推销人员却巧妙地回避了这一点，把话题的重点转移到了"把碎纸机的使用方法和注意事项给大家讲讲……如果使用中出现故障，请随时与我联系，我们负责维修"。就这样，推销人员不知不觉地消除了客户的顾虑，促使客户下决心购买了产品。

在销售过程中，一些有促成订单经验的销售人员，在核心的交易额太大或者买卖双方意见分歧较大时，往往就从配件、小批量交易或者交易的较次要因素，如款式、付款方式、维修等方面与客户达成一致。一旦客户与销售人员达成了一致意见，就往往容易做出签单购买的决定。

在促成订单的诸多技巧中，避重就轻成交法是一种有效的突破销售障碍，排除销售过程中一切不利因素，最终获得订单的技巧。在销售过程中，一旦遇到许多销售"死结"，只要巧妙地使用这种技巧，就可以出现柳暗花明的局面。

当然，对于销售人员来说，要想运用好此技巧促成订单，还需要了解避重就轻成交法的适用情境。

一般而言，在以下几种情境中比较适合采用避重就轻成交法促成订单：

（1）当交易的数量或者数额较大时。在销售过程中，交易数额越大，客户越容易形成交易心理障碍。此时，销售人员采用此种技巧，往往可以帮助客户减轻心理压力，促使他们下决心签单成交。

（2）当买卖双方的意见分歧较大或者在对主要交易要素存在不同的看法时。此时，销售人员采用此技巧，可以避免出现争论，为成交创造良好的氛围。

（3）当交易过程复杂时。比如，涉及的人员和部门较多，或者交易的时间长，可以先从小的方面达成一致，然后再争取达成大的协议。面对这样的交易，销售人员不要企图一步到位，而是需要一点一点地向成交靠拢。在这样的情境下，销售人员采取避重就轻成交法促成订单，往往能够使复杂的交易过程逐渐变得简单化。

（4）当客户无法立即就所有的交易要素做出决定时。销售人员采取避重就轻法，往往能够促使客户下决心签单购买。

（5）当大宗或者核心交易完成的希望渺茫时，销售人员采用此法，不至于使交易完全落空，至少可以获得一小笔订单。

（6）当交易的要素很多时，如大型设备、大宗货物，对货品、型号、款式、价格、批量、交货、付款、售后服务、技术支持、配件和动力、维修等各个交易要素达成一致，往往比较困难，此时采用避重就轻成交法，逐步做好基础工作和必要的铺垫，往往能使签单水到渠成。

当然，销售人员要想利用避重就轻法促成订单时，还需要注意一些问题，只有这样，才能收到较好的效果。

（1）不能忘记根本目的是最终达成交易。

（2）避重就轻成交法也是一种心理学方法，销售人员要研究客户的心理。

（3）避重就轻法本身可以作为一种取巧性策略，即"无形中牵着客户的鼻子走"，但要注意避免弄巧成拙，把客户看成傻瓜是非常愚昧的。

（4）要做良好的设计，包括回答下面的一些问题：如何围绕主题来设计成交？如何避重就轻？该"避"那些？该"就"那些？等等。

（5）不要东扯南山西扯海。销售人员避重就轻，但是"就轻"的"轻"也应该是客户关心的、有关交易的要素，漫无边际地瞎扯很容易招致客户反感。

（6）注意在交易过程中对客户施加影响和积极引导。

（7）避重就轻成交法是一种突破障碍，先达成一系列的小交易，然后再实现达成大交易的方法，因此过程中的交流、信息反馈、异议处理也会碰到，销售人员要妥善处理这些问题。

总之，在销售过程中，避重就轻成交法是销售人员遇到成交障碍时，暂时绕过障碍，达成其他的一些较小的交易，最终实现克服障碍，达成大交易的技巧。销售人员要想促成订单，使用好此技巧，往往就能够突破障碍，获得订单，至少是一部分小订单。因此，在销售过程中，销售人员应对这一技巧加以深刻领会，并熟练掌握和运用，以期为自己争取到更多的订单。

适当妥协，创造双赢

在生活中，有句话叫做退一步海阔天空。其实，在销售过程中，销售人员在关键的时候"艰难"地退一步，答应客户提出的条件，同时也要求客户退一步，就往往能够使"濒临死亡"的交易起死回生。因为销售毕竟是一场交易，而不是一场决定胜负的比赛。销售人员先退一步，让客户感受到赢，感受到销售人员的诚意，然后销售人员再要求客户"退一点"表示成交的诚意，往往能够使一场决输赢的较量变成双赢。

退一步成交法是指在与客户谈判时，遇到了成交障碍，销售人员不得不降价时，己方先作一小步退让，同时将合作的其他条件作相应的调整，并立即进行促成。这样，销售人员首先以让步表现出了成交的诚意，客户方只要有诚意也可能会答应销售人员作了相应调整的条件的。因为，此时交易不成，客户方将会背上"理亏"的心理负担。大部分情况下，客户会迅速与销售人员签单的。

一个销售人员在向一个经销商推销该公司的新一代产品时，由于该经销商是公司的老客户，对其产品性能都比较了解，就没有提别的要求，仅仅要求销售人员将新一代的产品按照原来产品的价格卖给他。

对于这一点，销售人员感到很为难，因为毕竟是新一代产品，科技成分要高一些，按照原来产品的价格批发给他，利润显然要下降很多。对此，销售人员不敢盲目答应经销商的要求，就发信息咨询了公司的主管经理。

主管经理表示："量大的话可以考虑，量太小了就不能答应。"

销售人员得到主管的回复后，就对经销商说："您也知道，我们的产品是换了代的，科技成分较高，成本要高一些。价格当然应该高一点。您现在要求按照原来的价格进货，确实让我们感觉到非常为难……"

经销商说："现在市场不景气，东西都不好卖。我们是老合作关系，所以我才敢放心进你们公司的货。如果新产品要提高价格，那么让我们怎么卖出去？这样吧，我也给你透一个底，要么按照原价，我们进一点货，要么暂时不进货，等市场好转了以后再说……"

销售人员说："我们之间的合作也不是头一次。我们开发的新产品按照报价批发给您就是已经够低的了。这样吧，看在我们是长期合作关系的份上，我们各自都让一步，好不好？我亏本将新产品按原来的价格卖给您，您呢，一次多进一点货，将原来的200吨货物加到300吨……"

客户听了后说："现在市场不景气，我们进200吨货就已经够多了，进300吨……"

销售人员说："是啊，现在市场不景气，我们产品的利润已经非常低了……现在，新产品按照原来产品的价格批发给您，几乎是赔本的买卖，而您多进一点货虽然风险大一点，但是进货的价格低，利润空间大啊！这一个优惠条件是我努力向上司争取来的。在我们公司您是第一个享受这种优惠的人……"

经销商衡量了一些利弊，觉得销售人员退让了一步，自己退让一步也不会有太大的风险。虽然进货过多，但是新一代产品的零售价肯定比原来的要高一点，这样利润空间也就变大了很多。

于是，客户还是决定与销售人员签下了一单。

很显然，这一单是双赢的一单，对于销售人员及其公司来说，价格虽然降低，但是销售量提上去了，能够达到"薄利多销"的效果。而对于客户方的经销商来说，用原来产品的价格进新一代产品的货，利润空间显然变大了，收益自然也相当可观。

在销售过程中，销售人员和客户很容易在某些方面产生分歧。有时，为了各自的利益甚至互不相让，致使销售进入"对立的局面"。此时，销售人员首先要考虑尽量在不降价的情况下说服客户签单，如果无法达到目的，那么就可以采取主动退让一步，然后对成交要求做出进一步修改，要求客户"也让一步"，以此缓解"对立的局面"，促使客户下决心签下订单。

在销售过程中，许多客户不断地为自己争取更多的利益，这并不一定是他们实际上要想得到什么而驱使他们这样做的，而是他们内心"不愿意吃亏"的思想驱使他们这样干的。在交易双方为成交的一些条件争论得难分难解时，他们如果有真实的购买需求，也希望能够在不吃亏的情况下妥善解决争议，因为毕竟拖下去也要消耗他们的购买成本。

此时，销售人员应该先退一步，让客户感觉"他赢了"，然后对成交条件作相应的调整，变相地要求客户也"退一步"，往往能达到求同存异、促成订单的目的。

在销售过程中，退一步成交法是有效解决成交障碍，使交易起死回生的常用技巧之一。在使用这种技巧促成订单时，还是需要注意以下几个方面的问题，以便更好地促成订单。

（1）别轻易让步。在销售过程中，销售人员要想争取到客户的满意，在谈判时不能轻易地让步。销售人员一旦轻易让步，就会让客户觉得有争取更多优惠的空间，并不断地提出要求。

（2）要求客户让步的部分应该略比销售人员让步的那部分小。在销售过程中，销售人员采用退一步成交法实际上是自己"先退一步"，掌握主动权，再要求客户"退一步"的做法。此时，销售人员要求客户"让步的那一部分"非常重要，往往决定着交易能否达成。如果销售人员要求客户"让步的那一部分"过大或者触及了他们的核心利益，那么往往容易遭到客户的拒绝，从而把交易逼进死胡同；相反，如果要求客户"让步的那一部分"过小，那么相应地，销售人员及其公司的利益损失就会变大。因此，要求客户让步的部分应该略比销售人员让步的那部分小，这样，既可以促成订单，又不至于为自己或公司造成太大的损失。

（3）让步是痛苦的。对于销售人员来说，在关键时刻让一步，虽然能够带来较大的利益，但是在客户面前还是要表现出"让步是非常痛苦的"、"让步是迫不得已的"。只有这样，销售人员要求客户"也让一步"的要求才有可能实现，才有可能达到促成订单的目的。否则，盲目地让步不仅无法促成订单，而且还会导致自身的利益受损。

（4）让步时态度要诚恳。销售人员让步的主要目的是向客户直接表明自己对成交的一片诚意，希望客户也能以让步的行为来表明自己的诚意。而客户此时是被动的，如果他们此时能以让步的行为来表明诚意，那么签单就是水到渠成的事；相反，如果他们没有以让步的行为来表明他们的诚意，那么他们将肩负成交失败的道义责任。然而，只要成交对他们是有利的，他们是不愿意背负这种道义上的责任的。

　　总而言之，退一步成交法是销售面临死亡时，销售人员积极争取主动，向客户表达成交的诚意，而又基本不损害自身利益的促成订单的技巧。为了促成订单，销售人员应该认真学习和揣摩这种技巧，让一切看来即将泡汤的订单"转危为安""起死回生"。

以退为进，迁回成交

　　有些话不能直言，便得拐弯抹角地去讲；有些人不易接近，就少不了逢山开道、遇水搭桥；搞不清对方葫芦里卖的什么药，就要投石问路；有时候为了使对方减轻敌意，放松警惕，便绕弯子、兜圈子。生活中不少人是"一根筋"，为人处世"碰倒南墙不回头"，这样的人最该学点迁回术，让大脑多几个沟回，肠子多几个弯弯绕，神经多长些末梢。

　　明代嘉庆年间，"给事官"李乐清正廉洁。有一次他发现科考舞弊，立即写奏章给皇帝，皇帝对此事不予理睬。他又面奏，结果把皇帝惹火了，以故意揭短罪，传旨把李乐的嘴巴贴上封条，并规定谁也不准去揭。封了嘴巴，不能进食，就等于给他定了死罪。这时，旁边站出一个官员，走到李乐面前，不分青红皂白，大声责骂："君前多言，罪有应得！"一边大骂，一边叭叭地打了李乐两记耳光，当即把封条打破了。由于他是帮助皇帝责骂李乐，皇帝当然不好怪罪。其实此人是李乐的学生，在这关键时刻，他"曲"意逢迎，巧妙地救下了自己的老师。如果他不顾情势，犯颜"直"谏，非但救不了老师，自己怕也难脱连累。

　　这个方法使用得真是巧妙至极，李乐不懂得人际之间"润滑当先"的道理，离自己的学生还差了一大截。要知道我国传统文化，是很讲究绕圈子的。在销售过程中，什么情况都可能出现，有时，双方已经很难再听进去正面道理，正面进攻已经受挫，这时，就不应再强行或硬逼着进行辩论，而应采取迁回前进的方式。

　　成功销售必须顺应客户的心理活动轨迹，审时度势，及时在"促"字上下工夫，设法加大客户"得"的砝码，不断强化其购买动机，采取积极有效

的销售技术去坚定客户的购买信心，督促客户进行实质性思考，加快其决策进程。一般地可以根据客户不同情况下的心理特点，取得迂回战的胜利。

山东省一家乡镇企业，与辽宁某纺织厂有业务往来。刚开始还好，货到付款，没有发生什么不愉快的纠纷。紧接着两年多过去了，纺织行业的不景气，给他们之间的合作关系蒙上了一层越来越厚的阴影。

两年之中，双方的业务由不能全额付款到延期分批承付，直至货到后货款却始终不见踪影。如此明日复明日累计下来，欠款数额逐次递增，截止到供方决定停止供货全力清收货款时，欠款额已高达60多万元。为了尽快讨回这笔货款，供方孙厂长仔细研究了纺织厂的情况，组织了有力的人员，发挥团队优势，运用了车轮战术进行讨债。

第一个赴东北讨债的是营销人员小刘。小伙子急于立功，由于没有任何职务在外交场合撑场面，他便索性来个满不在乎，往供应科长办公室一坐，死缠烂打下来，你上哪儿我上哪儿，你吃饭我吃饭，你招待我，我就多喝两盅后跟你磨，你不招待我，我就买两个面包坐在你对面儿，你烦，我比你还烦，而且还给你叙一遍个人困难，老婆在家卧床不起，孩子因照顾他妈上不了学，大老远的几千里路，谁愿意抛家舍业地遭这洋罪！

没办法，供销科长无可奈何给办了一张4万元汇票，并且再三申明自己单位也很困难，请他带上这4万元先回去照顾老婆。

小伙子表面不露声色，心里却很高兴，就到这里吧，再死皮赖脸地缠下去，后面的人没办法登场了。

第二个赴东北的，是销售科李科长。李科长是第一个和该纺织厂签订合同的人，而且在业务往来期间几次应邀来东北联络感情。

李科长多少有点身份，待人接物不能像小刘那样无所顾忌。在接风酒宴上，李科长只字不提讨债的事，一个劲儿地回顾以往相交时个人感情是多么的深厚，并且情到浓处连干三杯，虽然不说，大家却心照不宣，都明白是怎么回事。

第二天一早，一张6万元的汇票由纺织厂经营厂长亲自交到李科长手上，并解释银行账面只有这么多，请多多原谅。

李科长"哈哈"一笑，说声没关系，打道回府了。

事隔10天，孙厂长亲自出马讨债，并且给纺织厂的有关领导每人带了一瓶山东特产"阿胶"。

这回，纺织厂的领导有点醒悟了，科长走后厂长来，接着又是工会主席、党支部书记、财务科长，用不了一个月，这60多万元就会被人家弄回去了，而且官职越高，面子越大。

纺织厂赵厂长出面接待孙厂长。热情交谈中，赵厂长把自己的想法编排成感人泪下的实际困难，婉转地讲给了孙厂长，这就叫做先声夺人。

听话听音儿，没几句话，孙厂长便听出了赵厂长的真正意图。

孙厂长心想："我就是翻脸，也顶破天给我带走十万八万的，可是，剩下的40多万元却不知道到什么时候才能还了。多亏我留了一手，不然真的就没戏了。"

想到这里，孙厂长大度地一笑，说："贵厂的困难可以理解，我这次来只不过是走访一个老朋友，顺便拟订一个还款计划书，因为，山东那边正在清理三角债，如果订个还款计划，便不在清理范围之内，不会给贵厂带来不便的。"

赵厂长听说不要还款，心里顿时轻松了许多，至于还款计划，心想那只不过是一张废纸而已。他赶紧安排秘书办理此事，并且按照孙厂长的要求，在还款期限上写明，所欠款两个月内全部结清，如超期不还，愿承担滞纳金。条件写得很苛刻，是因为孙厂长告诉他，是为了在清理三角债上蒙混过关。

两个月很快过去了，赵厂长像没事儿人一样，把那份还款计划书忘得干干净净，当然，欠款分文未付。

这天，赵厂长正准备签批一笔款项用来购买一辆桑塔纳轿车，出纳员急匆匆地告诉他银行账户封了，80多万元冻结。

到这个时候，赵厂长才明白自己是早已上当，正所谓"聪明反被聪明误"，可是40多万元已被银行直接划走了。

商场就如战场，有时双方已经戒备森严，正面很难突破，这时最好的进攻策略就是放弃正面作战，设法找到对方其他部位的弱点，迂回前进，一举成功。

某电子仪器厂要引进一条电子产品生产流水线。该厂经过考察后，将购买重点放到日本某公司的产品上。但日方自恃技术力量雄厚，要价偏高。双方都经过精心准备，派出公司的精英，也是各自国内的谈判能手组成销售小组展开激烈角逐。

日方在销售一开始就给人以盛气凌人的印象，高报底盘，高出中方考察人员所掌握的外汇底盘320万美元。中方与之进行了六轮销售，但日方寸步不让，声称他们的生产线是世界之冠，独一无二，宁可不成交也不降价，销售陷入了僵局。

这时，中方得到一个重要信息，日方的生产受到美国几家同类工厂产品的冲击，美国生产线目前正在与之争夺市场，日方对此深感头疼。

于是我方当即决定不向日本购买，请求日方等待我方的最后答复，给对方以我方无力支持的假象，暗地里却派专家赴美国考察，结果发现，美国产品不如日本，价格也不低。但尽管如此，中方还是向美国发出邀请。同年8月，美国代表到达中国，受到中方代表热烈的欢迎。

日方有感于中美合作的达成将严重影响打开中国市场的美好前景，而且日本人素来以竞争取胜，有时为争取市场不惜代价。日方立即主动要求恢复谈判，我方却以"暂时不需要日方产品"为由予以拖延。

日方此时犹如热锅上的蚂蚁，他们派中间商对中方进行游说，表示愿让利销售，中方这才恢复谈判。

在谈判桌上，日方代表大谈中日合作，表示愿支持中国现代化建设，愿在此项目上给予最大优惠。

中方代表不紧不慢地说："我们为贵方的表现感到高兴，我们已经注意到了贵公司在生产线价格上的转变。平等互利是国际经济交往中的基本原则，任何一方都不应当运用优势向对方索要高价。"日本代表马上应声道，"当然，当然。"中方代表话锋一转，照日方痛处一击："平等竞争与选择是商业贸易的惯例，我们愿意倾听贵方的再一次报价。"此话即暗示对方，我方已同美国方面讨论价格问题了，日方代表明白这一意图之后，在再次报盘中提出一个比较合理的价格。

在谈判桌上，当双方互不相让，正面交锋也很难使对方让步时，就要暂时避开争论主题，找其他双方感兴趣的题目，从中发现对方的弱点，然后针对其弱点，逐步展开辩论，使对方认识到自己的不足之处，对对方产生信服感，然后再层层递进，逐步把话引入主题，涉及价格条件，展开全面进攻，对方就会冷静地思考，也因而易被说服。这就是迂回成交法。

巧妙制造紧迫感，向顾客施压

推销垄断性产品或别处不易得到的东西时，可以通过制造出紧迫感来推销产品。比如，一个房地产经纪人对一处住宅拥有独家推销权，你要是只想买这套房屋的话，那你不和他交涉就不可能把它买到手！

当琼去买房时，她第一眼就喜欢上了它。精明的经纪人敏锐地看出了这一点，他说："房主急于卖掉这套住房，他们最初报价太高，但现在已经降下来了，我认为这个价格要不了几天就能把房卖出去。我知道你也很想买，所以我建议你立刻做出决定。我今天早上已经带一对夫妇来看过，他们表示很有兴趣。另外，我们还有两位经纪人也准备今天下午带人来看房。"

直到今天，琼也不知道那位经纪人有没有对他说实话，但她不愿冒风险，以免失去她理想中的房子，她很快就签了合同。正是她对拖延下去会丧失机会的担心加速了她的决策进程。

在与服务相关的行业中，这种技巧同样效果明显。譬如，建筑商可能对他的客户说："我的日程从6月到明年3月都已经排满了。今天是4月7号，要是我能从本月18号开始动工的话，我就能让您的住房在6月前竣工。当然，如果您愿意等到明年春天再说的话，我也无话可说。"同样，计算机销售代表、办公用品推销员或重型机械推销员也可以运用这种技巧，他们只需要说："我们的发货与安装日程表已经排到三个月以后了。刚巧我取消了其中一项，要是你们愿意的话，我可以把你们的订单插进去，下个星期二就可以发货和安装。"

有一些交易，似乎是无法完成的，但依靠业务员的高超技巧，也能顺利达成。

玛丽·柯蒂奇是美国"21世纪米尔第一公司"的房产经纪人。下面是玛丽的一个经典案例，她在30分钟之内卖出了价值55万美元的房子。

玛丽的公司在佛罗里达州海滨，这里位于美国的最南部，每年的冬天，都有许多北方人来这里度假。

这天，玛丽正在一处新转到她名下的房屋里参观。当时，他们公司有几

318

个业务员与她在一起，参观完这间房屋之后，他们还将去参观别的房子。

就在他们在房屋里进进出出的时候，他们看见一对夫妇也在参观房子。这时，房主对玛丽说："玛丽，你看他们，去和他们聊聊。"

"他们是谁？"

"我也不知道。起初我还以为他们是你们公司的人呢，因为你们进来的时候，他们也跟着进来了。后来我才看出，他们并不是。"

"好。"说完，玛丽走到那一对夫妇面前，露出微笑，伸出手说："嗨，我是玛丽·柯蒂奇。"

"我是邓恩，这是我太太忒丽莎。"那名男子回答，"我们在海边散步，看见有房子参观，就进来看看。我们不知道……"

"非常欢迎。"玛丽说，"我是这房子的经纪人。"

"我们的车子就放在门口。我们从西弗吉尼亚来度假。过一会儿我们就要回家去了。"

"没关系，你们一样可以参观这房子。"玛丽说着，顺手把一份资料递给邓恩。

忒丽莎看着大海，对玛丽说："这儿真美，这儿真好。"

玛丽正要掏出自己的名片给邓恩时，忽然停下了手。"听着，我有一个好主意，我们为什么不到我的办公室谈谈呢？非常近，只要几分钟就到。你们出门往右，过第一个红绿灯，左转……"

在办公室，邓恩开始提出一系列的问题。

"这间房子上市有多久？"

"在别的经纪人名下6个月，但今天刚刚转到我的名下。房主现在降价求售。我想应该很快就会成交。"玛丽回答。她看了看忒丽莎，然后盯着邓恩说："很快就会成交。"

这时候，忒丽莎说："我们喜欢海边的房子。这样，我们就经常能到海边散步。"

"所以，你们早就想要一个海边的家了？"

"嗯，邓恩是股票经纪，他的工作非常辛苦。我希望他能够多多休息，这就是我们每年都来佛罗里达的原因。"

"如果你们在这里有一间自己的好房子，你们就会更经常来这里，并且还会更舒服一些。我认为,这样一来,不但你们将会多活几年,你们的生活质量也将大大提高。"

"我完全同意。"

说完这话,邓恩就沉默了,他陷入了思考。玛丽也不说话,他等着邓恩开口。

"房主是否坚持他的要价?"

"这房子会很快就卖掉的。"

"你为什么这么肯定?"

"因为这所房子能够眺望海景,并且,它刚刚降价。"

"可是,市场上的房子很多。"

"是很多。我相信你也看了很多。我想你也注意到了,这所房子是很少的拥有自己的车库的房子之一。你只要把车开进车库,就等于是回到了家。你只要上楼梯,就可以喝上热腾腾的咖啡。并且,这所房子离几个很好的餐馆很近,走路几分钟就到,但这里又很安静。"

邓恩考虑了一会,拿了一支铅笔,在一张纸上写了一个数字,递给玛丽说:"这是我愿意支付的价钱,一分钱都不能再多了。他不用担心贷款的问题,我可以付现金。如果房主愿意接受,我感到很高兴。"

玛丽一看,只比房主的要价少一万美元。

玛丽说:"我需要你的一万美元作为定金。"

"没问题。我马上给你写一张支票。"

"请你在这里签名。"玛丽把合同递给邓恩。

整个交易的完成,从玛丽见到这对夫妇,到签好合约,时间只有半个小时多一点!

实际上,固然这一对夫妇很满意这所房子,但他们并没有当时就购买的意思。如果玛丽仅仅是把自己的名片交给他们,99%的可能是,这桩交易会泡汤。玛丽必须利用这对夫妇在现场的有限时间,迅速完成交易。

那么,究竟怎么才能完成交易呢?怎样才能促使客户迅速做出决定呢?

玛丽采取了制造紧张气氛的方法:要赶快买,否则就没有了。这是一种抢购情绪。想一想,你肯定也参加过抢购,你当时是怎样的一种心情呢?如果你能调动自己的客户,使他也产生这样的心情,就不怕他不与你签约。

特权商品推销员常常会说："本公司只想在这个地区找一位经销商，迄今为止，我们已经有6位感兴趣的客户。要是您想抓住这次机会的话，我建议您今天就签合同，我会尽全力利用我的影响帮您拿到这片销售区代理权。"

当你推销汽车时，你会有一种感觉，那就是顾客本来急于拥有一辆新车，但不知为什么又犹豫不决。这时你可以说："我们的库里只剩下一辆这种颜色和款式的车子，要是您想要的话，我可以替您准备好，今天下午就可以取货。只是，如果您选择等一等的话，我担心这辆车会很快被人买走，我们今天上午就已经卖出了两辆这样的车。当然，我们还有另外一个办法，那就是我给别的推销员打电话，让他们替您选一辆，但那样可能需要等上一个星期，而且，我也不敢保证您就能得到您真正喜欢的车。"然后你再停顿一会接着说："为什么您不肯帮自己一个忙，说一声'是'呢？我会通知服务部今天下午就准备好您的车。"

飞机票代售员同样会对乘客说，要是他不赶快行动的话，很可能就买不上了，因为机票快要预订一空了。这一招用在商人身上似乎更为有效，他们的日程总是排得密不透风，在各国之间飞来飞去，就像有些人从一个城镇开车去另一个城镇一样属于家常便饭的事。例如，某人打电话要求订一张去××市的机票，对方回答说："先生，我们只剩下两个空位了。要是您想要的话，我建议您马上就订下来。"虽然这个人不一定非得去那么早，但他担心错过航班，因为他必须在那天下午赶到，所以他确认了他的预订。

无论在什么时候，只要产品数量有限，就可能制造出紧迫感来。在假定对方已经决定买的基础上提问，一切显得多么简单。

对待不能做出果断决策的顾客的办法是创造出一种紧迫感。只要你仔细考虑，无论你推销的是什么产品，你总会想出使其产生这种感觉的好办法。比如：

1. 利用"特价"来制造紧迫感

例如，推销信息处理的推销员可能对他的顾客说："本公司月初将大幅度提高产品售价，现在，只剩下两天时间了，所以我建议您今天就做出决定。"

负责复印机销售的推销员会通知他的顾客，公司对复写纸的特价优惠日期截止到本星期末。

不动产经纪人也许会告诉他的委托人，如果他还不能做出决定，他就要自付不动产税。这样，顾客会觉得如果不把握住这个机会，将会造成极大的遗憾，紧迫感也就因此而产生了。

销售计算机的推销员可能使用几种不同的方法来使顾客产生这种紧迫感。他可以不对顾客讲如果他再不做出决定计算机就会售完，而是设法说服顾客，他需要这种安装的计算机，以此来加速成交。

"先生，您考虑的时间越长，您的存货问题就越严重。正如我所说的，供应科已经晚发货3个星期了，这样下去，你们的公司还能存在多久？好吧，现在允许我用用您的电话行吗？我要问问这星期公司有没有已安装好的计算机。"

您瞧，紧迫感一旦产生，顾客就自然而然地要做出购买的决定，成交在望了。

无论用什么方法，只要能创造一种紧迫感，就可刺激顾客尽快做出购买决定。

2. 利用"明天就太晚了"来向顾客施加压力

在人寿保险业做到这一点并不太困难。顾客的健康状况随时会发生变化，也许，一天的延误就可能意识着他明天就失去了投保资格。作为保险业的推销员，你最好这样对顾客说："先生，我们都没有办法从水晶球中去看未来，但愿您能在取得保险资格前健康长寿。不过您也应该很清楚，如果在这之前发生了意外，这对您的家庭将是多么大的损失。我们希望您能尽快取得保险。"

这样，一种"明天就太晚了"的意识就产生了，并且，这种感觉会随着一个人年龄的增加而加强。

巧妙地向顾客施加压力，是促成生意成功的一个重要技巧。使用推销施压，关键是推销人员应该审时度势，努力做到让顾客从你身上看到一种信心，并感到安慰。这种技巧的掌握，是与销售人员的反应灵敏度有很大关系的，销售人员只有在实践中不能练习才能不断提高自己的技巧。

来之不易成交法

来之不易的东西具有更大的诱惑力，因为并非人人都能拥有。如果钻石与鹅卵石毫无区别，人们也就用不着劳神费力去把它们从地上筛选出来。人们想得到那些别人不大容易得到的东西，而且他们希望被人接受、被人看重，如无数的乡村俱乐部那些需要显示身份、地位和资格能力的会员们。

运用这种技巧时，推销员不会问："您想买吗？"相反，他会问对方有没有条件，够不够资格买。一旦处理得当，顾客就会忘记自己在做出一个本可不做的购买决定——他们的脑子里塞满了能否买得起，是否有资格买的问题！

保险代理人："弗雷德，我坦率地告诉你，你的健康状况令人担忧。我有一些认真的建议能让你有资格买下这份保险。现在，请你在这儿签字，以便我的公司获准与你的医生联系，我会预约一个时间让你做健康检查。"这种成交技巧起作用，是因为每一名保险代理人都懂得那些不具投保性的人都想尽量拿到人寿保险，尤其是当他们健康状况不佳时，他们更想得到可能得不到的东西！

汽车推销员："汤姆，我认为你应当考虑一下那些稍便宜的车型，我想你不可能买最新款的车。"在这里，顾客受到挑战，偏要证明一下自己买得起最昂贵的车。

家具厂代表："我的公司在本市只需要一家经销店来代表我们出售各式家具。坦率地说，杰，我们想跟那种实力雄厚、信誉良好的零售商合作。我不敢确定你的商店是否合适。"在这里，顾客再次受到挑战，急于证明自己有能力和资格与该公司合作。

艺术品交易商："这幅稀有的油画是一位收藏家的拍卖品，我希望看到它只被那些严肃对待艺术收藏的人所拥有。直率地说，先生，我并不想把它卖给那些一点不欣赏它的人。我对那种只能证明自己出得起钱的人不感兴趣。只有那些具有高品位、真正热爱艺术的人才有资格拥有这幅高质量的油画。"在这里，买主也必须证明自己有条件购买产品。

房地产代理人："这套房子对您来说可能大了点，也许我应该带您到别的地方看看面积小一些的住宅，那样您可以感觉满意一点。"在这里，代理人向顾客巧妙地提出挑战，并且使他处于必须捍卫面子的状态。

在例子中，推销员的战略都是"迫使"顾客证明自己有资格和能力成为买主。这种技巧之所以起作用，是因为推销员激发了顾客的占有欲和自私心理。

让顾客忧虑起来

乔治·汤普逊是一位35岁的塑胶业者，已婚，有两个小孩，年收入在6万元左右，而且每年都要付一笔总数3万元的房屋抵押贷款。保险业务员麦克曾卖给他一张3万元的保险。

麦克跟他聊天的时候，曾这样劝告他："乔治，您现在事业顺利，身体状况良好，可是，虽然我们不喜欢谈不吉利的事，可是万一真有那么一天，您夫人怎么办？她能挑起生活的担子把两个孩子带大吗？在大多数的情况下，一家之主发生了意外，整个家庭随即就会陷入困境。那么一大笔的医药费和丧葬费用，就能把新寡的妻子逼疯。如果银行这时又要求收回贷款，那整个的情况真是不可想象了；您也知道这个社会是很少有人会对这样的家庭伸出援手的。您想想看，到时候该怎么办？"

"我已经买了一张3万元的保险呀，我想这大概够了吧！"

"这张保单当然是能起到一定的作用，可是您想想看，您现在的房屋贷款是3万元，所以这张保单保的不过是贷款的金额。如果还有一大笔的医药费和丧葬费要付的话，又该怎么办？这些钱加起来至少也要5万元吧，需要花钱的事情真是太多了！"

"那我老婆可以去找工作做呀！"

"工作哪有那么容易就能找到呢？"

"也有道理，不过她以前做过事，那个时候她教书。噢！不过教书这个行业已经不比从前啦，她可能还要去补修教育学分，可是现在教师的缺额又这么少，要找个职位还真不容易呢！

"就算她能找到一份工作，您想想看薪水够3个人的开销吗？假如她运气不错，找到一个薪水有您现在收入一半的工作，但她也许晚上还得出去补修几门功课，这也需要花钱；再说她还要付社会福利金，也得请个保姆来照顾小孩，这一切都要从她的收入中支出，扣掉税金后，那还有多少钱可以家用呢？

"我可以想象这些问题，即使她能找到一份工作，我想日子也不会好过的。"

"这就是我为什么认为您应该再买一份保险。这样即使您遭到不幸，至少在5年以内您太太还能享受目前的生活水准。这样她就有一段缓冲时间可以再回学校学点东西，然后在没有压力的情况下，找一份比较理想的工作；而且在您的两个宝贝还需要母亲照顾的时候，她也能多照顾他们一些。"

"那您看我是不是应该将保额提高到10万元呢？"

"这样当然是比较好！不过我们还忽略了一些问题，您想想孩子们的教育问题，这要花多少钱呢？"

"一个孩子1万元吧，也许还不够呢，现在大学的学费越来越贵了。"

"所以该把这些都加在一起，才是最适合您的保额。您自己可以算得出来：每年需要付3万元的房屋贷款，另外2万元作为孩子的教育费用，如果想在5年之内让太太、孩子继续享受目前的生活水准，至少需要10万元，再加上医药和丧葬费5万元，这样您应该要保20万元的保额，扣掉您手上现有的3万元，您需要再保17万元。"

"这可不是小数目啊！"

"可是，乔治，假如您希望您的家庭能够不被一次意外所摧毁，失去现有的生活水准，您就需要这样的保额。想想看，您还有什么其他的方法能够提供给家人这样的保障呢？"

通常谈话进行到这里，麦克对于拿到保单已是胸有成竹了。不过，在很多情况下，人们最不喜欢谈到意外的事情，对他们提到死亡，就好像厄运当头一样，因此你可能会遇到如下反驳：

"这种计算未来的做法根本是多余的。你看我还不是半工半读，奋斗到今天，我的孩子也可以这样做呀！"

"妻子出去做事有什么不好？这对她也是个很好的机会呀！在这个世界上，根本没有什么不劳而获的事情，我自己是这样苦过来的，别人也一样可以苦过来。"

碰到这样的一套说辞，你就得赶快利用巧妙话了！

说出这种话的人，通常都是以自我为中心，他需要别人肯定他的成就，而他对自己的关心也超过他对家庭的关心。于是，你就可以跟他谈些个人生活里的实质好处。例如，个人的积蓄、退休后的生活问题，以及万一失业时的收入问题，等等。

"您已经辛苦了大半辈子，目前的成就和生活水准，事实上正是您辛苦的代价。依我的浅见，最重要的是要在退休以后，还能够保持这样的生活水准。假如买了这种保险，当您65岁的时候，一年可以从保险公司那里享受1.8万元的红利，而目前一年只要付3400元的保费。"

就这样，你可以把重点从家人的身上移到被保险人自己身上。对方也觉得这样做，会让自己的余生过得更好些，因而乖乖地接受你的建议。

通过想象未来的种种悲惨生活，来唤起顾客的重重忧虑。只有让顾客认识到，一定要为将来做好打算，以免到时日子悲苦，而且必须立刻从现在开始行动。这时，你的目的就达到了。